本书为广东省中小学教师培训中心2021年度专项[...]下的学习支架搭建策略的研究"（课题编号：GDSP-[...]、[...]院中小学数学教学研究专项课题"初中数学课堂深度教学策略构建研究"（课题编号：GDJY-2022-M-b100）、广东省2022年度教育科学规划课题"基于深度学习的初中数学课堂作业设计研究"（课题编号：2022JKZG087）、广东省吴和贵名教师工作室研究成果。

深度学习理论指导下的
中学数学教学策略与课例研究

吴和贵　吴光潮 / 主编

东北师范大学出版社

长春

图书在版编目（CIP）数据

深度学习理论指导下的中学数学教学策略与课例研究/
吴和贵，吴光潮主编.—长春：东北师范大学出版社，
2023.9

ISBN 978-7-5771-0614-4

Ⅰ.①深… Ⅱ.①吴… ②吴… Ⅲ.①中学数学课—
教学研究—初中 Ⅳ.①G633.602

中国国家版本馆CIP数据核字（2023）第190294号

□责任编辑：石纯生　　　　　　　□封面设计：言之凿

□责任校对：刘彦妮　张小娅　　　□责任印制：许　冰

东北师范大学出版社出版发行

长春净月经济开发区金宝街118号（邮政编码：130117）

电话：0431-84568023

网址：http：//www.nenup.com

北京言之凿文化发展有限公司设计部制版

北京政采印刷服务有限公司印装

北京市中关村科技园区通州园金桥科技产业基地环科中路17号（邮编：101102）

2023年9月第1版　2023年11月第1次印刷

幅面尺寸：170mm×240mm　印张：17.75　字数：286千

定价：58.00元

编 委 会

序 言

　　本书是广东省基础教育系统"广东省吴和贵名教师工作室"深度教学探索性研究成果，由工作室主持人吴和贵老师及助理吴光潮主导，团队合作完成。

　　广东省教育厅为推进广东省中小学教师培训工作的改革创新，进一步提高中小学骨干教师培训的质量和效益，打造中小学名教师品牌，2009 年以来先后建立了一批广东省中小学名教师工作室，继而依托名教师工作室平台，发挥主持人的示范引领作用，培养学科骨干教师。新一轮（2021—2023 年）广东省中小学名教师、名校（园）长工作室建设于 2021 年 7 月启动。工作室主持人都是在广东省范围内通过严格考核评选出来的。他们师德高尚，专业能力过硬，热心教育事业，是广东省中小学教师的优秀代表。2021 年，广州市玉岩中学的正高级教师、广东省特级教师吴和贵经过层层遴选最终被聘为这一批名师工作室的主持人。

　　三年来，广东省吴和贵名教师工作室坚持以课堂教学为重点，以课题研究为载体，以反思提升为途径，以引领辐射为目标，通过理论学习、经验传承、公开教学、组织研讨、现场指导、专题研究、公开课评讲、观摩考察、专家讲座、送教助学、网络研修等丰富多彩的形式开展教育教学理论和实践研究，努力提高骨干教师培养对象的教育教学能力和教学研究素质，促进学员和其所在区域的中青年教师的专业成长以及名师的自我提升，使工作室成为名教师和骨干教师合作互动的学习共同体，发挥了名教师工作室的辐射带动作用和示范引领作用。

　　三年努力，成果初现。这本由广东省吴和贵名教师工作室筹划结集出版的书籍建构了深度学习视域下的中学数学常见课型教学基本范式。首先，探讨了中学数学常见课型教学基本范式的理论基础；其次，确立了中学数学常见课型教学的基本观点，并概括了其基本策略；最后，在实践操作的层面，围绕案例分析、课型研究和课堂评价，建构出深度学习视域下的中学数学常见课型教学基本范式。

本书基于广东省吴和贵名教师工作室相关成员公开发表的深度学习视域下的中学数学常见课型教学的 15 篇研究论文，凝聚了作者近些年来课堂教学研究的心血，反映了作者扎实的数学功底、娴熟的教学技能和较高的理论素养。我们欣喜地看到，广东省吴和贵名教师工作室成员所取得的成绩和研究成果跃然纸上。

本书有两个特色：一是结构合理，内容翔实，层次分明，线索清晰，结构严谨，论述详尽，既有理性思考，又有实践反思，涵盖中学数学教学的常见课型，注重内容的合理建构；二是案例典型，反思自然，基于深度学习视域下的中学数学教学实践，关注新课程教学理念、关注数学教学功能，教学实操部分每章都选择典型课例，力求理论与实践相互统一。

吴和贵老师在教学、教研方面都有相当的造诣。在长期的教学实践中，吴老师提出"支架数学"的教学主张，逐步形成了"激情促学，支架导思，转知为智，化识成慧"的教学风格。

吴和贵老师的课深受学生欢迎，教学效果非常好，培养了一大批优秀高中毕业生；吴和贵老师在学科教研方面也取得了较丰硕的成果，主持并完成多项省、市课题的研究。他主持申报的项目"支架式教学模式的高中数学教学设计与实践研究"获 2017 年广东省教育教学成果奖（基础教育）二等奖，多个课题研究项目获广州市教育教学成果奖一等奖，出版个人专著《支架式教学：有效教学的生长点——高中数学课堂教学方式的探索与研究》一部，在《数学通报》《中国数学教育》《中学数学》等期刊上发表论文 40 余篇，多篇文章被中国人民大学复印报刊资料中心的《高中数学教与学》转载或索引。

我与吴和贵老师从相识到相知，再到成为好友，吴和贵老师对人真诚，为人低调，治学严谨，不管是工作室的建设、发展规划的制订，还是工作室活动的开展，都是扎实推进、有条不紊。

值此书出版之际，略陈数语，愿广东省吴和贵名教师工作室朝着更高的目标继续前行！

广东省教育研究院数学科教授　吴有昌

2022 年 10 月 27 日

当下，我国第 8 次基础教育课程改革刚进入第 3 个 10 年的深化阶段。随着《义务教育课程方案和课程标准（2022 年版）》的颁布，初高中的"新课程、新课标、新教材、新高考/新中考"即将在国内全面实施，全面推进基础教育高质量发展的帷幕已正式拉开。

在现行的中学数学课堂教学中，"课业负担过重""课堂效率不高""穿新鞋走老路"等问题仍然十分突出。站在基础教育课程改革新的历史起点，中学数学"教与学"的方式亟须改变。

教育部基础教育课程教材发展中心、课程教材研究所已未雨绸缪，在全国范围内组织专家团队深入研究，编写了"深度学习教学改进丛书"（主编田慧生，副主编刘月霞），也有华中师范大学的郭元祥教授、华东师范大学的钟启泉等高校专家、学者对深度教学从理论层面进行了系统的阐述。深度学习教学改进理念是与新课程理念高度契合的。站在巨人的肩膀上，我们不仅要汲取养分，更要开拓创新：如何结合教学一线的需求，将现有的深度学习理念及其教育教学成果进一步本土化、精细化、具体化，使深度学习理念和新课改理念在初高中数学课堂上落地生根？如何在教学实践中有"例"可"视"、有"法"可"仿"地形成自己的不同课型在新课程理念视域下的授课基本范式，并常态化推进……

为此，广东省吴和贵名教师工作室做了深度思考和长期准备。

由广东省教育厅授牌的广东省吴和贵名教师工作室成立于 2021 年 7 月，是一个集教学科研实践、教师培训于一体的研修团队。工作室以"教师成长的共同体，教学改革的实验室，活力课堂的发源地，教学质量的促进者"为理念，以"专家引领、课题研究、辐射带动、共同成长"为宗旨，以"升华教育情怀、提升专业素养、提炼教学风格、提高辐射作用"为工作室成员专业成长和发展的目标，以立德树人为根本任务，努力建构深度学习模式，打造素养课堂。

工作室成立两年多来，入室学员的专业水平得到了较快发展，取得了突出业绩。

两年多以来，工作室主持人、广东省特级教师、中学正高级教师吴和贵一直力推深度教学研究项目，组织部分精干力量策划、编写、完成了本书的创作，并全程给予大量、深入的专业培训、指导。

本书内容共分九个章节：

第一章绪论，由工作室助理、成员、广东省广州市黄埔区教育研究院中学数学教研员吴光潮老师完成，主要是对本书研究背景及其意义等进行说明。

第二章文献述评，由吴光潮老师完成，主要对深度学习核心概念、研究现状、理论基础等进行文献综述。

第三章基本教学观，由吴光潮老师完成，主要对核心素养和深度学习视域下的数学课堂教学观逐一进行探讨，并通过教学案例对相关理念落地的基本路径、深度学习视域下的中学数学课堂教学改进等进行分析。

第四至九章分别针对概念课、原理课、活动课、习题课、复习课、试卷讲评课等中学数学常见课型，从教学实践基本理论、策略、课例等维度进行详细阐述。

其中，吴光潮撰写21.3万字，姜宝松撰写3.2万字，柏君意撰写1.2万字，陈日凤撰写1.1万字，李海波撰写0.8万字，刘珊珊、罗美霞各撰写0.5万字。第四章第一节概念课教学实践基本观点、第二节概念课教学实践基本策略由吴光潮老师完成，第三节课例1由广东省清远市华侨中学李海波老师完成，第三节课例2由广东省广州市玉岩中学柏君意老师完成，第三节课例3、课例4均由吴光潮老师完成。第五章第一节原理课教学实践基本观点由广东省广州市玉岩中学刘珊珊老师完成，第二节课例及分析由吴光潮老师完成。第六章第一节活动课教学实践基本观点、第二节活动课教学实践基本策略由广东省广州市番禺区石北中学姜宝松老师完成，第三节课例1由广东省清远市梓琛中学罗美霞老师完成，第三节课例2由吴光潮老师完成。第七章第一节习题课教学实践基本观点、第二节习题课教学实践基本策略由广东省广州市增城区高级中学陈日凤老师完成，第三节课例由吴光潮老师完成。第八章第一节复习课教学实践基本观点、第二节复习课教学实践基本策略由姜宝松老师完成，第三节课例1、课例2均由吴光潮老师完成。第九章第一节试卷讲评课教学实践基本观点、第二节试卷讲评课教学实践基本策略由姜宝松老师完成；第三节课例1、课例2、课例3、课例4、课例5均由吴光潮老师完成。本书中教学课例多在省级、国家级专业期刊上公开发表，获省、市、区各级教学设计和优质课比赛一等奖，集中体现了研究成员的新思想、新理念和新成果，对教学实践极具参考价值。

　　本书由广东省名教师工作室吴和贵老师、广州市黄埔区教育研究院吴光潮老师共同构思并审阅全稿，广州市玉岩中学印贤文校长、陈克副校长等领导对本书的出版给予了切实的支持和关怀，在此一并谨致谢意。本书在编著过程中参阅了不少文献，并引用了其中一些资料，有些未在正文中一一标注，谨在文后参考文献中列出，一并表示感谢。

　　由于时间仓促，书中难免存在不足之处，肯请各方专家与同仁不吝赐教，欢迎广大读者批评指正。

吴和贵　吴光潮

2022 年 10 月于广州

目 录

第一章

绪　论

第一节　研究背景与内容

一、研究背景

当今世界，政治、经济、文化、科技快速发展，基础教育的高质量发展受到极大关注。

（一）国家战略实施依赖于人才培养、教育的高质量发展

首先，我国正在推进中华民族伟大复兴。"两个一百年"奋斗目标提得非常清晰：建党 100 年，全面建成小康社会，2035 年基本实现现代化；中华人民共和国成立 100 年，建成富强、民主、文明、和谐、美丽的社会主义现代化强国。为了实现这样的战略目标，我国大力推进科教兴国战略、人才强国战略和创新驱动发展战略，这些战略的实施都对人才有更高的要求，都依赖教育深化人才培养方式的改革以提高人才培养的质量。

其次，新一轮的科技和产业革命在加速演进。人工智能、机器人、物联网、无人驾驶、3D 打印技术等都在重构全球创新版图，重塑全球经济结构。这对所有国家的综合国力、竞争力都提出了严峻挑战。人才培养、教育高质量发展受到了前所未有的关注。

（二）基础教育课程改革正处在质量转型的新阶段

我国目前处在推进第八次基础教育课程改革的第 21 年。我国当下的基础教育处在由规模向质量转型发展的新阶段。教育质量、效益和改革成为当今教育发展的主题、主流和主导，教育质量会成为我国未来发展的重心和重点。

同时，新课程改革本身落实不够完善。比如，教学或一成不变，或变不得法；有些地区看似一片繁华，推出了很多教学法，但实际上没有抓住教学改革的核心要义、根本规律和学生认知的根本规律，出现了乱象丛生的情况。教师的教：教学就事论事，对学科课程整体理解不够；正确解析知识，关注知识形

成的过程不够；关注教学技能多，关注学科思想方法少；课时教学改进多，单元整体性设计不够；等等。学生的学：知识获取为主，对学科核心思想思考不够；知识再现为主，关注迁移解决新问题不够；等等。

（三）深度学习教学改进项目对推动基础教育课程改革向纵深方向发展的积极作用

教学改革在人才培养体系中处于关键位置，直接关系到课程改革的成败。2013 年底，为落实立德树人根本任务，推进基础教育课程改革向纵深方向发展，更好地实现课程育人，教育部基础教育课程教材发展中心在总结我国课程教学改革经验的基础上，组织百余位课程、学科领域的教育专家以及优秀教研员和骨干教师，以边研究边实验边总结提炼的行动策略，研发了"深度学习"教学改进项目。2017 年，先后推出了基本理论框架、实践模型以及义务教育阶段数学、化学、物理等学科的教学指南。随着新课程改革的推进，项目组进一步深化研究，对深度学习的内涵、特征等理论建构和实践模型再做提炼，满足初高中新课程实施的需要，组织研发了初高中各学科教学指南。目前，项目组已在全国设立了 44 个示范区和 616 个实验区，共计 400 余所学校、万余名教师（包括教研员）参与了实验研究。

深度学习作为教学改进项目，不能停留在理念、理论和实践模型的阐释上，还要有和实践模型相匹配的具体、丰富的案例来支撑教师加深对教学系统、教学过程的认知和理解，给予教师思考教学的支架；教会教师针对具体课型在确定目标、选择内容、设计任务与活动、预设评价等方面进行教学设计和实施的基本原则和方法，为教师提供教学改革的"脚手架"；促进数学教育观念的转变与学习真实、深度发生，即从"注重数学知识传授"到"注重数学学科能力提升"，从"关注数学教师的教"到"关注学生的学"，从"基于经验的教与学"到"基于实证的教与学"，从"单一的专家指导"到"众筹学习""团队提升"，从"数学教学"到"数学育人"。

二、研究内容

本研究直面真实的、现实的课堂，以常态的初高中数学教学为研究对象，研究的核心问题是建构利于培养和发展学生学科核心素养的中学数学常见课型的基本教学策略，是寻找基于核心素养的深度学习理论指导下的撬动中学数学教育教学高效、优质、深度发展的"支点"与"技术路线"。鉴于本项目研究团队教师基本上是深耕于教学一线的教师，其教学根植于其各自的教学常识、经验和文化，因此本研究非常关注经典学习理论等文献整理及学习后对深度学习的教学启示、教师的教学经验与一线真实教学案例及其评析的原生态呈现，研究的主要内容有：

（1）中学数学深度学习理论引领下的常见课型教学改进理论基础文献述评。

（2）概念课、原理课、活动课、习题课、复习课、试卷讲评课等课型的教学设计策略。

（3）深度学习理论视域下的常见课型的典型教学案例及评析。

本研究拟建构常见课型深度学习、深度教学的策略，探索适应新课程标准的教学改革的重要举措，以便让新课程理念落实到课堂，促进教师的观念、行为发生根本变化及学生学习方式的改变，使学生素质真正得到提升。

第二节　研究目标与意义

一、研究目标

本研究旨在通过教学理论与教学实践的紧密结合，深度学习数学教学思想和理念，引领中学数学教学实践变革。本研究是为初、高中数学教师改进数学教学实践而研究，为推动教师教学创新和深度教学课堂改革实验而研究。研究的目标是寻找核心素养视域下、深度学习理论指导下撬动中学数学教育教学高效、优质、深度发展的"支点"与"技术路线"；建构比较完整的初、高中各种常见课型深度教学基本策略，包括深度学习理论基础、基本内涵、基本模型、实践案例以及教学设计的总体架构和各环节设计意图、课例评析及策略提炼。

二、研究意义

（一）研究的理论意义

课程改革作为教育改革的核心领域越来越成为各国实施人才竞争战略的主战场，我国顺应世界教育改革主流趋势，推进素质教育，转变人才培养方式，参与人才竞争。在全面深化课程改革的大势之下，教育的内涵和功能已经发生重大而深刻的变化。当前发展学生核心素养、课程及学科核心素养已经成为中学教育培养的目标和方向。深度学习作为由历史上多种优秀教育理论成果、大量优秀教学实践经验汇集与提炼而来的学习理论、理念，是我国全面深化课程改革、落实核心素养的重要途径，是信息时代教学变革的必然选择。

核心素养导向下的深度学习理论，其理论价值不仅在于克服机械学习、浅层学习的弊端，让学生学得主动、积极，更重要的是，要克服长期以来的种种二元对立，有助于教师获得最大发展、学生形成核心素养，使教育回归立德树人的本位。但深度学习、核心素养在中学数学各种不同课型教学中的形成机制、形成途径与方式还需进一步明确，与各种课型素养导向下的深度学习相适应的教学策略与模式还需要进一步建立和完善。

本研究的理论意义在于：针对中学数学常见课型，从教学范式、教学理念、教学行为、教学方式、师生关系的形成途径与方式等维度，在深度学习理论及模型框架下进行深度教学策略的进一步研究，运用范式工具考查深度学习理论对教学实践的具体影响，总结提炼出新课程改革背景下对深度学习具有实践范式意义的教学策略。

（二）研究的实践意义

好的数学教学需要树立正确的"三观"：基于理论的实践性解读和实践的理论性解读的数学思想方法的理解——理解数学内容、理解数学学习、理解数学教学。其中，理解数学内容是指在学科本体上要分别从宏观、中观、微观上对教学内容进行联系、整体性思考，理解数学学习是指从数学活动、经验积累、反思抽象等维度思考"何为学"，理解数学教学是指从数学活动的创设、组织、实施、评价等维度思考"何为教"。上述正确的"三观"最终指向立德树人、核心素养，落实"怎样培养人、培养什么样的人、为谁培养人"的问题。

实践层面，绝大多数教师认同、赞成探究式、启发式、学习共同体等教学理念和育人方式，但他们苦于没有掌握相应的技术和方法，或者没有大量践行这些理念的一线真实案例的直观化启发，以致处在迷惘、无奈的状态，不知不觉回归旧有教学观念、教学实践的老路上。

本研究的实践意义在于：可以更好地全面把握新课程改革背景下教师教和学生学的教学实践研究，提供具有较强操作性的技术、方法与路径，形成案例，并提出教学改进策略、建议，促进教师教学方式的改革和学生学习方式的转变，以使教师更好地适应新课程改革的发展，为深度学习教学改进项目提供更具针对性的教学实践案例。

第二章

文献述评

第一节　核心概念及研究现状述评

一、核心概念

（一）新课程改革

新课程改革，指 2001 年全国基础教育工作会议召开后教育部颁发《基础教育课程改革纲要（试行）》以来的新一轮基础教育课程改革，即全国第八次基础教育课程改革。

（二）范式

范式是托马斯·库恩在《科学革命的结构》一书中提出的重要概念，指在一定时期内，给研究者共同体提供的样本的问题及解决方法的一般被公认的科学方法。它所代表的主要是思想观念、意识层面的东西，通过具体的模式、方法、行为等得以体现。

（三）教学范式

借鉴库恩的范式概念，我们把教学范式界定为教师群体对教学的共同认知、公认价值和常用技术的总和。教学范式是考察教学思想与实践的一种方式。教学范式是针对教学实践而言的，其主体是一线教育工作者。

（四）教学范式转型

本研究中的教学范式转型指旧的教学范式出现了持续的、严重的危机，不能很好地解释和解决教学实践中一连串的新事实和新问题，逐渐被新的教学范式代替，新范式占有合法的、主流的、压倒性的地位的过程。

（五）深度学习

深度学习指在教学中学生积极参与、全身心投入，获得健康发展的、有意义的学习过程。在此过程中，学生在素养导向学习目标的引领下，聚焦引领性学习主题，展开有挑战性的学习任务与活动，掌握学科基础知识与基本方法，体会学科基本思想，建构知识结构，理解并评判学习内容与过程，能够综合运用知识和方法创造性地解决问题，形成积极的内在学习动机、高级的社会性情感和正确的价值观，成为既有扎实学识基础，又有独立思考能力，善于合作、有社会责任感，具备创新精神和实践能力，能够创造美好未来的社会实践的主人。

（六）教学策略

教学策略指以一定的教学观念和教学理论为指导，为实现一定的教学目标，完成特定的教学任务，获得预期的教学效果而制订，并在实施过程中不断调整、优化的教学总体方案，包括科学组织各种材料、媒体，合理运用各种手段、方法，确定师生行为程序和组织结构等内容。

二、研究现状

（一）国外深度学习研究现状

国外近十年来深度学习实证研究的主题非常丰富，涉及深度学习的学习方式、学习策略、学习过程、学习评价、学习资源、学习动机等六个方面。

（1）从主题看，深度学习实证研究主要集中在深度学习的学习方式、学习策略和学习评价三个方面，深度学习的发生过程、资源建设和动机激发等方面的研究较为薄弱。

（2）从概念框架看，深度学习实证研究十分重视核心概念的内涵界定，其中比格斯、马顿、塞尔乔、恩特威斯尔、拉姆斯顿提出的概念框架得到较多认可。其与丁斯莫尔和亚历山大的深度学习综述文献相比，进一步指出了深度学习的概念类别与特征，可以为研究者提供更加确切的指导。

（3）从研究情境看，深度学习已经在社会科学和自然科学中被广泛应用，其中医学、教育学、心理学三个学科中的研究案例最为丰富。但是从学段来看，研究对象多为大学生，研究对中小学生和成人关注不足。该结论与张思琦等的研究结论基本一致，并进一步分析了深度学习的具体学科背景和学段分布情况。

（4）从研究方法看，问卷、访谈、测验是应用较多的数据搜集方法，数据分析则呈现以量化为主、以质性为辅的特征；同时，混合分析日益得到研究者的重视。

（5）从测量方式看，自我报告量表、编码标准、依据特定条件是最常用的深度学习测量类型。眼动作作为一种可观察的生理特征正在成为一种有效的新型测量方式。同时，该研究进一步通过统计得出了五类常用的深度学习的学习方式调查问卷，为后续实证研究的工具选择提供了参考。

（6）从研究结果看，深度学习的有效性和先进性得到了实证研究的充分支持，突出表现在学业成绩的提升、更好的知识理解与保持、更加愉悦的情感体验、更好的高阶思维和能力发展等方面。

综合上述文献研究发现，大学生是国外深度学习实证研究最为关注的一个群体，但是对中小学生和成人的深度学习研究不足。同时，在具体的实证研究中应加强干预设计的科学性和先进性，并对学科教师进行必要的指导，以取得预期的研究效果。

（二）国内深度学习研究现状

在我国，深度学习被引入教育教学研究领域后，学者们主要从深度学习的内涵、特征、评价等理论层面进行了研究。

1. 深度学习的内涵

郭华认为深度学习就是在教师的引领下，学生以具有挑战性的学习为主题，全身心积极参与、体验成功、获得有意义的学习的过程。它特别强调教师的引导以及学习内容必须具备挑战性。有的学者从布卢姆的教学目标分类理论入手，如学者何克抗提出：深度学习以全新的理念、方式和必要的工具、资源和手段来达到高级深层认知能力，尤其是创造能力的培养，学习者不仅能记忆、理解各学科基础知识，还可对基础知识做出分析与评价，并创造新知识和新产品；张晓娟等基于布卢姆的教学目标分类理论也提出在记忆理解层面的学习是浅层低阶学习，而运用、分析、综合、评价的学习，涉及知识的整合与重构、迁移与运用等的学习，是高阶水平的思维活动。

2. 深度学习的特征

郭华教授基于深度学习的内涵总结了深度学习的五个特征。

（1）联想与结构：在新旧知识和经验间建立实质联结，形成一定的知识结构。强调对教学内容的结构化，帮助学生全面把握知识的内在联系。

（2）活动与体验：强调引导学生主动参与学习活动，亲身经历知识发现、发生、发展的过程，形成丰富的内心体验。

（3）本质与变式：透过多样化的外显特征把握事物的本质，对学习对象进行深度加工。强调着眼于学科的基本思想和方法，向学生提供具有典型意义的例证和学习材料。

（4）迁移与创造：批判性思维，创造性地运用已有经验解决新问题，学生内化学习内容后进行外化及创造性表达。强调为学生创设适当的具有真实情境的活动，提供解决真实问题的机会，促进知识的实践转化和综合应用。

（5）价值与评判：对学习内容与过程的理解、反思和价值判断。强调正确的价值立场与价值判断，关注教学的价值取向，引导学生理解、反思所学习的内容与过程，进而形成积极的社会性情感、态度与责任感。

学者安富海认为深度学习的特征主要表现在四个方面：注重知识学习的批判理解，强调学习内容的有机整合，注重深度学习过程的建构反思，重视学习的迁移运用和问题解决。

学者何克抗认为：应树立科学的教育教学观念；运用有效的教学模式，把浅层认知的知识传授过程放在课外，把知识内化的过程放在师生、生生沟通交流的课内；建立新型的"学习共同体"（学生与教师间或学生和专家间建立学习共同体），不仅在课内，也在课外保持着联系；创设智慧学习环境，具备虚拟现实与增强现实技术及相关学习工具与资源的支持（先进的学习工具有助于学生深层认知能力的发展）。

3. 深度学习的评价

刘哲雨和郝晓鑫认为，可以将知识在学习者认知结构中的状态与知识未学习之前的初始状态之间的差距作为深度学习的评价标准。基于迁移理论和SOLO水平分类方法，建构出深度学习的"3＋2"评价模式，包括三大方面和两个维度，即从新知理解方面评价深度学习的基础，从内部关联迁移和外部拓展迁移方面评价深度学习的程度。

张浩和吴秀娟等提出深度学习的目标和评价体系的建构，提出建构以布卢姆的认知目标分类法、彼格斯的SOLO分类法、辛普森的动作技能目标分类法和克拉斯沃尔的情感目标分类法为基础的深度学习多维评价体系。他们将非结构化的深层知识、高阶认知技能、高阶思维能力和高水平动作技能等的形成称为深度学习评价的现实标准，构建了认知、思维结构、动作技能和情感四位一体的深度学习评价体系（图2－1－1）。

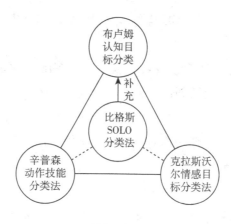

图 2 - 1 - 1

戴歆紫对于深度学习评价提出过程取向和结果取向评价。其中，过程取向评价包括问卷调查法和眼球追踪法，结果取向评价包括概念图法、开放性任务评价、学业成就评价（PISA）、综合性评价。

综合上述文献研究发现，国内研究在深度学习的实践层面涉及较少。其中，对于深度学习的评价，在理论上有评价模式，但关于具体实践中如何结合具体的学科课程设计相应的评价标准，将哪些方面作为评价学习的指标，进而建构完整的深度学习评价体系并没有完善的理论。在深度学习的评价中，如何合理评价学生的深度学习，这也是后面需要继续研究的方向。另外，有的学者在深度学习中提到了"智慧学习环境"，目前由于客观经济条件限制，很多学校并不能实现这一技术。

（三）本研究特色及创新之处

本研究立足全国第八次基础教育课程改革实施对中小学教学的影响，通过理论分析与调查研究相结合，在上述研究的基础上，从教学实践层面更为深入地重点探讨了新课程改革背景下深度学习教学策略、教学范式的形成与转型，以期为新课程改革的开展与新课程教学的实施提供深度学习的实践依据。

（1）本研究重点通过实践案例，关注深度学习与中学数学学科融合的具体路径、具体表征、促进策略和应用成效。

（2）为了探寻有效的深度学习实践路径，本研究以批判性思维、问题解决能力、交流协作能力等通用标准为参照，明晰中学数学学科中深度学习能力的具体表征，如对数学运算能力、数学建模能力、空间想象能力等进行详细描述。

（3）在上述基础上，形成具有鲜明学科特色的深度学习策略或模式。

（4）关注并完善多元化、过程性和表现性相结合的深度学习评价体系，并以此作为衡量深度学习应用成效的重要指标。

参考文献

［1］郭华.深度学习及其意义［J］.课程·教材·教法，2016（11）：25 - 32.

［2］何玲，黎加厚.促进学生深度学习［J］.计算机教与学，2005（5）：29 - 30.

［3］戴歆紫，王祖浩.国外深度学习的分析视角及评价方法［J］.外国教育研究，2017（10）：45 - 58.

［4］张晓娟，吕立杰.指向深度学习的课堂学习共同体建构［J］.基础教育，2018（3）：35 - 41.

［5］刘哲雨，郝晓鑫.深度学习的评价模式研究［J］.现代教育技术，2017（4）：12 - 18.

［6］冯嘉慧.深度学习的内涵与策略：访俄亥俄州立大学包雷教授［J］.全球教育展望，2017（9）：3 - 12.

［7］常立娜.深度学习文献综述［J］.开放学习研究，2018，23（2）：30 - 35.

［8］何克抗.深度学习：网络时代学习方式的变革［J］.教育研究，2018（5）：111 - 115.

［9］安富海.促进深度学习的课堂教学策略研究［J］.课程·教材·教法，2014，34（11）：57 - 62.

第二节 理论基础述评

学生的核心素养是适应个人终身发展和社会发展的必备品格和关键能力。把核心素养落实到学校的教学中去，是当前教学改革最重要的核心任务。现代数学教育基本理论和中学数学核心素养下的课堂教学观为核心素养视域下的中学数学教学提供了坚实的理论支撑。

一、经典学习理论及其对数学教学的启示

（一）联结学派的学习理论

1. 行为主义

（1）桑代克（Thorndike，1874—1949）的试误说："刺激—反应—奖励"。

桑代克把学习归结为个体在刺激情境中表现反应时所产生的刺激—反应的联结，又称试误说。桑代克认为，试误学习成功的条件有三个：练习律、准备律、效果律。反应之后的"奖励"对条件反射至关重要。

试误说对教学的启示：

在数学教学过程中，要注重培养学生的学习情绪，激发其学习动机；引导学生在尝试过程中应用分析和推理的方法，在学习概念、定理、公式、法则、性质后进行必要的重复练习，并在后续学习中加以应用。

（2）巴甫洛夫（Pavlov，1849—1936）的"条件反射"经典学说："刺激—反应"。

巴甫洛夫认为，学习是大脑皮层暂时神经联系的形成、巩固与恢复的过程。巴甫洛夫指出了引起条件学习的一些基本机制：习得律、泛化、分化（辨别）。

"条件反射"经典学说对教学的启示：

如果在学习概念学习过程中，同时进行泛化与分化的学习，注意区分概念

的定义与概念的属性，有利于学生准确理解概念。

（3）斯金纳（Skinner，1904—1990）的操作性条件反射学说："刺激—反应—强化"。

斯金纳认为，一切行为都是由反射构成的。个体的任何自发反应，如能带来有效后果，则该反应因强化而保留。凡是能强化个体反应的一切刺激均可视为强化物。斯金纳提出了及时强化的概念（强化的时间规律），提出了强化的三种类型：正强化（奖励增加），如给予食物→反应频率增加；负强化（惩罚减少），如减少电击→反应频率增加；惩罚，如给予惩罚→降低反应频率。

2. 行为主义对教学的启示

（1）行为主义适用的教学场景：行为矫正（如网瘾）、动作技能的训练等。

（2）行为主义理论强调"刺激—反应—强化"，因此主张教师课堂教学采取奖励与惩罚的行为：口头赞许、表扬、给高分或特殊的优待等奖励，往往使行为更巩固，从而再现或保持；口头批评、谴责、给低分、要求改正或补课之类的惩罚，往往使行为削弱、消退或回避。

（3）行为主义理论程序教学（通常采用计算机辅助）：学生接受一些教学材料，随后呈现小的测验。如果学生回答正确，他们就会继续进行下一课的学习；如果回答错误，就会重复这一课的学习或者进行涉及同样材料的不同课的学习。相对于建立概念和促进理解，计算机辅助教学更适用于技能和实践的学习。

（4）对于数学基础相对较差的学生来说，如果将数学事实组织成有逻辑联系的"小步子"，使他们从最简单、最基本的数学知识出发，可能使大多数学生达到预期的学习目标，甚至表现出自我创造力。

（二）社会学派学习理论

社会学习理论代表人物班杜拉（Bandura，1925—2021）认为，人类学习并非刺激—反应，而是一种模仿，学习的产生并非基于强化，学习需要自主观察与模仿。

社会学习理论对教学的启示：

社会学习理论认为，学习行为可由观察模仿而产生，符合"身教重于言教"的原则，解释了"亲其师，信其道""校风学风""同伴学习""榜样的力量"等常见的教育规律，为示范教学、观摩教学以及教学演示等提供了理论依据。

（三）认知学派的学习理论

认知学派的学习理论的核心观点是：人类的认知是大脑对外部信息进行加工的过程，关注人脑的内部思维加工过程与规律。

1. 思维的信息加工理论

罗伯特·加涅（R. Gagné，1916—2002）的信息加工理论认为，信息加工的过程是外部信息→（部分被感知）→感觉记忆（双通道理论）→（部分被选择）→工作记忆（信息加工：认知负荷理论）→（信息编码：三种编码理论）→长时记忆（图式理论）→（信息提取：提取式学习原理）→工作记忆。

只有部分外部信息能被感知到，其他被丢弃；被感知到的信息形成感觉记忆（0.25～2 秒）；只有部分感觉记忆能被处理（选择），其他被丢弃；工作记忆是大脑进行信息加工的唯一途径，时间非常短（2.5～20 秒）、容量非常小；在工作记忆中进行编码，即在信息之间建立关联性；编码成功的信息被放入长时记忆，长久记住（1 分钟～终生）；需要使用知识时，必须将它从长时记忆中提取出来，放入工作记忆。

思维的信息加工模型中信息加工理论的关联理论群：

（1）信息加工的双通道理论［梅耶（Mayer）］。

多媒体认知理论中的双通道理论认为，信息加工过程中感觉记忆形成阶段，言语信息（语言、文字）和图像信息的加工通道互相独立，可并行加工。

信息加工的双通道理论对教学的启示：

人应高度重视视觉通道对认知的作用；单一的言语通道容易引发认知超载，应充分发挥言语＋视觉双通道的作用；视觉通道所承载的信息量更大、记忆力更强，有助于提升思维的信息加工能力；在讲解知识时，应多用可视化的方式进行知识表达，充分发挥视觉认知的作用。

（2）认知负荷理论［斯威勒（Sweller，1925—2021）］。

信息加工过程中工作记忆形成阶段，为什么会产生认知负荷？认知负荷理论认为，由于工作记忆是加工信息的唯一途径，所有信息加工只能发生在工作记忆中，因此思维活动必然对工作记忆产生信息加工负荷。由于工作记忆保存时间短、容量小，在加工信息时很容易被占满（一旦工作记忆被占满，就无法进一步开展信息加工），导致认知负荷容量有限。

其中，认知负荷有如下三种：内在认知负荷，由学习材料本身所带来的认知负荷，不能改变；外在认知负荷，教学处理不当所带来的"有害的"认知负荷（教学处理不当会增加此类认知负荷，应尽量规避）；相关认知负荷，为了帮助理解而引入的额外但有益的认知负荷（大多数教学技巧都归为此类）。

认知负荷理论对教学的启示：

始终要将学习者的认知负荷控制在能承受的范围之内。比如，讲解节奏很重要，应多分段、小步子、多获取学生反馈；学生疲惫时，应让大脑适当休息；采用多种表达方式、互动方式，让不同的脑区轮流工作。

教学不要人为加重认知负荷（减少外在认知负荷）。比如，距离太远、字（图）太小，导致看不清；口齿不清、方言较重、声音较小，导致听不清；讲得太快、语言啰唆、逻辑有断路或跳跃；满屏文字照着念；学生不知道老师讲到哪里了；使用学生不懂的语言进行讲解；等等。

难点突破必须引入恰当的相关认知负荷。比如，引入直观教学材料，让学生借由观察（视觉认知能力）理解知识的实质与关系；对于抽象度高的知识，可引入一个学生熟悉的事物，借助二者内在结构的相似性促进理解；对于复杂度高的知识，通过关键字打包、顺口溜、编故事等方法，引入相关认知负荷，帮助记忆。

（3）双重编码理论［帕维奥（Paivio）］。

编码是学习者通过复述、联系、范畴化、系统化等策略，对工作记忆中的信息进行组织使之更有意义，并与长时记忆中的信息建立联系的过程。其中，工作记忆中的信息包括外部信息，也包括从长时记忆中提取出来的信息。大脑在信息之间建立的联系越多，编码就越牢固，越容易理解与记忆；外部信息与内部经验（长时记忆）之间的联系是编码的关键。

信息加工过程中，编码有三种典型方式，即双重编码（语义与表象共同编码：长时记忆中的语义系统和表象系统，见下文长时记忆部分中的介绍阐述）、组织化策略（将信息组织为层次结构）、整合化策略（与信息、内部经验相联系）。双重编码，在信息储存、加工与提取中，语言与非语言（表象）的信息加工过程同样重要，人类的认知系统会同时对语言与非语言的事物和事件进行处理；组织化策略是按照信息之间的共同特征，进行归类、组合，建立起层次结构的一种编码策略；整合化策略是将外部信息与长时记忆中已有经验建立额外联系，从而赋予其意义的编码策略（将知识与学生经验建立横向联结、整合是关键的教学技巧）。

三种编码方式对教学的启示：

对于一组信息，采用的编码策略、编码方式越多，越容易成功。

① 双重编码，"表象"作为一种重要的知识表征形式，在学习、记忆中起重要作用，教师促使学生脑海中产生或建立表象（如直观教学）、基于表象进行知识加工，更有助于知识的理解；借助表象所开展的"形象思维"是一种重要的思维方式，在问题解决、创造活动等方面起重要作用。

② 组织化策略，教学中应重视知识整体结构的归纳，并突出知识归类的内在逻辑。

③ 整合化策略，教学中应高度重视将知识与学生已有经验建立关联，关联越多、越紧密越好。

（4）图式理论。

长时记忆可分为两个系统，即表象系统和语义系统，它们地位平等又相互联系。

表象是指在头脑中保存的关于事物的形象或情境。表象来源于知觉（如视觉表象来源于视觉直观），即人类的表象来自人类的感知系统（视、听觉等）。表象与知觉在机能上是等价的，即在思维过程中需要表象时，可调动学习者脑海中原有的表象，若没有表象也可用直观材料替代。

语义是语言、文字、符号的统称，是人类特有的知识表征方式。

长时记忆中的信息是如何组织和存储的？图式理论认为，其核心就是"图式"。图式是"围绕一个主题组成的大型信息结构"。比如，专家脑海中的"语义网络"，教与学的终极目标，就是帮助和促进学生知识图式的生成。长时记忆中，围绕一个主题高度结构化的部分即为图式。

"图式理论"对教学的启示：

教与学行为的最终目标就是图式的生成与稳固，需经历三大阶段：

① 学生对知识建立初步理解并能记住。教学过程需符合双通道理论、认知负荷理论、双重编码理论。为了建立"组块"，学生需理解知识之间的全部关系，包括知识内部各组成元素之间的全部关系、知识与其他外部知识之间的全部关系。为降低认知负荷，教师讲授时需合理呈现知识的整体结构，如可视化

图表等。

② 学生生成整体知识结构（组块化）。学生运用思维导图等思维工具，梳理知识关系、生成整体结构，可有效促进组块化。

③ 一定量的练习达成自动化。练习是知识原理的具体化运用，在应用中能够加深学生对知识本质的理解；练习是知识运用的熟练化过程，促进图式的自动化。

（5）提取式学习原理。

提取式学习原理认为，提取式练习策略相比传统的学习策略（如重复学习、过度学习），能够产生更长时间的记忆。

提取式学习更高效的内在机理是提取并非学习过程中的一个中性事件，它会对学习产生重要影响，每次提取都会改变记忆、重构知识。人们依照当下的线索来回忆目标信息，并依据线索排除掉提取的竞争项。人们每提取一次知识，就会增加一些在未来再次成功提取的可能性；因为提取重构了知识，所以提取式学习不同于死记硬背，是一种有意义学习的策略。有反馈（及时、延时）的提取（回忆）效果更佳，其中"提取＋反馈"（延迟）效果最佳。

提取式学习原理对教学的启示：

教师讲清知识后，尽量多提问、多促进学生提取。比"重要的事说三遍"更好的策略是让学生自己回忆三遍、嘴里说三遍；为了巩固所学，在课堂中应多提问——即使只是让学生简单回忆，也会有较好效果；课堂总结如果能由学生来做，也是增加学生提取的机会；让学生画思维导图、梳理知识结构，既对组块化有帮助，也是一种提取式学习；课堂或课后练习、操作、实验也离不开提取过程；课堂开始前的知识回顾虽然时间确实较长，但也是让学生提取的好机会。

2. 结构主义与发现学习理论［布鲁纳（Bruner，1915—2016）］

（1）结构主义的知识观——知识本质体现为内在结构。

知识并不只是关于外在现实的认知，更是外部现实所具有的内在规律——即"结构"，知识结构就是某一学术领域的基本概念、基本原理，还包括学习的态度和方法。事物并非一被发现就具有结构，结构是由人所塑造、形成、构造出来，被外加到事物上的。

（2）结构主义的学习观——学习的目标是建立知识结构。

知识学习的最终目标是在学生的头脑中形成一整套相互关联的、具有层次的知识结构（而非某些事实、信息或知识碎片）；学习就是类别和编码系统（所谓认知结构）的形成或改变。

（3）知识结构是由编码系统建立的。

编码系统是"一组相互关联的、非具体性的类别"，是人们对环境信息加以分类和组合的方式，它们是不断变化和重组的，编码系统是布鲁纳学习理念的核心。编码系统的形成有三个过程：（对客体）类型化→分类，（对分类）概念化→一个分类就是一个概念，在多个类别间建立起层次结构（结构化）。

编码系统决定一个人将以什么样的方式形成知识结构，一个人编码的方式即学习能力，编码系统不仅能够接收信息和组织信息，而且能够超越一定的信息，即产生创造性行为。

（4）知识在长时记忆中的表征形式。

编码后，知识在长时记忆中的表征会以三种心理形式保存到长时记忆中：

动作表征——用肌肉来表示客体，这是人类最早出现的表征形式，也是儿童最早使用的表征形式，可见行为主义的"刺激—反应"理论。

表象表征——图像化、形象化的心理印象，和客体在外形上相同或相似。

符号表征——用语言、文字、符号表征的外部事物，是人类高级认知能力的核心。

表象表征、符号表征可见双重编码理论。

三种表征系统的相互作用是认知生长或智慧生长的核心。虽然三种表征是按人的成长顺序依次出现的，但它们并不能相互取代。事实上，每个人都在连续不断地使用这三种表征系统。

结构主义对教学的启示：

① 教师应为促进理解而教。人们拥有三种不同的知识表征方式（动作、表象、符号），教学中应灵活运用这三种表征方式，不可偏废；教师和教材的创造性任务是把所教知识转化成最符合学生编码系统的形式——因而要符合学生的知识基础和认知特点；任何学科知识都可以用某种正确的和有用的形式，教给任何年龄的任何人。

② 教师应为知识的结构而教。教学不能就单个事物而教，而要使学生掌握事物背后的基本思想或原理（结构），并在所有知识之间建立整体结构；掌握某一知识结构，就是理解它与其他各种事物之间有意义的联系。

③ 教师应为提升学生的编码系统而教。教师的任务就是教学生采用一定的编码方式来理解知识；学生的编码系统越概括，学习能力就越强，就越容易自行建立对知识的理解；着重训练学生的编码系统是发现学习的理论基础。

（5）发现学习——学习者像科学家一样进行探索、研究和思考，亲自获得知识。

① 发现学习的学习观：让学生学习一般的原理固然重要，但更为重要的是发展学生解决新问题、探索新情境、发现新事物的态度和能力。

② 发现学习的教学方法：教育工作者的任务是把结论性知识转换成形成性的过程，按照表征系统的发展顺序（动作表征→表象表征→符号表征）设计学习活动，让学生经历知识的发现过程。

③ 发现学习的四个步骤：提出问题（教师创设问题情境，使学生在这种情境中发现其中的矛盾并提出问题）—做出假设（教师促使学生利用提供的某些材料，针对所提出的问题，提出解答的假设）—验证假设（学生用理论或者通过实验数据检验自己的假设）—形成结论（学生根据实验获得的一些材料或结果，在仔细评价的基础上引出结论）。

"发现学习"对教学的启示：

① 提高智力水平——学习者自己提出解决问题的探索模型，学习如何对信息进行转换和组织，使自己超越这一信息。

② 使外部奖赏向内部动机转移（外部动因转向内部动机）——比起直接告知，自行发现结论与规律能让学生从学习过程中得到较大的满足，从而产生学习的主动性。

③ 学会将来进行发现的最优方法和策略（学会发现）——如果某人具有有效发现过程的实践，他就能更好地学到如何去发现新的信息（以满足知识创新的需要）。

④ 帮助信息的保持和检索（有助于对所学材料保持记忆）——按照一个人自己的兴趣和认知结构组织起来的材料，就是最有希望在记忆中"自由出入"的材料（形成图式）。

3. 有意义学习理论〔奥苏贝尔（Ausubel，1918—2008）〕

当学生把教学内容与头脑中的已有认知结构联系起来时，有意义学习就发生了。有意义学习指符号（包括语言、文字）所代表的新知识与学习者认知结构中已有的适当观念建立起非任意的和实质性的联系。

"已有的适当观念"是指为在新知识与学习者已有认知结构之间建立起联系，教师必须找到学生已有认知结构中的"固着点"——概念（指认知结构中对新知识起固定作用的适当观念）、特征（清晰稳定性、可辨别性，即可区分度）。

"非任意"是指这种联系有着内在的合理性和逻辑必然性，一般为教材层面所解决。

"实质性"是指新知识与已有认知结构中的表象、有意义的符号、概念建立紧密联系（往往是非语言的），教师要充分调动学习者的认知结构，适度讲解以帮助其建立和强化联系。

有意义学习的发生条件：教学开始前，教师需要带领学生回忆、复习与新知有关的旧知识，或采用多媒体、可视化方式使旧知更加清晰、鲜明。学习者必须有恰当的认知结构（能找到恰当的固着点）——这对教材编排、学生基础、教师教学均提出了要求；材料必须具备逻辑意义；学生应有新旧知联系的积极心向以及付诸实践的心理努力。

（1）奥苏贝尔的教学观。

奥苏贝尔反复强调，无论是接受学习还是发现学习，都有可能是机械的，也都有可能是有意义的；教学应追求有意义学习而非其他；如果教师的讲授教学实施得法，并不一定会导致学生机械地接受；假如在发现学习中，学生只是机械地记住解决问题的典型步骤，而对自己正在做什么、为什么这样做稀里糊涂，即使得到正确的答案，也只是一种机械式学习；有意义学习与机械学习并非绝对，而是处于两个端点上，许多学习行为往往处于这两端之间的某一点上。

（2）奥苏贝尔大力倡导两种高效教学方式，即有意义的接受学习、有指导的发现学习——启发式教学。

奥苏贝尔大力倡导有意义的接受学习。接受学习是一种由教师引导学生接受事物意义的学习，其内容基本上是以定论的形式讲授给学生的，有时也称为讲授教学。奥苏贝尔强调，学生的学习应以有意义的接受学习为主，因为学生在教师的指导和传授下获得知识，是最经济、最快捷、最有效的学习方式。

奥苏贝尔提倡有指导的发现——发现只是教学流程中的一部分，它以改变学生的认知结构为目标，而非以培养学生的科学探究能力为目标，被称为启发式教学。在启发式教学中，为了让学习者留下更为深刻的印象，教师不直接告知结论，而是出示适当材料，合理提出问题，调动学生思考，给予适当的引导和提示，让学生尽可能自己得出结论。在启发式教学中，学生需要自行组织、加工材料，自行发现规律，必然会更充分地调动原有的认知结构，更容易理解知识中蕴含的深层结构，使思维留痕更深。

（3）讲授教学总体原则。

逐渐分化原则——"先上后下"。为了找到学生已有认知结构中的固着点，教师首先应该传授最一般的、涵盖范围最广的概念，即上位概念。然后，对它们逐渐加以分化，直至找到新知。先行引入上位概念，也有助于学生将新知与已有认知结构中"同属"的旧知建立起天然的联系，促进新知的理解。

整合协调原则——"横向联系"。当学习内容无法按照"总—分"进行组织时，教师应要求和促进学生将新知与已有认知结构中的旧知进行横向联系、组合。此时，旧知作为新知的固着点，学习者可通过旧知以及某种关系将新知纳入原有认知结构。这种联系越多，关联性越紧密，新的认知结构就越容易生成。

（4）讲授教学具体技术。

讲授教学通常会用到先行组织者。先行组织者是指在新知讲解前呈现的一种引导性材料，它要比新知识具有更高的抽象、概括和综合水平，并且能清晰地与认知结构中原有的观念和新知紧密关联。

（5）奥苏贝尔的认知同化论。

有意义学习的过程是新的意义被同化的过程。同化可以通过接受学习方式进行。

（6）发现学习与有意义学习的理念差异。

二者都重点关注编码、提取过程中的学习活动。二者各有所长、优势互补，教学中应、恰当运用。

发现学习——强调以"自主发现"扩充认知结构，学习者运用已有认知结构进行自主发现，理解知识的内在结构，自然形成新的稳定的认知结构。编码、提取时，教师既不能直接告知结论，也不能干预学生的发现过程。发现学习的特点是耗时长、难实施、基于归纳思维、忽视知识学习、注重创造力培养。

有意义学习——强调先改变认知结构，再运用知识深化认知结构。第一步，教师通过讲授，使学生开展有意义学习，帮助学生快速建立认知结构；第二步，通过新知的应用来加深理解，巩固认知结构。编码时，教师应指导学生快速将新知纳入已有认知结构；提取时，在知识应用、问题解决和创造中加深理解、巩固认知结构。有意义学习的特点是效率高易实施，以演绎思维为主，基于知识掌握培养应用能力。

（四）建构主义学派的学习理论

建构主义学派的学习理论认为，复杂知识的学习需要自主建构，进行情境学习。核心理念：知识的意义靠学生在具体情境中主动建构，且人人不同。

1. 代表人物：维果茨基、皮亚杰

（1）学习是学生主动地建构内部心理表征的过程。

（2）学生已有发展水平是学习的决定因素。

（3）学习是一个双向建构的活动过程。

（4）学习是一种社会活动。

2. 建构主义与认知主义的主要差别

建构主义与认知主义的主要差别见表 2 - 2 - 1。

表 2 - 2 - 1

比较维度	建构主义	认知主义
知识观	事物是一种客观存在，知识是对客观事物的表征，具有确定性（客观主义）	知识并非客观存在，只是一种暂定性的解释和假设，并非最终答案（主观主义）
学习观	学习是把确定性的知识纳入学习者已有认知结构的过程	学习是根据自己的经验，对外部信息进行主动选择、加工和处理，从而获得个人独特的意义
经验的作用	学习者的已有经验对新知识的编码过程起决定性	新知的学习也会导致原有经验的改变和重构（双向建构）
教学观	教学是将客观知识以易于学生理解（纳入认知结构）的方式进行传递的过程	教学需要激发学生自主建构出对知识的独特理解，为此需要创设情境、激发思考、促进参与、提供工具和支持
教师的角色	知识的拥有者、传授者、评判者	情境的创设者、学生建构知识的指导者、社会协作的组织者

3. 建构主义主要理念（三性）、代表人物与关键思想

（1）情境性：皮亚杰（Piaget，1896—1980）——个体在与周围环境相互作用的过程中通过同化与顺应两种方式对外部世界进行双向建构，形成认知结构。

知识不是一套独立于情境的符号，不可能脱离情境而抽象地存在（这是认知主义的观点）。知识存在于具体的、情境性的、可感知的活动中，只有通过实际情境中的应用活动才能真正被学习者所理解。

（2）主动性：斯腾伯格（Sternberg，1949—　）——个体的主动性在认知结构的建构过程中起关键作用。

学习者不是信息的被动接收者（这是认知主义的观点），学习者需要主动激活原有知识经验，通过分析、归纳、推理、综合等高层次思维活动，对各种信息和观念进行加工、转换，形成自己的独特理解，并进行反思和检验。

（3）协作性：维果茨基（Vygotsky，1896—1934）——人的高级心理机能是在活动和社会互动中发展起来的，语言对思考与社交作用巨大。

教师、学生共同构成学习共同体，就知识建构开展协商、互动与协作（典型的如"合作学习"），这对于个人知识建构具有重要意义。在个人主动建构知识的过程中，由于经验背景、思维特点的差异，学习者对问题的看法和理解经常是千差万别、未尽清晰和合理的，因此需要相互交流和质疑（包括师生、生生），形成更恰当、更深入、更丰富、更灵活的理解。

（4）认知灵活性：斯皮罗（Spiro，1948—　）——在解决实际问题时，学习者必须对知识有深层的理解，只有字面的理解远远不够。

知识分为结构良好领域知识和结构不良领域知识。

结构良好领域知识是关于某一主题的事实、概念、规则和原理，它们形成一个完整、严密的层次结构。问题解决可以直接套用相应的概念、规则或公式（如求正方形面积），是初级知识获得的教学策略。

结构不良领域知识的两大特征：

概念的复杂性——知识被应用的每一个实例都同时涉及许多概念。这些概念不仅自身复杂，而且概念之间存在着复杂的相互作用。

实例的不规则性——每个实例所涉及的概念的数量和种类各不相同（如头痛的原因有上百种），而且这些概念的地位、作用以及相互作用的模式也不尽相同。仅仅简单提取不可能解决问题，只能以原有的知识为基础，重新分析具体的问题情境，建构对问题的理解，寻求新的解答。

结构不良领域知识是将结构良好领域知识应用于具体情境时产生的知识，即被应用的知识。结构不良领域知识，只要将其应用到具体情境中去，就会产生大量的结构不良特征。在各种情境下应用知识解决问题，以把握概念的复杂性以及概念之间的联系，实现灵活应用的目标。它是高级知识获得的教学策略。

4. 基于建构主义的教学法

（1）情境性教学。

情境性认知理论：人的认知不只是信息加工活动，它与所在的情境是不可分离的，情境参与了认知过程。知识的意义不完全是由脱离了情境的抽象的知识符号决定的，它同时受到学习和应用这个知识时的活动、背景与文化的影响。情境认知理论的主要观点来源于教育心理学和人类学两个领域，关注的焦点是实践。行为主义局限于外部可观察的行为，认知主义关注信息的内部加工，建构主义强调大脑的内部建构过程，情境认知既关注外部情境又关注知识的内部建构。

情境性教学包含认知学徒制、抛锚式教学。

认知学徒制：让新手在专家指导下，直接参与真实工作，在具体工作场景中获得所需的知识、技能。

抛锚式教学：将学习活动与某种真实的、有感染力的问题情境挂钩，让学生在（接近于）真实的问题情境中学习。抛锚式教学与问题解决教学、基于问题的教学比较接近。

抛锚式教学步骤：

① 创设情境——使学习在与真实情境基本一致或类似的情境中发生。

② 确定问题——确定一个真实性问题，教师创设的情境与确定的问题就是"锚"。

③ 自主学习——教师不直接告知学生答案，而是提供解决该问题的有关线索、可用的工具和资源（往往依赖于信息技术和互联网），学生通过自主探索，找到解决问题的办法，在此过程中学会新知、培养能力。

④ 协作学习——探索过程难度较大、工作较多，应以小组形式开展，学生集思广益、互相协作、共同解决问题。

情境性教学的四个特征如下。

① 真实的任务：要选择真实性任务，不能做过于简单的处理，以免远离现实情境；真实情境往往同时与多个概念、理论相关，因此主张弱化学科界限，强调学科交叉。

② 情境化的过程：教师并不直接呈现问题的答案，而是展示与专家解决问题类似的探索过程，提供解决问题的线索，指导学生开展探索。

③ 真实的互动合作：在探索过程中，学生以小组形式开展合理的分工、合作，共同面对挑战，集思广益，解决问题。

④ 情境化的评价：不需要独立于教学过程的测验，而是采用融合式测验，在学习中对具体问题的解决过程本身就反映了学习的效果。

（2）随机进入教学及其基本教学理念。

对于同一内容，带着不同的目的，在重新安排的情境中，从不同的角度进行多次学习，从而获得对知识的多种意义建构；在每一次的学习情境中，需要存在互不重合的方面，从而使学习者对概念获得新的理解。这种教学避免抽象地谈概念一般如何被运用，而是把概念具体到一定情境的实例中，并且涵盖多种实例变式，分别显示概念不同方面的含义以及与其他概念的联系。学习者在多次学习中可以形成对概念的多角度理解，并将其与具体情境联系起来，形成背景性经验，为今后的灵活迁移做准备。

教学过程：确定主题（通过教学目标分析，确定本课程的若干主题）—创设情境（创设与本课程主题有关的多样化的实际情境，为随机进入教学创造条件）—随机进入学习（根据学生的意愿可以选择不同的主题）—小组协作学习（开展基于网络的专题讨论，教师布置讨论作业并加以评判和个别辅导）—学习效果评价（自我评价练习，有针对性地对薄弱环节做补充学习与练习）。

（3）支架式教学及其基本教学理念。

支架式教学是指在学习过程中，教师需要给学生提供的一种暂时性的切合学生学习需求的支持，来辅助学生逐步完成自己无法独立完成的任务，并伴随学生的进步而逐渐撤去，直到学生能够独立完成该任务，内化相应的知识技能。

常用的支架：教师示范，教师可通过演示、示范，展示专家工作的具体实例（而非纯理论化的知识讲解）；出声思维，教师在模拟演示的过程时，可以大声说出自己的思维过程，帮助学生在思考问题的同时，直接读取教师的思维方法；引导性提问，当学生解决问题时，教师可以通过提出问题向学生提供援助（而非告知结论），帮助学生集中注意力并给学生提供新的思路。

5. 建构主义学习理论对教学的启示

（1）高度重视情境对认知的作用。

有效学习只能发生在情境中，知识的意义与情境密切相关，因此教师的主要任务就是创设情境；强调学生内部认知结构与外部情境之间的双向互动，并非单向地吸纳外部信息，因此必须让学生在情境中主动建构；提升情境的真实感和感染力，更好地支持学生的自主探索过程，往往较依赖于多媒体、交互式资源，教学资源开发成为重中之重。

（2）重视学生自主思考、探索的过程。

多提问，多让学生发表意见，促进学生的内部思考。基于学生的意见，通过师生、生生对话与协作，促进知识从学生原有经验中"生长"出来；不直接告知答案，提倡自主探索，教师的作用是创设情境、提供工具与资源、给予支持引导；由于探索任务的复杂性及个人开展意义建构的难度，提倡学生开展合作学习。

（3）为迁移而教，强调知识学习应适应复杂的真实世界。

学习的目标不是简单地理解知识，而是要在真实环境中应用知识，因此学习情境也需要尽量真实，不能过于简化；只有在真实的、复杂的情境中，学生所建构出来的知识意义才能更容易地迁移到真实环境中。

（五）人本主义学习理论

人本主义学习理论——情感动机，强调以自驱、情意为本。重视情感对认知的作用，强调学生自主发展的内驱力。

创始人马斯洛（Maslow，1908—1970）认为：人类先天就具有学习的本能。学习是内发的，而不是外部强加的。学习的动机是由多种不同的需求组成的，各种需求之间有先后顺序与高低层次之分。其中，需求层次理论指出需求包含基本需求（生理需求、安全需求、归属与爱的需求、尊重需求）和成长需求（认知需求、审美需求、自我实现需求）。

1. 自我实现的人格观

人的成长源于自我实现的需要，这是人格形成、发展和成熟的驱动力。正是人有自我实现的需要，才使得个人潜能得以实现、保持和增强。人格发展的两个基本条件：无条件的尊重和自尊。无条件的尊重是自尊产生的基础，因为只有别人对自己尊重，自己才会对自己尊重。人的潜能是自我实现的而非教育的作用，教育的作用只在于提供一个安全、自由、充满人情味的心理环境，使人类固有的潜能得以实现。

2. 内在学习动机理论

（1）批判外在学习。

外在学习是一种被动的、机械的教育模式。学习活动不是由学生决定的，而是由教师强制的。学生只是对个别刺激做出零碎反应，所学的知识缺少个人意义。

（2）提倡内在学习。

内在学习是一种依靠学生内在驱动，充分开发潜能，实现自我实现的学习，是一种自觉主动、创造性的学习模式。这种模式会促使学生自发地学习，充分发挥想象力和创造性。

3. 知情意统一的教学目标

情感和认知是人类精神世界中两个不可分割的有机组成部分；教育的目标是培养知情意统一的人，其被称为"全人"。

4. 有意义的学习理论

罗杰斯（Rogers，1902—1987）提倡有意义的学习，学习应完全基于个人经验、个人需要，由个人自主选择，而非外部的强制规定。它不仅指向知识的增长，更要引起整个人的行为、态度、个性发生重大变化，对个体的生存和发展有价值。

奥苏贝尔的有意义学习指的是"新知—经验"的联结，这里指的是个人价值感。

5. "以学生为中心"的教学思想

教师的角色应由知识的拥有者转变为促进者。教师要相信学生的潜能，只需提供良好的学习环境、学习资源，使他知道如何学习，从而自行学习。促进学习的关键不在于教学能力，而在于师生之间是否具备良好的心理氛围，包括真诚一致（教师是个真诚、表里一致的人）、无条件积极关注（关心学生的方方面面，且与学生的成绩、个性、品质无关）、同理心（尊重学生的情感与意见，对学生的内在情感反应感同身受）。

6. 人本主义学习理论对教学的启示

（1）重视情感与内驱力对于认知的作用。

对于学习来说，情感与认知同样重要，有效的学习应知情意行统一，将学习的研究从认知扩展到情感领域；极为重视激发学生致力于自我实现的内驱力，以此激发出学生天生的个人潜能，使学生自发开展高效、自主的学习。

（2）激发内驱力的实现手段。

建立良好的师生关系至关重要，教师应尊重和无条件接纳学生的想法，培养学生自尊、自强的品质。当学生能自主选择个人发展方向、学习内容、学习方式时，才具有最大的内驱力；当教学内容（对个人）有意义、学生感受到学习的价值时，学生会更具内驱力。

（3）任何教学行为都必然具有教育的成分。

教师必须同时搞好教学和教育工作，促进学生知情意行全面发展。

罗杰斯提出了以学生为中心的教育理念，乔治·布朗于1967年提出应以学生为中心，注重情感交流，构建真实的问题情境，提倡从做中学，鼓励学生自由探索，合作学习；提倡课堂创造活动。

（六）联通主义学习观

西蒙斯（Siemens，1908—1970）提出联通主义学习观，它是数字时代的新型学习观，强调人与外部知识节点的联结。

1. 理论背景

网络时代的信息是海量的且更新速度非常快，然而人的精力是有限的，不可能将海量知识都储存在大脑中。数字时代的学习，需要正确认知。

2. 联通主义对学习的定义

学习不只是一个人的活动，而是连接专门节点和信息源的过程。

3. 知识观

每个人都有内外两个网络：一个是人的内部网络（头脑中的认知结构），一个是外部网络（存储于互联网中的知识节点）。管道远比管道内的内容更重要，也就是说知识路径远比知识内容更重要。

4. 学习观

学习不仅发生在人的内部，还发生在人的外部，学习知识的目的就是将（内部的和外部的）知识进行连接，形成知识路径，最终形成知识网络。需要找到什么知识、知识的位置、如何找到知识，比掌握知识本身更重要。

5. 认知科学与联通主义的区别与联系

认知科学与联通主义的相同点与不同点见表2-2-2。

表2-2-2

项目	认知科学（图式理论）	联通主义
相同点	都把学习看作一个知识网络形成的过程	
不同点	仅关注学习如何在头脑内部发生	强烈关注与外部知识源的联结

6. 适用的学习场景

人的学习必然需要先建立内部的知识网络，才可能有效利用外部的知识节点，因此联通主义更适合成人在职学习、专家学习以及大学研究生的学习。

（七）具身认知理论

具身认知理论强调身体参与认知，认知不仅发生在大脑中，也离不开身体的参与。

1. 具身认知理论的基本主张

思维和认知在很大程度上是依赖和发端于身体的，人类认知是大脑—身体—环境三位一体的。人类身体的形态结构、感知觉系统、神经系统的特点以及运动系统的活动共同界定了人类怎样认识世界，决定了人类的思维风格，塑造了我们看待世界的方式。

2. 具身认知理论的三个维度——具身性、情境性、生成性

（1）知识的具身性。

思维与感知运动系统所使用的神经结构往往是（部分）重合或高度关联的。例如，手指灵活度影响数学能力——手指和数学运算在大脑中对应着同样的脑区与神经结构；身体运动影响概念理解——在理解概念时，做出与概念内涵相一致的身体动作，将有助于概念的理解与记忆；感觉—运动系统往往直接界定了概念本身；抽象概念往往来源于身体感觉—运动的隐喻——很多抽象概念追根溯源都与身体的位置、感知或运动有关。

（2）知识的情境性（同建构主义）。

认知、知识不是独立于环境与情境的纯粹认知操作与信息加工，知识的意义也不是客观的、普遍的，而是在个体与环境的相互作用中显示出来的。认知、知识并非脱离场景、语境的普遍、中立性行为，而是嵌入环境，在与情境相互对话中，大脑、身体、环境三者组成了一个动态的统一体。

（3）知识的生成性。

认知不是一种预先给予的心智对预先给予的世界的表征。此为认知主义的观点：预先给予的心智——人的已有认知结构；预先给予的世界——外部世界的客观规律，即知识；认知是人类在参与、行动、实践的基础上，创造出的具有情境性、具身性、复杂性的知识产物（基本同建构主义）。

（八）认知神经科学

认知神经科学的核心观念是大脑底层"硬件"的生物学运转规律。认知神经科学的两大研究领域：宏观领域，包括脑的结构、分区与功能（如布罗德曼大脑分区图）；微观领域，如神经元工作机制。

认知神经科学理论模型 1：三脑理论

三脑理论揭示了大脑复杂决策机制的生理学依据——大脑决策的优先级顺序：生理安全 > 情感事件 > 认知事件。

三脑理论对教育教学的启示：

（1）爬虫脑（生存与安全），只有当脑不受安全威胁时，才会关注认知事件。启示：应为学习者创造低焦虑环境。当脑感受到新异信息时，出于生存本能，它会自动予以关注。启示：教学中应多呈现新异信息，多制造认知新异事件。

（2）哺乳脑（情感与记忆），在脑感受到消极情绪、负面情绪时，脑的认知加工会受到抑制；若脑感受到积极情绪，会提高认知的积极性和效率。启示：激发学生的积极情绪，如期待感、成就感，是动机激发的核心。

（3）新皮层（理性与逻辑），只有当爬虫脑感到安全、哺乳脑产生积极情感时，新皮层才可能进行高效认知。

认知神经科学理论模型 2：大脑四叶模型

额叶（逻辑推理，协调全脑），任何逻辑推理或理性都离不开额叶的作用，工作记忆亦处于额叶之中；顶叶（触摸——体感、空间——数感），顶叶强的人，善于运动、数理逻辑强、空间感强；枕叶（视觉），视觉加工能力极为高效且完全自动化开展；颞叶（听觉、语言），语言中枢发达的人，善于阅读、倾听、表达。

大脑四叶模型对教学的启示：应重视教学中视觉材料的作用。可视化可发挥脑的视觉认知与空间计算功能，使其共同参与认知加工。

认知神经科学理论模型 3：脑的语义地图

脑的语义地图是加州理工大学 2016 年研究成果，实验结论：脑理解不同的词汇（语义）时，分布在脑不同位置的神经元被激活（表象）——语义理解需要表象的支持；脑理解语言时，不仅激活了颞叶的语言中枢，而且激活了分布于全脑不同脑区、不同部位的神经元；同一类型的词汇激活的大脑部位比较接近；对于同一词汇，不同人激活的部位各不相同——每个人的脑对词汇意义的理解是独特的，意义只能由个人建构。

脑的语义地图对教学的启示：

在教学中应高度重视促使学习者产生和建立表象（如可视化教学、体验式教学等），使脑中相应的神经元被激活；教学中应尽量调用学生的已有经验，这样只用语言即可起到调动思维的作用（也就是相应的神经元被激活），使教学效率更高。

认知神经科学理论模型 4：神经元工作原理

大脑的一切活动，其生物学本质都是神经元产生电信号（神经冲动）并向后面的神经元传导的过程。

神经元工作原理对教学的启示：

通过多种手段提供外部刺激，多角度激发思考、多激活原有经验，就能促使学习者大脑中更多的神经元达到动作电位，形成神经冲动——这是促进思考的生物学本质。

（九）中国传统的学习观点

1. 孔子的学习观点

揭示学习的意义，探索学习过程的规律，提出学习的心理条件，总结学习的方法，差异心理的思想。

2. 孟子的学习思想

孟子的学习思想是自得、居安、资深、左右逢源。他认为，人的心理存在个别差异，"权，然后知轻重；度，然后知长短。物皆然，心为甚"，以此为基础，考察了因材施教的方法，提出了一系列德育原则和方法。

3. 荀子的学习理论

荀子继承孔子"学而知之"的观点，建立了唯物主义学习理论：闻—见—

知—行。他强调环境、教育在道德行为培养中的重大作用，因而，主张"居必择乡，游必就士"，还提出，治养、诱导、自察、自省、言行一致等德育方法。他把学习过程分为三个阶段：感知、思维和运用。

二、经典学习理论对教学的启示概括

（一）强调打好数学基础的重要性

行为主义的强化练习方式有助于较简单的数学基础知识和基本技能的形成，这是数学能力发展的基础。比如，背诵了九九乘法表的学生做乘法题目时表现会明显好于那些虽然很好地理解了乘法概念，但却没有背诵乘法表的学生。

数学记忆、模仿、练习也是理解的必要条件，理解是不能够取代数学练习的。如果在数学学习中注重了理解却忽视了必要的数学记忆、模仿、练习，那么将会造成学生数学能力的缺失，学生的数学理解也难以形成和发展，从而导致新知识学习的障碍。记忆、练习和理解，三者是相辅相成的。

高级学习是以低级学习为前提的，打好数学基础对进一步学好数学有非常重要的意义，正如数学家王梓坤院士所说："不论是学习数学还是研究数学，都必须循序渐进，每前进一步都必须立足稳固，这是数学方法的一个显著特点，其他科学也要循序渐进，不过数学尤为如此。前头没有弄懂，切勿前进，犹如登塔，只有一步一上，才能达到光辉的顶点。"

当然，循序渐进不是简单重复，而是一种螺旋上升，教师既要引导学生对数学知识进行多方位、多侧面的理解，又要及时把学生的学习引向深入。

（二）充分发挥学生的能动作用，倡导积极、主动、自主探索的学习方式

学生的学习是一个主动认知、建构的过程，这就是说应该突出学生的主体地位和能动作用。一切数学知识、技能和思想都必须经过学习者的主动感知、消化、改造，使之适合学习者的数学认知结构从而被理解和掌握。知识不能简单地由教师或其他人传授给学生，传递的是信息，学生应对这些信息做出观念的分析和综合，进行有选择的接受和加工处理。

对知识形成深层次理解，是学习和教学的核心目标。因而，教学应提倡积极主动、自主发现、自主探索的学习数学的方式，使学生的学习过程成为在教师引导下的"再创造"过程。随着探索活动的不断深入，学生逐渐形成了对知识的深层次理解，他们将建立起属于自己的结构化的、灵活的知识经验体系，

从而使思维和探究能力、创造能力得到发展。

（三）倡导合作交流、取长补短、共同发展的学习方式

在数学学习中，学生对同一数学知识的理解会有不同侧面和程度的差异。因此，从数学学科的特点出发，考虑每个学生的不同背景，倡导教师与学生之间双向互动，学生之间相互交流、合作学习。学习不仅是一个认知过程，更是一个开放的交流与合作的过程。

由于每个学生都有自己的基础和长处，他们对于各自无法解决的问题，经过交流合作，把自己的认识、理解、长处展现后，组合或融合，很可能把原来不能解决的数学问题解决了。由于各人解决问题的方法和途径不同，交流就可以取长补短，共同发展。这对学生思维能力的发展和今后的数学学习大有裨益。

（四）重视学生的数学学习与社会环境相联系

学习是一种社会活动，不是孤立的个人行动，外部学习环境制约和影响学习，教师开展数学教学应为学生创设适当的学习情境。如果数学学习内容以恰当的情境出现，就贴近了学生的生活实际，激发了学生参与数学学习的兴趣和信心。

数学教学应让学生了解生活与社会，参加一些适当的社会实践活动。数学中有许多问题直接来源于生活和实践，对数学问题的求解需要一定的生活积淀和阅历。因此，教师不仅是学生学习数学的引导者，而且是学生热爱生活、关心社会的激励者，是学生融入社会生活的策划者。教学中，教师应充分利用现实生活中的数学作为例子进行教学，由此培养学生解决实际问题的能力。

第三章

基本教学观

第一节　核心素养视域下的
中学数学课堂教学观

《普通高中数学课程标准（2017 年版）》将培养学生核心素养放在了首要位置，即"六大核心素养"：数学抽象、逻辑推理、数学建模、直观想象、数学运算和数据分析。这些观点又与《义务教育数学课程标准（2022 年版）》中提出的"数感、符号意识、空间观念、几何直观、数据分析观念、运算能力、推理能力、模型思想，实践意识、创新意识"十个"核心概念"一脉相承。

数学核心素养是数学课程目标的集中体现，是具有数学基本特征的思维品质、关键能力以及情感、态度与价值观的综合体现，是在数学学习和应用的过程中逐步形成和发展的：用数学的眼光观察世界，发展数学抽象、直观想象能力；用数学的思维思考世界，发展逻辑推理、数学运算能力；用数学的语言表达世界，发展数学建模、数据分析能力。

一、核心素养视域下的数学教学强调学科素养的整体性

核心素养视域下的中学数学教学更强调学科核心素养的整体性。

数学"六大核心素养"每一个核心素养都有自身的独立性，但在学习过程中它们又是一个有机联系的整体。例如，直观想象与数学抽象体现了数学的一般特性；逻辑推理与数学运算体现了数学思维的严谨性；数学建模与数据分析体现了数学的实用性。在具体学习过程中，它们彼此相交、相互渗透；在发现与提出、分析与解决学科问题时，各核心素养在不同环节发挥不同作用。

二、核心素养视域下的数学教学强调教与学方式的转变

《义务教育数学课程标准（2022 年版）》指出，数学教学是数学活动的教

学，是师生之间、学生之间交往互动与共同发展的过程。新课程改革下的教学，要由"关注学生学习结果"转向"关注学生学习活动，关注知识的形成过程与学习体验"，课程设计由"给出知识"转向"引导活动"，倡导学生主动探索、自主学习、合作讨论，体现学生再发现的过程。

核心素养视域下的数学教学强调数学教学方式与学习方式的转变，遵循知识内在的逻辑规律，符合学生的认知规律，从知识的碎片化教与学转变为知识的系统化教与学，从以讲授为中心的课堂转变为建立和形成"以教师为主导，以学生为主体，以问题为导向，以学习为中心"的数学课堂。

（一）核心素养视域下的中学数学课堂教学的基本特征

1. 层次化教学，满足学生差异化需求

教师在备课、上课、辅导各个方面根据学生的不同基础，提供不同的教学服务，用不同的方法去教不同的学生；一切从学生出发，让不同层次的学生利用已有的知识水平和认知能力自我建构：接收新信息，学习新知识，用新的知识构建自己的知识体系、能力体系、道德体系。

2. 整体化教学，实现知识的横向联系

教师需要正确构架学生学习和认知的实现路径：让学生先把握事物的整体构架，再进行事物各个具体部分的学习和研究，找到部分与部分之间的关系，形成对事物的完整认识，最后由部分回归到整体，即"先见森林再见树木最后又见森林"。

教师需要改变碎片化的教学方式、学生碎片化的知识学习和碎片化的训练（片面强化知识点的学习），对教材进行系统的整合，采取单元教学方式，实现知识的横向联系，让学生"既见树木，又见森林"，建立知识之间的横向联系，从而形成综合素质和核心素养；基于学科素养的整体性、教学的整体化，强调大单元、大概念、单元教学的重要性和必要性。

3. 主题化教学，实现知识的纵向联系

教师要有整体的大知识观，并且由此产生大的教学观：主题化教学方式，让学生实现知识的纵向联系。教师要根据学生的认知能力和知识自身的逻辑规律，挖掘整合教学内容，并系列化、主体化地进行教学，让学生找到知识与知识之间的纵向联系。

例如，在每一个学习阶段（现实实践中，常常在期末或中、高考复习中），要进行一次主题式或专题式教学，让学生认识到知识模块与模块之间的内在关系，让知识形成大的模块，从"见树木"到"见森林"，再从"见小森林"到"见大森林"。

主题单元教学是本次课改强调的一个重点，相应地，教学设计也应强调在单元教学设计的基础上给出课时教学设计，以充分体现数学的整体性、逻辑的连贯性、思想的一致性、方法的普适性、思维的系统性，切实防止碎片化教学，通过有效的"四基""四能"教学，使数学学科核心素养真正落实到数学课堂中。在课时教学设计之前，先要进行单元教学设计、主题教学设计的全面分析并将教学目标分解到课时，在课时教学中可同理细化进行"课时"单元—主题教学。

4. 问题化教学，实现知识的横纵联系

关于知识学习，本次课改强调将碎片化、断点化的知识转变为结构化的知识，而学习过程问题化是使知识结构化的有效途径。教师的教学应以学生为主线去设计，以学生的问题展开；学生从问题开始学习，不断发现新问题并解决问题，又在解决新问题的过程中发现新问题，通过不断解决问题不断深化学习，实现学习与现实生活的联系，建构自己的知识系统，从而实现学习过程的真实发生。这种问题化的学习，把真实的问题形成问题链，让学生在对问题答案追寻的过程中找到知识之间的横纵联系。

5. 情境化教学，实现由学习走向生活、跨学科

情境是知识转化为素养的最重要途径，教学要设置大量情境化的教学过程，让学生真实、深度地学习。《普通高中数学课程标准（2017 年版）》强调"数学与生活以及其他学科的联系，提升学生应用数学解决实际问题的能力"。知识不是学习的最终目的，而是素养培养的媒介和手段。教学过程将"知识符号化"转向"知识情境化"。由情境化（生活情境、数学情境、科学情境），设置真实的情境，让学生将知识符号表达的知识体系同现实生活、不同学科、科学问题建立起联系。通过实验教学、学科活动、社团活动、社会实践等一系列真实的情境，学生的经历与学科知识建立联系过程，真正体验知识的发生与发展以及应用价值和隐含的科学文化精神，建立起价值观、情感、人生态度，从而形成核心素养。

华东师范大学课程与教学研究所崔允漷教授的"学习逻辑 = 生活逻辑 + 学

科逻辑"观点从另一个角度强调了教学整体观、情境观和能力体系观。

（二）核心素养视域下的数学教学核心问题

核心素养视域下的数学教学要落实"数学教育中最核心的数学能力就是'抽象—推理—模型'"。教学时，教师要引导学生通过对具体情境的数学抽象获得数学对象，构建研究数学对象的基本路径，发现值得研究的数学问题，探寻解决问题的数学方法，获得有价值的数学结论，建立解决现实问题的数学模型；要使学生掌握抽象数学对象、发现和提出数学问题的方法（教学的关键任务），以实现从"知其然"到"知其所以然"再到"何由以知其所以然"的跨越。

特别地，关键要落实逻辑推理和数学运算。推理是数学的"命根子"，运算是数学的"童子功"。因此，数学育人的基本途径是对学生进行系统的（逻辑）思维训练，而训练的基本手段是让学生进行逻辑推理和数学运算，要在推理的严谨性、运算的正确性和有效性上有要求。

综上，核心素养视域下的数学教学要遵循知识内在的逻辑规律，使学生进行有效学习、深度学习，真正让学生实现建构知识体系和能力体系；要遵循学生的认知规律，把学习同现实生活、不同学科、科学等结合起来，使学生在学习和实践中形成良好的品格和健全人格，让学生真正形成适应终身发展和社会发展的必备品格和关键能力；把以人为本、以生为本、以学为本的思想体现在教学中，真正体现课堂的育人功能；把核心素养贯彻到教育教学中，坚持做好各项教学常规工作，注重在教学活动过程中落实各个环节，落实促进学生创新意识和实践能力的课堂，就是实实在在落实学科核心素养培养。

参考文献

[1] 章建跃."中学数学核心概念，思想方法结构体系及其教学设计的理论与实践"第七次课题研讨会成果综述——追求数学课堂的本来面目[J].中国数学教育（高中版），2009（4）：2-5.

[2] 章建跃.核心素养立意的高中数学课程教材教法研究[M].上海：华东师范大学出版社，2021.

[3] 王庆军.高中数学五类课型模式研究[M].长春：东北师范大学出版社，2018.

［4］何小亚，姚静．中学数学教学设计［M］．3 版．北京：科学出版社，2020.

［5］张荣延．基于弗赖登塔尔理论的高中数学概念教学研究——以"涵数""平面向量"为例［D］．洛阳：洛阳师范学院，2019.

［6］洪玉．基于"5E"教学模式的高中数学概念课的教学实践研究［D］．大连：辽宁师范学院，2020.

第二节 深度学习教学改进视域下的
中学数学课堂教学观

本研究以建构主义、认知主义、联通主义、认知脑科学等学习理论为研究基础，依据"教学评一致性建构"原则，以深度学习实践模型为基本框架，从学习过程和学习结果两个视角，个体、小组和群体三个层面，知识掌握、内容理解、能力发展、迁移应用、学习体验、学习投入等具体维度展开，为深度学习理论提供了坚实的实践研究基础。

一、深度学习基本教学观

（一）让学生成为学习的主人

深度学习致力于激发学生内在的学习动机，通过教师设计的引领性学习主题、挑战性学习任务/活动以及持续性的学习评价，吸引学生主动地、全身心地投入到学习活动之中，感受学习的乐趣，体会学习的价值和意义，不断生成就感和效能感，进而达到为理想和热爱而学习的境界。

深度学习重视教师在教学之中的主导者地位。"以学为主"强调的是教师在教学立场上更加重视、尊重学生的学习特点和基本规律，教学内容应从脱离学生的生活经验转向回归社会生活，教学方式应从单向灌输转向师生双边互动、共同探究，教学应从"无趣"到"有趣"，在此过程中使学生从被动变主动，真正回归"学习主体"角色，进而学会理解世界、解决问题、学以致用。

（二）以核心素养为教学目标追求

深度学习项目致力于引导教师把教学目标定位在国家各学科课程标准所确定的学科核心素养目标上，借助知识载体，通过设计引领学习主题和挑战性学习任务/活动，让学生超越单纯的知识掌握，实现理解学科本质，形成独特的思想方法，正确的价值观念以及必备品格和关键能力的学习目标。

（三）对学科知识进行深度加工

深度学习项目立足于引导教师站在学科体系之上，选择本学科最为核心的知识内容，削枝强干并进行结构化处理：把单一知识点转化为结构性知识，对学科核心知识与现实社会和科技最新发展成果进行结构化，对学科核心知识与学生经验进行结构化。

指向深度学习的教学，强调单元整体设计、联想与结构，既是学生的学习活动与方式，又与学习活动处理的内容特征有关，是单元教学设计的理论基础。

实践模型强调设计引领性学习主题，也强调以单元为基准对课程内容进行结构化（内容的组织），包括知识与知识、与经验甚至是与方法、与实践应用的关联。

在结构化的知识之上形成引领性学习主题，有助于师生共同对学科核心知识进行有深度、有宽度的加工，对学科核心知识的价值和意义有更深刻的理解，进而全面而深入地体验学科本质，充分领悟学科的功能作用。为实现学科核心素养的培育，修订后的高中课程，同样强调学科体系、学科结构、学科大概念和大观念。

（四）促进教与学方式的根本转变

深度学习教学改进项目寄希望于教师在素养导向的学习目标导引下，把教学内容转化为引领性的学习主题，设计以真实情境为依托、以实际问题分析和解决为目的的挑战性学习任务/活动，组织学生主动参与到学习活动之中，使学生从单纯的、封闭式的、缺乏挑战性的活动，走向复杂的、开放的、探索性的学习任务的完成，从个体学习走向师生、生生共同学习和合作交流，从简单记忆走向深度思考、学以致用，进而实现教与学方式的根本转变。

二、深度学习实施策略

（一）深度学习的实践模型

深度学习是教学改进项目，有实践模型来支撑教师加深对教学系统、教学过程的认知和理解，给予教师思考教学的"支架"。

深度学习的教学实践 2.0 模型：坚持单元学习主张，鼓励教师进行单元教学设计与实施。进一步凸显学习目标的素养导向、学习主题的引领性、学习任务/活动的挑战性以及学习评价的持续性，强调以大概念为引领对教学内容进一步结构化，按照学习进阶把教学活动系列化、情境化并使其具有挑战性，让学习评价伴随教学全过程，营造开放性的学习环境。重视引导教师通过教学反思、诊断进行经常性的教学改进，不断优化教学设计和教学过程，进而实现学生的深度学习，提升教学效益。深度学习的教学实践模型 2.0 如图 3 – 2 –1所示。

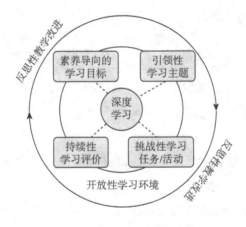

图 3 – 2 –1

（二）基于模型指向深度学习的单元教学设计

1. 概念界定

单元是指数学学科课程实施的单元，通常以主题为中心。

单元学习主题是指依据数学课程标准，围绕数学某一核心内容组织起来的，体现数学学科知识发展、学科思想与方法深化或认识世界的，方式丰富、能够激发学生深度参与学习活动、促进学生数学核心素养发展的主题。

单元学习主题的特点：结构化、体系化、情境化，凸显大概念（核心知识），发展学生数学核心素养的功能最强。

2. 基于实践模型指向深度学习的单元教学设计策略

（1）选择引领性的学习主题，即选择教什么（单元学习主题）——什么样的教育内容更有价值？应该是真实问题、学科核心内容。

（2）明确素养导向的学习目标，即明确学生学会什么（单元深度学习目标）——什么样的教学目标更有意义？应该指向学科核心观念和学生学科核心素养。

（3）设计挑战性的学习任务/活动，即落实怎样教（深度学习活动/任务）——什么样的方式更有利于目标的实现？应该是真实情境、问题驱动、深度思维。

（4）关注持续性的学习评价，即明确怎么评（持续性评价）——用什方式检验教学效果？应该是落实知识技能、认识发展进阶、理清问题解决思路。

（5）开放性的学习环境，即在什么样的情境下开展教学？

（6）反思性的教学改进。促进教师从教学观念到教学行为的转变。

教学过程中，深度学习要素与教学评一致；教师引领，学生围绕有挑战性的学习主题，以任务为驱动，以问题为导向，全身心参与，深度思考，体验成功，获得发展，进行有意义的学习：掌握核心知识，把握学科本质，形成内在学习动机、积极的情感态度动机和正确的价值观。

单元主题教学是避免知识碎片化的有效途径：关注知识结构化、大概念（核心概念、知识）教学、意义建构，促进理解、发展素养。深度学习追求主题式教学，避免了知识的碎片化。

3. 凝练引领性的单元学习主题的基本思路

（1）以教材中"章"的内容组成单元的内容。

以"章"的单元内容为基础，结合对单元目标和主题的思考，进行内容调整，形成单元内容（明确、说明理由）。

（2）在一些数学大观念的界定下，确定单元的内容。

（3）数学课程中围绕某些方法、思想、能力（素养），选择一些典型内容组成单元内容。

（4）基于模型确立单元学习主题。

基于模型确立单元学习主题需要明确"四个依据"（学科课程标准、学科教材内容、核心素养的进阶发展、学生的学情），做好"六个分析"（单元学习内容分析、单元学习内容在课程标准中的要求分析、学生学情分析、单元学习内容的教材对比分析、单元学习的重难点分析、单元学习教学策略和方法分析）。单元学习主题确立的模型如图 3-2-2 所示。

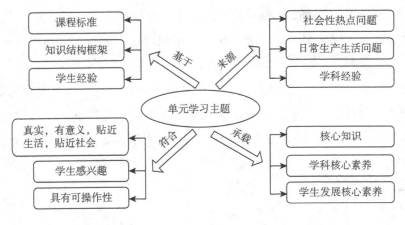

图 3 - 2 - 2

（5）关于主题的名称。

主题的名称可以用活动、任务或问题的方式来表述。主题名称蕴含着主题目标，是主题目标的高度凝练、活动化/任务化/问题化。凝练主题非常关键，要不断思考数学内容的本质、多角度把握学情，考量单元内容学习的核心教育价值，反复追问，最终导向明确的主题和目标，基于此才算找到了指向数学素养的教学之门。

4. 凝练主题目标的策略——整体分析

凝练主题目标要基于课程标准的研读理解、对数学内容的本质把握、对学生学习的全面分析以及整体分析，包括关注各版本教材与教参的章首语、情境素材、内容组织和例题、习题等。

5. 单元教学规划要思考的问题

单元学习目标分几个阶段实现；确定每一个阶段的学习目标；每一个阶段用几个课时完成；确定每一个课时的学习目标；完善单元的目标体系，使之科学、合理、可实现、有效；在建立单元目标体系的基础上，构建学习活动，设计评价体系；确立本单元关键课（很多情况不止一节，如核心内容课、起始课、复习提升课等）；完成单元教学设计，包括每一节课的教学设计。

（1）学习活动和评价的设计，需要用发展的眼光，结合学习内容进行整体规划设计，化解学生的学习难点，促进学生按照个体的学习节奏获得渐进的提升与发展。

（2）一个单元内部知识展开的一般脉络：问题如何发现？概念如何形成？性质如何研究？问题如何解决？获得的理论知识可以运用到哪里去？

（3）制定单元规划的策略：教学流程要以活动实施、完成任务、问题解决的基本框架作为单元外显的主线，综合考虑问题解决的过程、知识逻辑顺序、学生认知发展顺序、吸引学生的注意力。

主题内容是为了解决有什么矛盾产生的（嵌入合理的情境）的问题从而形成主题核心性问题（聚焦主题核心概念或观念，贯穿主题单元）；进而形成子问题群（主题知识应用），分解为课时内容（从已有知识经验到未知知识经验，完成主题知识群落构建），促进核心概念或观念的理解。教学中三种对话的实践流程如图 3-2-3 所示。

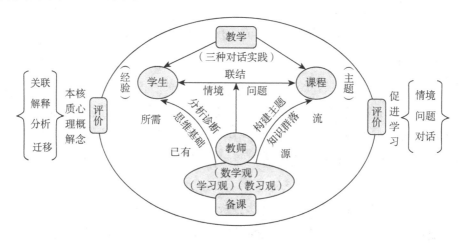

图 3-2-3

（三）基于体验式问题解决的教学模式

教学策略指向学生学科能力发展，应关注：关键性问题（任务驱动）的提出策略（唤醒学生主体性）；问题解决过程中，学生活动的设计策略（互动、支架、合作）；帮助学生成为最好学习者的评价策略（激励、反思、改进）。教学模式流程图如图 3-2-4 所示。

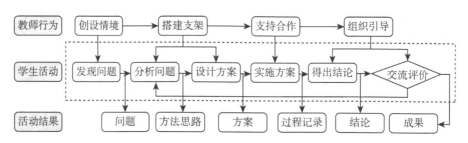

图 3-2-4

深度学习以注重批判性理解、强调信息整合、注重迁移运用为典型特征，指向高阶思维和问题解决能力培养，其已经成为我国变革学习方式、落实核心素养和培养创新人才的重要抓手。现阶段的关键是解决"如何做"的问题，即寻找深度学习与数学学科融合的实践路径。

参考文献

[1] 郭华.深度学习及其意义[J].课程·教材·教法，2016（11）：25-32.

[2] 刘月霞.指向"深度学习"的教学改进：让学习真实发生[J].中小学管理，2021（5）：13-17.

第三节　深度学习教学改进视域下的中学数学课堂教学课例

课例：实际问题与一元一次方程（1）调配问题
——新课程背景下初中数学导学型课堂构建的基本策略

一、教学实录

教师：今天这节课，我们将一起探究实际问题与一元一次方程（1）调配问题。在这节课上，我们期望至少达成以下学习目标：①掌握列方程解决实际问题的一般步骤；②会通过列方程解决"调配问题"；③感受数学建模的一般思路。（教师多媒体展示课题及学习目标）

（一）预习反馈，成果展示

教师：请同学们组内交换课前预习学案，对照投影上的答案提示，交流自己预习后的收获及困惑。（投影预习学案及答案提示）

第一部分　课前预习学案

【预习目标】

1. 能熟练用代数式表示数学条件。

2. 掌握列方程解决实际问题的一般步骤。

【课前练习】

1. 请用含有字母 x 的代数式或方程填空。

（1）在甲处劳动的有27人，在乙处劳动的有18人。若要从乙处调 x 人到甲处，则：

① 调动后，甲处变为$(27+x)$人，乙处变为$(18-x)$人。

② 调动后，若甲处劳动人数是乙处劳动人数的 2 倍，则可列方程$27+x=$ $2(18-x)$。

（2）在甲处劳动的有 27 人，在乙处劳动的有 18 人。若现调来 20 人支援，从 20 人中往甲处调 x 人，其余人全部调往乙处，即从 20 人中，调往乙处$(20-$ $x)$人，则：

① 调动后，甲处变为$(27+x)$人，乙处变为$[18+(20-x)]$人。

② 调动后，若甲处劳动人数比乙处劳动人数的 2 倍还多 2 人，则可列方程 $27+x=2[18+(20-x)]+2$。

2. 自主探究。

探究问题 1： 在甲处劳动的有 27 人，在乙处劳动的有 18 人，现要从乙处调多少人到甲处，才能使甲处劳动人数是乙处劳动人数的 2 倍？

分析：

列方程解应用题的关键：①寻找等量关系；②用含字母的代数式表示未知量。

本题的等量关系是"＿＿＿＿＿＿＿＿＿＿＿＿＿"，即据此条件列方程。

因此，必须分别表示出"调动后，甲处变为＿＿＿＿＿＿人；乙处变为

＿＿＿＿＿人。　　　　　　　　　　　　　　　　　　　　　　　①

解：设从乙处调 x 人到甲处，才能使甲处劳动人数是乙处劳动人数的 2 倍，则调动后，甲处变为$(27+x)$人，乙处变为$(18-x)$人。　　②

列出方程为$27+x=2(18-x)$。　　　　　　　　　　　　　　③

解得，$x=3$。　　　　　　　　　　　　　　　　　　　　　　④

（可在草稿纸上检验）　　　　　　　　　　　　　　　　　　⑤

答：要从乙处调 3 人到甲处，才能使甲处劳动人数是乙处劳动人数的 2 倍。　　　　　　　　　　　　　　　　　　　　　　　　　　　　　⑥

归纳： 结合上述解题过程及步骤序号，分别用一个字来描述列一元一次方程解应用题的步骤。

第一遍读题：①审——审清题意，标记、分析题中的数量关系；寻找列方程的等量关系条件。

第二遍读题：②设——设适当的未知数，并用含未知数的代数式表示该等

51

量关系中的相关未知量；③列——根据找到的等量关系条件，列方程；④解——解这个方程。

第三遍读题：⑤验——检验是否是所列方程的解，是否符合实际意义。

第四遍读题：⑥答——写出答案，包括单位名称。

（学生对照答案提示，自查并和同组互批；优秀学生帮助后进学生。时间8分钟）

（二）新知探究，体验感悟

教师：请同学们思考探究问题2。你能模仿探究问题1的分析思路和解题步骤，求解此题吗？（投影课堂探究学案的探究问题2）

第二部分　探究学案

探究问题2：在甲处劳动的有27人，在乙处劳动的有18人，现调来20人支援，要使甲处劳动人数是乙处劳动人数的2倍还多2人，应往甲、乙两处各调去多少人？

学生：（独立思考，2分钟）

教师：（点拨1）用方程解应用题，应先设未知数。通常求什么量，就可直接设该量为未知数，但有时也可间接地设未知数。本题该如何设未知数？

学生1：直接设未知数，设从20人中应往甲处调 x 人，其余人全部调往乙处，才可使甲处劳动人数是乙处劳动人数的2倍还多2人。

教师：（点拨2）很好！调动后，甲处和乙处的人数分别怎样表示？

学生2：由题意可知，从20人中，调往乙处（$20-x$）人。所以调动后，甲处变为（$27+x$）人，乙处变为 $[18+(20-x)]$ 人。

教师：（点拨3）非常好！可是，根据哪个条件可建立等量关系，并列出相应方程？

学生3：根据"甲处劳动人数比乙处劳动人数的2倍还多2人"，可列方程为 $27+x=2[18+(20-x)]+2$。

教师：大家都很棒！现在，请同学们根据上述分析，尝试独立完成解答过程，然后组内相互交流，检查并指出对方解题过程中错误和遗漏的地方，老师将请同学上台展示。

（学生独立求解，小组交流，5分钟。教师将上述分析流程转换成简洁的分

析表投影，提示学生）

教师：（点拨 4）（实物投影，展示某一学生解题过程）"解：由题意可得方程 $27 + x = 2 [18 + (20 - x)] + 2$，解得 $x = 17$。"大家认为这个过程还有需要完善的地方吗？

学生 4：没设未知数，需加上"设从 20 人中往甲处调 x 人，其余人全部调往乙处，才可使甲处劳动人数是乙处劳动人数的 2 倍还多 2 人"。

学生 5：还需要写答。"答：应往甲、乙两处分别调去 17 人、3 人。"

教师：对，以上同学都说得很好。我们列方程解应用题一定要注意过程的规范性，按照课前预习学案中列方程解应用题的一般步骤来落实。

归纳小结：本例这类问题称为"调配问题"，解决这类应用题的关键是什么呢？

学生 6：关键是审题，弄清题意（需读题4遍，边读边用笔在关键处标记）和寻找等量关系，并根据该等量关系中所涉及的未知量列出代数式。

教师：说得好！"调配问题"求解的关键在于弄清是从"内部"还是"外部"调配，如何调配以及调配前后相关量的变化，以便准确用代数式表示出相关未知量；另外，还要找准等量关系，正确列出方程。

在实际情境中，寻找等量关系一般分下列几类：

① 数量类。总量等于各分量的和或同一量用不同代数式表示时，其量相等。

② 客观规律类。图形或数式之间隐含的等量关系。

③ 公式类。行程问题、工程问题、利润问题、浓度问题等。

请大家在学习的过程中注意不断总结、体会。

（三）限时训练，演练反馈

（分层题组训练。A、B组必做，C组思维拓展，选做，学生当堂限时 15 分钟完成，组内互批，以教师抽检、个人展示等方式反馈，略）

（四）总结归纳，提炼升华

教师：本节课，我们一起探究了实际问题与一元一次方程（1）调配问题的解题规律。从这类问题的解决过程中不难发现，我们都是将实际问题转化为数学问题（通过设未知数，列代数式方程，建立数学模型——一元一次方程），再利用数学知识求数学问题的解（解该一元一次方程），最后回归得到实际问题的答案。这个处理过程就叫作建立数学模型（简称数学建模）。数学建模思想是用数学知识解决实际问题的常用方法，以后我们会经常遇到，请大家好好体会。

二、课例问题诊断

（一）课堂导学的过程目标达成情况缺乏有效的反馈方式

缺乏有效反馈方式降低了导学型课堂的针对性和实效性。本节课的重、难点是：在实际问题（"调配问题"）中，数量关系的分析以及用适当的未知数、代数式表示未知量并用方程来描述、刻画事物间的等量关系。教师引导学生分析、强化训练是重中之重，全面反馈及时点评是保证课堂有效性的重要抓手。

例如，在课前预习学案中，将课堂探究学案中的新知（探究问题的"未知量的代数式表示和等量关系的寻找"）前置，集中强化训练，有利于分散问题探究的难度，便于探究过程由浅入深、循序渐进。但将反馈信息的全面收集、及时点评仅通过"答案投影，学生自查、小组互批"进行显然是不够的。因为，它会忽视了学生预习过程中的共性问题，弱化了典型问题的剖析、规避和示范作用。此处应浓墨重彩：设置更加深入、广泛、有效的学生问题汇报和展示，以及教师针对性的点评活动。

再如，在课堂探究学案的探究问题系列中，探究问题 2 因难点内容（问题条件的"翻译"）已前置，难度已经降低，教师可不以"点拨—问答"方式处理，而让学生充分模仿探究问题 1 的分析方法和解题过程，直接到黑板上板演，或者实物投影，学生自己直接讲解，其他学生补充完善，教师总结点评。

最后的限时训练、演练反馈和总结归纳、提炼升华部分，也可考虑设计具有可操作性的类似反馈报告的反馈提纲于学案中，并在教学过程中充分落实学生展示活动。

（二）课堂导学的探究问题缺乏探究的典型性和深刻性

以课堂探究学案的探究问题 2 为例，因为初一学生刚开始学习用方程解应用题，受思维定式影响，大多数还习惯用算术方法思考问题。而同探究问题 1 一样，这两题恰好都可以用算术方法快捷解决。

探究问题 1 的算术解法：调动后，"甲处劳动人数是乙处劳动人数的 2 倍"，可知调动后，乙处有 $\frac{1}{2+1} \times (27+18) = (15)$ 人，故要从乙处调 $18-15=3$

（人）到甲处。

如此一来，学生就会疑惑：此题老师为什么要用列方程这种相对复杂的方法来求解？学生更不会体会用方程思想求解问题的优越性。教学主题和实效会因此而冲淡、降低。实际上，对于算术解法和方程解法教师应该有意识地引导学生去求解、比较，从而使学生体会方程解法的独特魅力。这一点许多教师恰恰忽视了。此为探究问题缺乏典型性。

探究问题缺乏探究深刻性。例如作为课堂探究的主要内容探究问题 2，由于此题偏易，又有课前预习学案前置新知的预习，学生基本可以独立模仿、上手，不需探究和合作即可完成。所以没有了探究的深度，课堂失去了高潮。

（三）课堂导学的探究活动，自主探究、合作学习不够广泛和深入

本节课的设计思路是以课前预习学案和课堂探究学案双案合一、功能齐全的导学案为载体，以探究问题系列为探究活动线索，分别展开探究活动，循序逐层推进。利用探究问题 1 的预习反馈和点评的自主探究活动，"手把手"地教学生解题，并为其树立模仿、示范的样板；利用探究问题 2 的现场指导活动，"半放半扶"地让学生进行模仿实践、强化训练。教师都给出了问题分析的"脚手架"，学生回答，然后代表板书展示过程，集体纠错、完善答案。这种拐杖＋问答式探究的方式使学生的学习活动只经历了"感受（样板式示范）—实践（依赖性模仿）"，还欠缺较高级层次的"自主探究（拆掉脚手架）—合作交流（反思提高）"。

所以，还需要进一步设计探究问题 3 作为这个高级层次的探究载体，加大探究问题的深度和难度，设计问题串，拓展学生自主探究、合作交流、展示评价的时空。

（四）课堂导学的学生自我反思过程缺乏有效的设计和足够的重视及深入

每个阶段的小结大多数是教师独自总结性陈述，而缺少引导性的"问"和"导"，学生主体参与意识没有进一步激活。可在导学案相应位置设计引导性问题、总结归纳或者反思性表格，课堂留足展示时间。

三、教学再设计

（一）预习反馈，成果展示（"限时训练，演练反馈"同理）

课前预习学案的第 1 题增加（3），如下文所示；增设课前预习反馈表

（表3-3-1）；课堂探究学案增设课堂作业反馈表。

（3）在甲处劳动的有27人，在乙处劳动的有18人。若现在甲处每天调出3人从事其他工作，乙处每天新调进6人支援，则：①x天后，甲处变为（27-3x）人；乙处变为（18+6x）人；②x天后，若乙处劳动人数是甲处的2倍，则可列方程2（27-3x）=18+6x。

表3-3-1

组号		组长		组员	
小组交流、讨论感受					
达成的学习目标情况					
疑惑点（具体问题）					

设计意图：（3）的增加与探究问题3相呼应并做了铺垫。小组讨论、交流，是学生相互学习、共同促进的关键环节之一，反馈表使学习情况被真实有效地反馈给教师，从而落实"学在教之前，教在关键处"的原则。

教学建议：让全体学生相互批改学习、互相促进，"兵教兵、兵强兵、兵练兵"，对于未解决的问题以小组为单位，由组长记录至反馈表，及时提交、汇报给教师。教师根据学生提交的反馈表，结合教学目标，及时进行二次备课，合理组织，落实"讲什么""怎么讲"。

（二）新知探究，体验感悟

（课前堂预习学案反馈点评完毕后，增设活动1）

活动1：课前预习学案中的探究问题1可否用算术解法求解？与方程解法相比，你认为哪种解法较好？探究问题2呢？请组内讨论、交流，小组代表向全班展示。

设计意图：激活学生思维，使学生比较两种方法，体会方程解法的独特魅力，为后面探究问题3突出方程解法优势做铺垫。同时，吸引更多学生主动参与课堂活动。

教学建议：让学生先独立思考，再组内交流，教师随机选代表讲解、展示。探究问题2的算术解法：调动后，"甲处劳动人数比乙处劳动人数的2倍还多2人"，可知调动后，乙处有$\frac{1}{2+1}$×（27+18+20-2）=21（人），要往乙处调21-18=3（人），故要往甲处调20-3=17（人）。教师给足学生探究的时空，大胆放手让学生自主探究、交流、展示，剩下的关键点、易错点和难点等"硬骨头"可适时提醒、点拨，教师力求"惜言如金"，以"四两拨千斤"为宜。

探究问题2反馈点评完毕之后，教师归纳小结之前，增设活动2（含选做思维拓展题）（图3-3-1）。

> **【思维拓展】**（选做）
>
> 在甲、乙两处有不同数量的人劳动。如果从甲处调1人到乙处，那么乙处的人数就是甲处的2倍。如果从乙处调1人到甲处，甲乙两处恰好人数一样多。问：甲处原来有多少人劳动？

图3-3-1

活动2：请用刚才所学到的分析问题和解决问题的方法，尝试合作探究探究问题3。（投影展示课堂探究学案探究问题3）

问题探究3：在甲处劳动的有27人，在乙处劳动的有18人，现在甲处每天调出3人从事其他工作，乙处每天新调进6人支援，问：几天后乙处劳动的人数是甲处的2倍？

设计意图：加大探究问题的深度，使学生自主探究、合作交流、展示评价的活动深入开展。同时，通过此活动，使学生体会方程解法的优势和作用，从而提高学生合理使用方程思想解题的自觉性。深化学生对"调配问题"的进一步理解。思维拓展给有兴趣、思维水平较高的学生提供训练思维的机会。

教学建议：教师设问——算术解法和方程解法是否都可行？哪种解法比较好？让学生先独立思考，再组内交流，教师随机选代表讲解、展示。教师点评时，要让学生体会方程解法的特点和优势：可将未知量用未知元或代数式替代，直接代入题目条件，使学生在理解题意进行思维时更顺畅自然。思维拓展问题，教师可个别指导或课后完成，视情况而定。

（三）总结归纳，提炼升华

（增加活动3，师生共同总结归纳）

活动3：通过今天这节课的学习，我们学到了什么？今天的学习目标达成了吗？还有哪些困惑？请小组内互相交流，展示。（归纳总结见表3-3-2。）

表 3 - 3 - 2

组号		组长		组员	
小组交流、讨论感受 解决的问题（知识、方法）					
达成的学习目标情况					
疑惑点（具体问题）					

设计意图：激发学生的参与意识，使学生重视反思性学习过程。通过对知识探究过程进行反思，找出得失，以便寻求补救措施，同时将新知活动经验较好地融入原有的知识经验网络，使得知识经验网络更系统、更牢固。

教学建议：教师引导学生自我反思，自我评价，小组内部交流、展示，突出以学生为主的展示活动。

四、课例评析

（一）导学型课堂要体现学案和课堂两块阵地"导"的有效性

导学案（课前预习学案、课堂探究学案）是构建导学型课堂的主要载体。课前预习承前启后、温故知新，为课堂探究做好思想心理、知识技能、探究方法的铺垫和准备；课堂探究又是课前预习的释疑解惑和深度延伸。二者是缺一不可的有机整体，其内容的设计既要充分利学习（教学）目标的导向作用导学（导教），又要充分利用学生原有的知识基础培育新知生长点。重在"导"——为学生"导学"，为教师"导教"；贵在"效"——学生有实效地"学"，教师有实效地"教"。因此导学型课堂的实效性要充分体现出来：通过学案为学生提供"先学，先练"的机会学在教之前，有实效性地"导"；使目标达成情况真实而有效地"动"在课堂上，使课堂为学生提供"后教，后讲"的机会，教在关键处，有针对性地"教"。

（二）导学型课堂要体现探究问题的典型性和探究活动的深刻性

探究问题是学生、教师共同探究新知的主要载体，是探究活动的主要阵地，更是一节课的高潮内容。如果探究问题不具有典型性，就会削弱本节课学习（教学）目标的达成效果。如果探究问题偏易，就因不需探究而丧失探究价值，课堂就会平淡而无高潮；探究问题偏难，就会加大探究的难度，降低学生探究的参与度和效度，学习（教学）任务也难以完成。探究问题要处在让学生"跳一跳能摘到桃子"的范围,最好是能有一些半开放式、开放式的问题,从而有助于启发学生思维,引发学生对问题的探究兴趣。

(三)导学型课堂要体现学生探究过程的全面有效反馈和探究结束后的反思性学习

教师对学生的探究过程要密切跟踪,仔细、全面挖掘并剖析反馈出来的典型问题,不断激励,现场帮扶。重视、鼓励学生对新学知识和探究过程进行反思性学习、交流。学生经历反思的过程实质就是学会"悟"的过程。有了"悟",课堂所学才会真正被纳入学生的意识和思维,学生的理解才能从一个水平提升到更高的水平,课堂的有效性才可以真正落到实处。

(广东省广州市黄埔区教育研究院　吴光潮)

第四章

概念课教学实践

第一节　概念课教学实践基本观点

一、核心概念界定

（一）数学概念

在数学学科中，数学概念是反映思考客观现实世界中的数量关系和空间形式的本质属性的思维形式。哲学的认识论把"概念"定义为"反映客观事物的共同本质属性的思维方式"，"数学概念"则是对确定的一类数学对象在数量关系和空间形式方面的共同本质属性的简明、概括反映。

数学概念由它的内涵和外延组成。数学概念的内涵是指数学概念所反映的数学研究对象的本质属性的总和，也就是概念的内容；数学概念的外延是数学概念所反映的数学研究对象的总和，也就是概念的范围。数学概念的内涵和外延是对数学研究对象质和量的规定，二者相互依赖、相互制约，具有反变关系。

例如，"平行四边形"这个概念中"四边形""两组边分别平行"是分别区分于"多边形""一般四边形"等几何图形及其他"非共同本质属性"的"本质属性"（"平行四边形"概念内涵）；"菱形（正方形）、一般平行四边形、矩形"等是"平行四边形"概念的外延。如果把"平行四边形"概念内涵加强为"菱形"的概念，则其外延（对象范围）会变小。

此外，还有"种概念""属概念"等。例如，"多边形"是"四边形"的种概念，"平行四边形"是"四边形"的属概念。它们是为了方便数学学习与研究，随着人类文明的发展逐步形成的，并随着人类科学文化知识的丰富不断增多。

（二）数学概念的分类

一般而言，数学概念主要来源于（或分类）两个方面：一是对客观现实世界中的数量关系和空间形式的直接抽象，二是在已有数学理论上的逻辑建构。

例如，初中"三角形""四边形""角"等均是对现实对象或关系直接抽象而成的数学概念；高中"集合""函数""向量的数量积"等来源于人们对数学对象及其种属关系的定义，属于纯数学抽象，是逻辑思维的产物，是一种数学逻辑构造，没有客观实在与之对应，是建构数学理论、数学深入发展的逻辑源泉。

从心理学研究成果来看，数学概念主要分为三类：一是几种属性联合在一起对概念下定义，称为"合取概念"，如"映射"的概念；二是在许多事物的各种属性中，找出一种（或几种）共同属性来定义概念，称为"析取概念"，如"圆锥曲线"的概念；三是以事物的相对关系作为依据定义概念，称为"关系概念"，如"正棱锥"的概念。

（三）数学概念的特征

1. 判定特征

依据概念的内涵，人们便能判定某一对象是概念的正例还是反例，从而厘清概念的外延。

2. 性质特征

概念的定义就是对概念所指对象基本性质的概括，性质特征有助于认识概念内涵。

3. 过程性特征

有些概念具有过程性特征，概念的定义反映了某种数学过程或规定了某种操作过程。

4. 对象特征

概念是一类对象的泛指。

5. 关系特征

有些概念具有关系特征，反映了对象之间的关系，对象之间具有关联性。

6. 形态特征

有些概念描述了数学对象的形态，从形态上规定了概念的属性特征，给人留下的多是直观形象，用于判断时多从形态上先识别，据此就可大致判断是概念的正例还是反例。一般而言，"形如……的对象叫作……"这类概念都具有形态特征。

（四）数学概念课

数学概念是进行数学推理和证明的基础和依据。数学中的推理和证明实质上是由一连串的概念、判断和原理组成的，而数学中的原理又都是由一些概念构成的。另外，明确数学概念的内涵和外延是准确掌握概念和系统掌握知识的基础。

广州市教育研究院谭国华等人将数学概念课定义为两类：一是标准数学概念课，即区别于其他课型，教育者提前规划出课时用来讲授，受教育者经历概念形成、理解、内化、应用等全部过程的学习活动；二是非标准数学概念课，即教育者提前规划出课时，受教育者不经历概念形成的全部过程，大多经历到概念理解便终止的学习过程。

借鉴此定义，本书中的"数学概念课"特指上述"标准数学概念课"，其主要内涵包括以下几点。

1. 数学概念学习的本质

概括出数学中一类事物、对象的共同本质属性，正确区分同类事物的本质属性与非本质属性，正确形成数学概念的内涵和外延。

2. 数学概念教学的本质

要使学生在头脑中形成概念表象，帮助学生在脑中建构起良好的概念图式。

3. 数学概念学习的基本内容

一般而言，数学概念的学习内容包括数学概念的名称、数学概念的定义、数学概念的例子（肯定例证和否定例证）、数学概念的属性。

二、数学概念课的基本教学模式

（一）数学概念学习的过程

数学概念学习的过程有两种基本形式：概念形成和概念同化。

1. 概念形成

学生通过对概念所反映的同类事物的不同例子，积极主动地发现其本质属性，从而形成新概念。

概念形成的心理过程包括以下方面：对例子进行外部特征直观辨别，提出共同本质属性的各种假设并检验，抽象例子共同属性并概括本质属性，联系旧有认知结构的适当观念并将其进行扩大或改组，最后推广本质属性至同类事物并明确新概念的外延。

2. 概念同化

学生主动地将新知识与自己认知结构中原有的相关概念相互联系、相互作用，以领会它的意义，从而获得新概念。本质上，它是利用已经掌握的旧概念去学习新概念，或者修改、改造旧概念，使之适应新的学习的过程。

概念同化的心理过程包括：辨认定义中的旧、新观念及其联系（回忆与知识的重现），同化新旧概念（建立新旧概念的联系，扩大和改组原有数学认知结构），强化新概念认知（通过将新概念与某些反例相联系，使新概念与原有概念进一步精确分化）。

（二）数学概念课主要教学方式研究综述

1. 布鲁纳倡导发现观下的概念形成教学方式

概念的形成过程如图 4 - 1 - 1 所示。

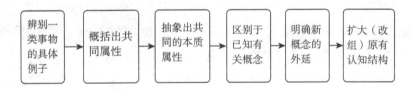

图 4 - 1 - 1

本教学方式主要以本文上述概念形成的心理过程为基本教学步骤。在教学方法上与布鲁纳倡导的发现法比较吻合，适合低年级学生学习数学概念（依赖于直接认识和直接经验），也适合原始概念的学习。

2. 奥苏贝尔概念教学观下的概念同化教学方式

概念的同化过程如图 4 - 1 - 2 所示。

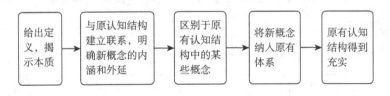

图 4 - 1 - 2

曹一鸣的《数学教学论》和王光明等的《新编数学教学论》指出该方式的操作步骤为：展现概念的本质属性，给出其名称、符号，定义；清楚概念的分类并明白概念间的联系，掌握概念的外延；在了解、巩固概念的基础上，利用概念的定义对简单对象进行辨别；应用概念解决实际问题，并建构数学概念之间的关系，形成体系。

该教学方式多是直接呈现定义，与奥苏贝尔的有意义的接受学习方式基本一致，依赖于旧概念以及原有的认知结构和间接经验，所以使用比较普遍，特别适合高年级学生以及多级抽象的数学概念学习。

需要注意的是，概念形成与概念同化不是完全相互独立、互不相关的，而且教学中不宜单纯使用某一种方式。

三、核心素养视域下的数学概念课教学设计的基本理论

《普通高中数学课程标准（2017年版）》提出的数学核心素养的概念为数学教学树立了新的风向标。数学概念课是数学课程中最基本也是最重要的课型，数学概念课教学是培养学生数学核心素养的重要途径。

对于学生而言，通过数学概念的学习不仅可以加强自身对于知识的理解，还能通过概念的抽象、形成过程体会其中蕴含的数学思想方法；对于教师而言，可以通过讲授数学概念课实现数学的育人功能，进而提升学生全方位的能力。初中阶段概念课的教学过程以观察、发现、猜想、归纳为主；高中阶段是数学概念教学的关键时期，以理论型为主的抽象逻辑思维是高中生思维的基本特征。数学概念教学是培育学生数学抽象思维素养的主要路径。

核心素养视域下的数学概念课教学设计的基本理论主要有如下几种。

（一）建构主义概念学习观

建构主义学习理论是认知主义的进一步发展和对传统学习理论的继承。国内学者不断探究、思考，在原有概念形成、概念同化教学方式的不断实践的基础之上，创造出了一种更符合学生认知发展规律，更符合现代教育潮流的概念形成同化教学方式。

例如，函数概念学习的架构过程如图4-1-3所示。

图4-1-3

这种概念教学方式更注重概念形成的过程，将"形成—同化—顺应"自然衔接起来，更加关注学生的对概念的认知过程。其具体步骤为：将问题情境或者实际例子作为引入，介绍概念的由来，并指导学生探究发掘其固有的本质属性；将概念的本质属性数学化，并给出概念的定义、名称、符号；将所学过的相关概念进行汇总，整理清楚概念间的逻辑联系，建立起概念系统；巩固并熟练掌握概念的名称、符号、定义；运用概念分析、解决实际问题，提高个人能力；感受概念学习的过程，并小结学习概念的方式方法。

（二）概念图教学方式

美国的诺瓦克（Novak）教授提出了概念图教学方式，其核心观点是：这种概念图能将知识与知识内部的联系表示出来。概念图教学方式的具体操作方法是：将一些概念或命题用几何图形来表示，然后把相关的图形用直线连接起来，并在图形与图形之间的连线上标注出命或概念之间的逻辑关系。这种概念图将这种概念间的逻辑关系、概念的内涵与外延通过网络图的形式更加直观地展示出来，有利于学生对概念的理解及记忆。

概念图一般包括节点、连接、文字标注三部分：节点——用来表示概念或命题的图案、几何图形等，一般用同一种几何图形、图案来展现同一个层级的概念；连接——用来将不同节点连接起来的各种各样的线，代表了节点与节点之间的逻辑关系及意义，也在一定程度上反映了构图者对于概念理解的深浅程度；文字标注——对概念间的联系进行阐明，用文字叙述概念图里的内容，或者是补充说明整体。

概念图通过图示的方法将一个个看似没有关联的概念用交叉连接或者层层递进的结构展示出来，使学生能够更直观地看到概念之间的关系，对学生的抽象概括能力和逻辑思维能力的培育很有帮助。

（三）APOS 概念教学理论模型

美国教育学家杜宾斯基（Dubinsky）等在建构主义理论的基础上提出了APOS 理论，它强调学生在教师的引导下能解决现实生活中的问题，通过开展各种实践性的教学活动，将感性材料与学生已有的认知水平、知识经验相联系，并进行加工、分析、思考，使学生自己建构数学概念，形成属于自己的一种思维模式。APOS 概念教学理论模型的核心理念是：学生在数学概念学习中最根本的是自己去建构知识体系。

APOS 概念教学模型建构过程主要包括以下四个阶段。

活动（Action）阶段：以活动为基础和前提。在活动时，用实物或模仿的实物将出现的概念具体化，在此基础上直观表征概念，使学生体会到一个事物由具体经过变化想象到抽象的过程，了解概念的发展及由来（背景），学会新的数学概念的构建，明确概念之间的联系。

过程（Process）阶段：通过活动留下来的印象，对概念进行内化。在头脑中不断地进行思维的加工、综合，抽象出数学概念的本质属性。

对象（Object）阶段：在掌握数学概念本质的基础上，用数学化的语言和符号来阐述概念，使之上升为一个具体的对象，在今后的学习中把它作为数学对象去建构新的定义。

图式（Scheme）阶段：该阶段是学生经过了由具体的实际例子抽象概括概念的过程，并且符号化后，对知识已经有了一定程度的熟悉与积累，在此基础上建立起一定的概念体系，从而减少外在的认知负荷，在大脑中形成综合的心理图式，也叫模型阶段。

（四）基于弗赖登塔尔的数学教育理论的概念教学研究

我国著名学者张奠宙教授基于弗赖登塔尔的数学教育理论归结出三个原则："数学现实""数学化""再创造"。这三个教学原则是弗赖登塔尔数学教学理论的核心。

1. "数学现实"原则

弗赖登塔尔认为"数学现实"的教学主要包含两层含义，如图 4 - 1 - 4 所示。

图 4 - 1 - 4

在数学概念的教学中，教师首先要搞清楚数学教材中的数学现实的关系。

2. "数学化"原则

数学化分为水平数学化和垂直数学化。数学化分类如图 4 - 1 - 5 所示，总的"数学化"如图 4 - 1 - 6 所示。

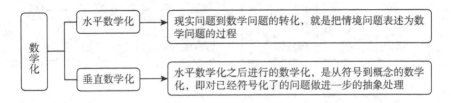

图 4 - 1 - 5

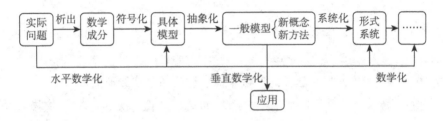

图 4 - 1 - 6

通过数学化的途径来进行数学概念的教与学，使学生不仅理解这些数学概念，还可以应用它们。

3. "再创造" 原则

再创造指数学过程的再现。学生将自己要学的知识发现并创造出来，参与知识生成与发展过程，教师的任务是引导和帮助学生进行这种再创造工作。每堂课学生有自己创造的内容即可。弗赖登塔尔理论下数学概念课堂教学的流程如图 4 - 1 - 7 所示，数学概念课的环节如图 4 - 1 - 8 所示。

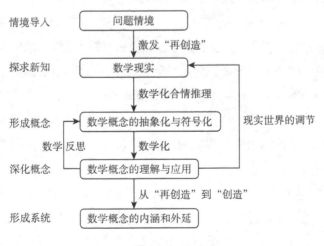

图 4 - 1 - 7

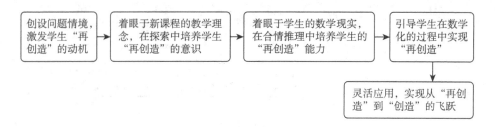

图 4 - 1 - 8

弗赖登塔尔的数学教学在概念教学、技能教学和数学问题解决教学中没有区别。

（五）基于"5E"教学模式的数学概念课的教学实践研究

"5E"教学模式是一种基于探究的教学策略与课程发展模式，该模式包括如下五个环节：

（1）引入（Engage）是"5E"教学模式的先导环节，教师通过创设情境合理铺垫，激发学生主动探究的欲望，为下一环节的探究做好准备。

（2）探究（Explore）是"5E"教学模式的中心环节，学生针对特定内容进行探究，观察现象、建立联系、概括规律，这是引入新概念的重要前提。

（3）解释（Explain）是"5E"教学模式的关键环节，学生用自己的语言解释探究结果，形成初步概念后，教师再给出完整的概念，使新概念明确化、可理解化。教师对存在的问题及时进行纠正，还可以通过几何画板、多媒体软件等多种方式，促进学生对新概念的深入理解。

（4）精致（Elaborate）是"5E"教学模式的重要环节，学生在教师的引导下，对相应的概念、过程和方法进行归纳总结，并利用新概念解决新问题，全方位地理解概念的内涵及外延，这就是新概念不断精致化的过程。

（5）评价（Evaluate）是"5E"教学模式的渗透环节，可贯穿整个教学过程。教师对学生的学习及时评价、适时点拨，并提倡学生的互评与自评，强调以学生为中心，设计问题串和相应的教学情境，引导学生自主探究，加深学生对概念的理解与知识的建构。

"5E"教学模式作为一种基于探究式的建构主义教学模式，并不是一种固定的模式，而是一个有机的整体。"5E"教学模式的五个环节彼此独立又相辅相成，可视课堂教学的实际需要，适当调整使用顺序，或循环使用某个或多个环节，整合优化内容体系，动态发展、推陈出新，为数学概念教学注入新活力，真正达到灵活运用、学以致用的目的。

（六）国内概念教学的七阶段模式

概念教学的七阶段模式适用于较复杂的数学概念的教学。这一模式不主张在教学中机械地使用，并且每个阶段也并不是缺一不可的概念教学的七阶段模式具体如图4－1－9所示。

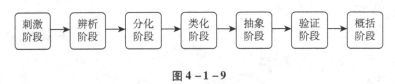

图4－1－9

四、数学核心素养视域下的数学概念课教学设计的基本理念

从基本的认知环节看，数学概念教学主要包括概念的引入、概念的形成、概括概念、明确概念、应用概念、形成认知六大环节，它们也是导出数学定理和数学法则的逻辑基础，是构建数学理论"大厦"的基石。

数学核心素养视域下的数学概念课教学要立足各环节，对如何在数学概念课上培养学生核心素养进行细化分解和分析，选择适当的素材，设置恰当的问题情境，使学生经历概念的发生、发展过程并认识概念的不同特征，通过概念的运用训练，使学生掌握根据具体问题的需要改变认识角度、反映概念不同特征的方法，进而有效地应用概念建构原理和解决问题。

数学核心素养视域下的数学概念课教学要注意以下五个方面的问题：

（1）加强对数学概念的解剖分析。抓住概念中的关键词句进行解剖、分析，揭示其内在含义，使学生深刻理解数学概念的本质属性。

（2）利用变式，突出概念的本质属性。通过肯定例证的概念变式，从非本质属性的变化方面突出本质属性，使学生获得的概念更精确、稳定。

（3）注意概念的对比和直观化。例如，对平行相关的概念进行联系类比、温故知新；对形式相似的概念进行内涵和外延比较，澄清模糊点，避免混淆；为防止学生对概念形成思维定式，需要让学生从正反两个方面进行认识；对于多层次抽象的概念，需要引导学生按照具体化、形象化、抽象化的过程使概念形成过程可视化。

（4）注意概念体系的构建。不仅使学生掌握单个概念，还要使学生掌握概念体系，建构良好的数学认知结构；关注新旧概念内在的联系，如相邻关系、对立关系、矛盾关系、交叉关系、从属关系、并列关系等，关注概念连点串线，建立概念网络体系。

（5）注意概念产生的背景，要让学生理解概念生成的必要性和作用，知其然，同时知其所以然，从而使学生逐渐发展自我探求知识的能力。

参考文献

［1］叶立军.中学数学教学设计［M］.北京：高等教育出版社，2015.

［2］王庆军.高中数学五类课型模式研究［M］.长春：东北师范大学出版社，2018.

第二节　概念课教学实践基本策略

一、概念课教学设计的理论基础

（一）加涅认知主义理论

在学习方法上，加涅提倡指导学习，给学生以充分的引导。

（1）对学生的已有认知进行唤醒：教师首先要分析学情，要了解学生的认知基础，并对学生的相关旧知与能力进行唤醒，以此为前提来进行教学。

（2）学生要有准备地学习：教师可以通过强化等手段对学生进行认知刺激，让学生有解决问题和学习新知、将新旧知识进行联结的欲望。

（3）给出直接刺激：当学生已做好认知准备后，教师要直接提示将要学习的内容，或者用适当的刺激来激活学生的学习，如提出问题等。

（4）进行反馈：重视过程或结果的反馈，强化学生新知学习行为。

根据加涅认知主义理论，在进行概念教学时，教师首先要关注学生的认知起点，重视创设情境、问题导向、任务驱动，激发学生的探究欲望和学习能力，关注新旧知识的联结，关注学习评价。

（二）ARCS 动机设计模式

ARCS 动机设计模式是由凯勒（Keller）教授提出的一种启发性的教学模式。凯勒教授将多种动机观点进行综合，并且与教学设计的一些宏观理论相结合，提出用来增强学习者的动机要素，即动机设计模式的四要素：注意（Attention）、切身性（Relevance）、信心（Confidence）和满意（Satisfaction）。

ARCS 动机设计模式理论的核心是：在教学中，首先，运用适当的方法与教学策略激起学生的学习动机，让学生自主思考；然后，让学生明白所学内容与自己日常生活、已有认知的紧密联系，学以致用；接着，让学生用所学解决问题，建立信心；最后，进行反馈评价，让学生体验目标达成的成就感。

按照 ARCS 动机设计模式，教师要设置有意义的问题情境，不断激发学生自身的学习动机，关注新知与现实、新知与学生现有认知的联系以及新知的应用价值，不断给予学生信心，及时积极评价。

（三）发现学习理论

美国心理学家布鲁纳提出了发现学习教学法，倡导发现学习中的学生不是被动的知识接受者，而是积极的信息加工者，注重学习的过程而非结果。

发现学习是学生用自己的头脑去获取并且整合知识的过程。在学习中，学生通过教师提供的信息、情境，在教师的指导下，根据自己手中的资料，去发现问题，探索、寻找问题的答案，从而解决问题，获得答案。在这个过程中，学生参与整个发现活动，这有利于其自己知识结构的建构以及这些记忆的长期保持。

发现学习理论倡导对学生的关注，学生不再是被动地接受教师满满的灌输，而是像一位数学家一样，在与同学合作讨论，与老师交换意见的过程中不断地发掘、学习知识；辨析、问题解决的过程能够培养学生的创新精神，同时，使学生对知识的掌握更加牢固。这样不但给学生足够的思考时间，也有利于学生在发现过程中获得满足感，由外在安排转向内在支配，可以帮助他们把握知识的内在结构和将学习方法内化，从而有利于学生今后知识的迁移和学生发展长期目标的实现。

根据发现学习理论，教师可以给学生提供一个适合探究的情境，在探究活动中帮助学生努力形成自己的思想，培养直觉思维，让学生参与到自己的概念体系建构中去。

（四）弗赖登塔尔理论下数学概念的教学原则

弗赖登塔尔理论的核心是再创造思想、数学化思想、数学现实思想、严谨性思想，它们是建构主义教育观在数学教育中的反映。虽然数学概念内容不同，概念教学的数学化以及再创造的方法多种多样，但它们都需要遵循一定的原则。

1. 学生的主体性原则

在弗赖登塔尔倡导的教学模式中，学生是数学课堂的主体，学生在概念学习的过程中要经历数学化、再创造的过程。所以，教师应该尊重学生的主体性，让学生自主探究，发现问题，引导其数学化、再创造。

2. 数学化原则

数学概念是抽象的，建构数学概念必须经过数学化，学生进行数学化的过程就是进一步提高数学现实，提高到抽象的过程。一方面，让学生学会将现实生活中的事物和现象数学化，形成数学概念，建构数学模型，以保证数学的应用性；另一方面，让学生学习从现有数学知识出发形成新的数学知识，再建构数学内容。

3. 问题性原则

首先，引入新内容时，可以结合学生的数学现实来提问；其次，在解决问题时，可以不断提出新问题，培养学生的数学化能力；最后，可以进一步提出问题，使学生经历再创造的过程去解决问题。另外，提问时应注意概念之间的比较。

弗赖登塔尔的数学教育思想为所有一线教师的教学实践提供了理论支撑，其符合学生自身的数学现实，使不同的人得到不同的发展；运用数学化学习数学概念的过程，让每一个学生的数学核心素养都综合地体现出来；激发学生再创造，让数学核心素养在做数学的过程中建构起来。

二、核心素养视域下概念课教学设计的基本观点

核心素养视域下，教师在课堂教学中要多尝试运用数学教育理论，多运用各种教学策略，改变单一的教学模式，在数学概念的教学中注重培养学生的数学核心素养，关注学生未来发展的需要，找到最适合学生的教学方式，要保障学生的主体地位，及时关注学生的最近发展区，激发学生的学习兴趣，培养学生合作交流、自主学习、动手的能力。

核心素养视域下的数学概念教学要关注两大方面。

（一）概念教学核心素养培养的系统性和整体性设计

从教学设计的视角阐释如何在教学目标、教学设计和教学评价中体现核心素养的培养；关注学生了解概念知识来源的重要性；概念形成的阶段是培养学生核心素养的关键时期，要运用最优的教学方式来促进学生思维能力的发展，有效落实核心素养的培养；在概念的形成、运用、拓展等阶段，灵活运用落实核心素养的不同教学方式。

（二）某一核心素养在具体教学环节中的渗透

在培养数学抽象素养方面，以生为本，让学生思考、互动、建构数学概念

的教学方式强调多样化的情境,以便达成培养数学抽象素养的目标;在培养数学建模素养方面,要积累数学模型,并将模型融入教学;在培养直观想象素养方面,在知图、用图、识图过程中培养学生的空间思维能力和直观想象素养,让学生灵活利用图形解决数学问题;在培养数学运算素养方面,要使学生养成严谨的数学习惯,培养学生发散的数学思维,并构建数学运算素养的评价指标体系;在培养逻辑推理素养方面,让学生认识事物之间的联系与区别;在培养数据分析素养方面,让样例教学起到关键作用。

三、核心素养视域下概念课教学实施策略

概念教学处于数学教学的核心地位,被认为是数学教学的基本功之一。

(一) 重视概念的引入

概念教学,教师首先应该设法让学生认识和领会概念学习的必要性和意义,给予学生动力,使学生产生学习的意愿。充分利用概念引入环节的师生交互,是落实这一目标的有效措施。

概念引入的方法有:①以学生的最近发展区理论(如运用旧知、类比、数学问题等)引入;②从生活情境(如通过实际问题等)引入;③借用小故事、数学史的知识情境引入;④借用直观的图形、图片引入。

概念引入的形式取决于具体的教学内容,在创设问题情境时要注意以下几个方面:首先,问题情境的创设要与学生的实际生活相联系;其次,创设问题情境时要注意学生的最近发展区,符合学生的学习水平,使教学活动顺利展开;再次,设置的问题要有适当的数量,以便学生有充分的活动体验;最后,还注意问题的趣味性和思维性,以激起学生的学习兴趣,引导学生思考。

概念学习,无论是概念形成的方法还是概念同化的方法,都应通过创设各种情境,激发学生用自己头脑中已有的某些自发性概念的具体性、特殊性部分作为依托,并从中提取出它的理论层面,从而在经验事实的帮助下使概念学习变得容易。

(二) 将概念生成过程问题化、数学化

1. 将概念生成过程问题化

一个概念是如何引入的?有何必要性和重要性?……一个概念生成过程中遇到的诸多问题也是将概念的本质特征与非本质特征进行区分的关键。

教学中应尽可能地把知识的产生过程转化为一系列具备探究性的问题，真正使有关材料转化为学生的思考对象；把学生带入问题，使概念学习成为学生的内在需要。其中，特别要注意的是，形式化的材料对学生的理解和运用是有负面影响的，要通过适当转化，将材料变为蕴含概念本质特点、与学生实际生活相契合、适宜于学生探究的情境问题。

2. 将概念生成过程数学化

数学化是学生将新概念融入自己的知识体系的重要环节，对教学至关重要。课堂教学要以问题为驱动，注意培养学生由特殊到一般、由感受到感悟、由具体到抽象的思维，引导学生实现数学化，确保学生在课堂中的主体地位。

首先，基于教学条件的大量来自学生实际经验的例子，引导学生从实际情境中发现数学问题，在情境层次进行水平数学化；其次，引导学生分析情境问题的共同特征，进行建模层次的水平数学化；再次，引导学生把问题中出现的共同特征总结、抽象概括出本质属性（概念"雏形"），完成过渡层次的垂直数学化；从次，引导学生在新的情境中识别概念或进一步深入完善概念（符号表示等）、理解概念（内涵理解、外延辨析等）；最后，揭示新概念在现实生活中的作用，进行形式层次的水平数学化。将概念生成过程数学化可以使学生的数学化水平由浅入深逐步得到提高，使学生的"三会""四能"及学科素养得到充分发展。

（三）明确概念的内涵与外延，加深理解

章建跃先生指出，概念教学不可以只满足于让学生知道"是什么"或"什么是"，还应让学生懂得概念的出处和引入它的理由，明白它在创设、发展理论或解决问题中所发挥的作用。因此，完成新概念的引入环节后，教师要在加强全方面阐释概念本质的教学交互上花心思，促进学生对新概念本质属性以及相关概念间联系的精确掌握。

在建构概念的时候，教师要引导和帮助学生准确概括概念的内涵；还要使学生深入了解概念的外延，通常的方法是举出契合概念意义的例子，同时要求学生举例，特别是要举出包含概念属性的例子。

（四）以典例突出概念本质

在引入概念时，应从现实出发，多选择一些与概念有明显联系、较为直观的例子，使学生从中获取感知认知，形成概念的基本架构。

在形成概念后，应借助反例衬托概念的本质。正例能"丰硕"概念，但不足以"纯洁"概念，因此可以用举反例的方法来加深学生对概念本质的了解。

（五）在体系中掌握概念

数学概念之所以难理解、难以把握，大多数原因是概念之间通常有着紧密的联系，要想真正弄懂、搞清楚，教师不能一味地追求所谓知识点的把握，要在教学中强化数学概念之间的关联与对比，使学生在概念框架中获得概念、在体系中掌握概念。

（六）认识概念，鼓励猜想、实践，指导再创造

数学概念是已经定义的，但并不意味着它是已知的，为了全面准确地认识概念，必须从不同角度、不同侧面去挖掘并深化对概念的理解：①从定义的重要词句上剖析，找出其内涵和外延；②从结构上进行剖析，建立与原认知结构的联系；③从反例中分析概念，建立清晰的认知结构。所以，对概念进行猜想、实践加以再创造是学生完全理解概念的一种重要途径，也是一种有效的方式。再创造就是将数学概念的研究方法转化成学生的数学思维，使学生在数学知识的创造过程中获得研究问题的能力。

四、数学概念课教学的一般模式

数学概念课采用比较多的教学模式是数学概念形成的教学模式和数学概念同化的教学模式。

（一）数学概念形成的教学过程

（1）提供概念例证：为学生提供熟悉、具体的例证，引导学生分析每个例证的属性。

（2）抽象概念本质属性，形成初步概念。

（3）概念的深化、辨析：可以提供一些具体的例子让学生练习和识别。

（4）概念的运用：使学生形成认知结构中稳定的概念。

（二）数学概念同化的教学过程

1. 提供定义

向学生提供概念的定义；解释定义中的词语、符号、式子所代表的内在含义，突出概念的关键属性，使学生准确领会概念的内涵。

2. 辨别例证，促进迁移

提供丰富的不同情境的概念例证或反例，让学生辨别，进一步明确概念的关键属性。

3. 概念的运用

通过各种形式运用概念，强化概念的理解，促进概念系统的建构，提高解决问题的能力。

值得说明的是，概念形成模式比较接近人类自发形成概念的过程，人们经过探究、抽象、总结这一系列过程形成数学概念。弗赖登塔尔教育理论下的数学概念教学更贴近这种教学模式，其数学概念的教学一般分为如下几个环节。（图 4 - 2 - 1）

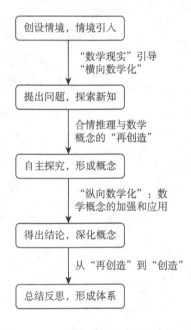

图 4 - 2 - 1

概念同化模式较多地依赖于原有的概念，是认知水平达到一定程度的人获得概念的主要形式。

参考文献

[1] 张荣延. 基于弗赖登塔尔理论的高中数学概念教学研究——以"函数""平面向量"为例 [D]. 洛阳：洛阳师范学院，2019.

［2］明洁．奥苏贝尔认知同化理论对基础教育概念教学的启示［J］．中国教育技术装备，2011（27）：25－26.

［3］高东兴．APOS理论下中职数学概念教学研究［D］．宁波：宁波大学，2018.

第三节 概念课教学课例及分析

概念课是以概念教学为核心任务的课，教学中要围绕概念的形成过程、同化过程设计教学活动，在此过程中激发学生的学习兴趣、发展学生的数学核心素养。教师要关注某些核心素养在教学环节中的具体渗透。下面以具体课例分析深度学习理论下数学概念课教学实践的基本策略。

课例1：分类加法计数原理和分步乘法计数原理

史宁中教授认为：数学学科核心素养是在学生与情境、问题的有效互动中得到提升的。在数学教学活动中，教师应当结合教学任务及其蕴含的数学核心素养，设计合适的情境与问题，引导学生用数学的眼光观察现象、发现问题，引导学生用数学的语言描述背景、表达问题，引导学生用数学的思维分析问题、解决问题，在问题解决的过程中，促使学生理解数学内容的本质，促进学生数学核心素养的形成和发展。

在以核心素养为导向的课程改革背景下，深度学习在最近几年备受关注和认同。深度学习究竟是什么样态的学习？深度学习是指"借助具有挑战性的问题激活深层动机，进而围绕问题展开切身体验和高阶思维，逐渐达成尝试理解和实践创生，因而能够对学习者产生深远影响的学习样态"。从某种意义上来说，深度学习就是通过问题参与情境认知的学习。深度学习深在课程内容上，倡导知其然更要知其所以然；深在学生主动、积极参与学习的过程中，倡导问题解决、知识运用与创新。下面以"分类加法计数原理和分步乘法计数原理"教学为例，进行深度学习课堂教学设计的探讨。

一、教学设计

（一）教材分析

本节课是人民教育出版社《数学》A 版选择性必修第三册第六章 6.1 节的内容，教学安排 3 个课时，本节课为第一课时。就像加法、乘法是所有运算的基础一样，两个计数原理是解决计数问题的基础，课程标准将它们称为基本计数原理。高中阶段被冠以"基本"二字的定理只有基本不等式、向量基本定理等少数几个，足见其重要性。两个基本计数原理是"计数原理"这一章的起始课，在教学中，具有章节起始课所需承载的教学功能。在内容上，两个基本计数原理对后续的排列组合等知识起着铺垫作用；在方法上，两个基本计数原理的学习过程是从大量实例中抽象出的基本原理，再利用基本原理解决生活中各种实际问题的过程，是一个从现象到本质再回归生活，从特殊到一般再到特殊的过程，这是学习高中数学知识的一个重要的方法。

（二）学情分析

本节课前，学生已经学习了随机事件的概率，掌握了一定的计数方法（如列举法、树状图等），在平时的生活中也遇到过许多相关生活实例，对分类加法和分步乘法计数原理有一定的理论基础和生活经验。但学生对计数原理的本质理解及利用原理解决复杂的实际问题存在较大的困难，无法有条理地从分类或者分步角度分析问题、有效地利用计数原理解决问题，更多的是停留在利用浅显的生活经验解决简单的实际问题的阶段。

（三）目标分析

（1）通过实例分析，自主建构分类加法计数原理和分步乘法计数原理，并弄清它们的区别。

（2）初步运用分类加法计数原理和分步乘法计数原理分析解决一些简单的计数问题。

（3）经历由实际问题抽象出原理，再回到实际解决问题的过程，体会数学源于生活、用于生活的道理。

二、教学过程

（一）情境引入，初识计数

问题1：据第七次人口普查数据，清远市常住人口已达到 396.85 万，事关民生的出行工具——家用车已十分普及，初步统计平均一户一车，按一户人口4人计，清远市家用车保有量估计已经达百万辆，清远市成为"百万车城俱乐部"一员，因此清远市面临着交通和环境的双重压力。家用车数量的增加，也反映了人民生活水平的不断提高，老百姓不再满足于基本的温饱，对精神追求有了更高的要求。每当百姓选好心仪的车后，第一件事情就是要选一个心仪的车牌号，同学们应该知道，在几年前，清远市车牌号都是以粤R开头加5位数字编排而成的，后来车牌的编排增加了粤R加第一位为大写英文字母后三位数字编排方式，再到后来的粤R加前两位大写英文字母后三位数字的编排方式，再到最近的粤R加后三位当中某一位为大写英文字母加余下位置为数字的编排方式。同时，随着科技的发展，新能源车成为居家代步的不错选择，而清远市新能源车的绿车牌为粤RD加五位数字的编排方式。为什么要改变汽油车车牌编排方式呢？现有的几种编排方式，能满足什么样的实际情况呢？随着新能源车的增加，你对新能源车的车牌编排方式有何预见？

设计意图：以学生身边的生活实例为例，让学生感受生活中的计数，让学生意识到探究计数原理的必要性，提高学生主动参与学习的积极性，同时通过比较复杂的计数问题，激发学生的强烈探知欲。

（二）搭建阶梯，拾级而上

问题2：

（1）用一个大写的英文字母或者一个阿拉伯数字给教室里的一个座位编号，总共能编出多少种不同的号码？

（2）用一个大写的英文字母和一个阿拉伯数字，以 A_0，A_1，A_2，…，A_9，B_0，B_1，…的方式给教室里的一个座位编号，总共能编出多少种不同的号码？

（3）从清远市到广州市有直达高铁有5个班次，直达中巴有71个班次，若你乘坐这些交通工具从清远市到广州市有多少种不同的方法？

（4）从A地到B地没有直达的交通工具，必须坐高铁从A地到C地，再由C地搭乘中巴到B地，已知A地到C地有5个班次的高铁，C地到B地有71个班次的中巴，若你乘坐这些交通工具从A地到B地，有多少种不同的方法？

（5）在如图4-3-1所示的并联电路图中，如果只合上一个开关使电灯泡发光，有多少种不同的方法？

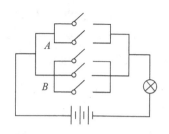

图 4 - 3 - 1

（6）在如图 4 - 3 - 2 所示的串并联混合电路图中，如果只合上两个开关使电灯泡发光，有多少种不同的方法？

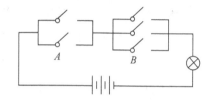

图 4 - 3 - 2

生：选择恰当的方法完成 6 个情境中的计数问题，对分类加法计数原理和分步乘法计数原理形成初步认识，同时发现现有的方法，如列举法、树状图法在解决一些数值较大的实际问题时存在局限性。

师：在学生完成这 3 类背景完全不同的 6 个实际问题时，引导学生用不同的方法（列举法、树状图法）去解决问题，同时用数学的眼光去观察这 3 类背景下的不同实际问题都可归类成 2 类问题：一是 2 类不同的解决方案都可独立完成这件事情，二是要用 2 步才能完成这件事情。引导学生从具体到抽象、从特殊到一般、从感性到理性的认知。

设计意图：史宁中教授说，"学生逻辑推理素养的形成和发展，在本质上，不是靠教师'教'出来的，而是靠学生'悟'出来的"。通过设计不同背景的计数问题，让学生初步认识这 6 个问题的共性和区别，使学生初步感受两种不同计数方法的区别与联系，从而归纳出两种计数原理的计数方法。同时，通过计算、分析，使学生再次感受到原有的基本方法（列举法、树状图法）的局限性，形成认知冲突，激发学生的探知欲望。

（三）对比归纳，初识原理

问题 3：在上述问题中，请你说一说当中的运算规律。

生：总结归纳出上述 6 个实际问题中计算结果的过程实际上就是两个数相加或者相乘的过程。

师：在学生得出加法和乘法两种运算的时候，引导学生发现乘法实质上是加法的简便运算，这和学习数的运算有异曲同工之妙。

设计意图：通过对两种运算的对比，培养学生对比归纳的能力、知识迁移的能力。

问题4：你能不能列举一些生活中类似相加相乘计数的例子？

生：列举出生活中相加相乘计数的例子并互相检验实例是否与上述例子蕴含的规律一样。

师：通过巡堂，适时点拨，指出学生所举的例子是否真正符合加法或者乘法计数原理，让学生明确自己所举的例子的依据是不是严格按照分类分步来完成一件事情。

设计意图：本节课是"排列组合"这一章节的起始课，不能就知识讲知识，去直接介绍计数的两种基本方法，而要通过实际生活中的具体实例，让学生认识计数原理应用的广泛性，体会学习本章的意义。同时，把数学学科的根本任务——培养学生用数学的眼光观察世界，用数学的思维思考世界，用数学的语言表达世界——润物细无声地蕴藏其中。通过学生自己举例，让学生更加清晰这两个原理的核心，并初步认识两个原理的异同点，加深学生对这两个计数原理的理解。

问题5：大部分同学都列举了 2 类方法或者 2 步完成的情境问题，能不能再次拓展，有 3 类或者 3 步完成的情境问题吗？请再次列举。

生：再次从生活中寻找实例，有的可以自主思考从 2 到 3，再到更多类或者更多步的实际情境问题。

师：参与到学生的讨论当中去，通过恰当的引导，让学生体会这是一个从特殊到一般、从具体到抽象的学习过程。

设计意图：层层递进，加深学生理解，在分析问题的本质特征时需要多给学生一些时间、空间和实例，从而更好地帮助学生归纳概括出两个基本计数原理。

（四）形成认知，数学表达

问题6：通过对上述所有问题的解决，分析归纳问题的解决过程，用自己的话来概括一下这些问题背后的原理并分析这些原理的异同，讨论完成相应表格后展示、完善。

生：将所有情境去掉之后进行总结——以上所有问题都以完成一件事情为目的，完成一件事可以用两种不同的计数方法，有分类加法和分步乘法。对这两个原理进行异同分析，讨论，展示，完善，完成相应表格。

师：不断引导学生归纳总结出两个原理，并在学生完成总结后，展示两个基本计数原理的内容，同时对两者的异同点进行归纳总结。

设计意图：让学生体验和感受原理的归纳思路，再对两个原理进行异同对比，进一步加深对两个计数原理的理解和掌握。

（五）应用原理，加深认知

问题7：完成练习1和练习2。

练习1：书架上层放有6本不同的数学书，下层放有5本不同的语文书。

（1）从书架上任取1本书，有多少种不同的取法？

（2）从书架上任取数学书和语文书各1本，有多少种不同的取法？

练习2：现有高一年级的学生3名，高二年级的学生5名，高三年级的学生4名。

（1）从三个年级的学生中任选1人参加接待外宾的活动，有多少种不同的选法？

（2）从三个年级的学生中各选1人参加接待外宾的活动，有多少种不同的选法？

生：自主完成两个练习题。

师：通过对学生的巡查，发现问题并帮助学生解决问题。

设计意图：蒙特梭利说过，"我听过了，我就忘了；我看见了，我就记得了；我做过了，我就理解了"。通过练习，加深学生对两个基本计数原理的理解。

（六）首尾呼应，解决问题

问题8：本节课一开始提出了问题——为什么要改变汽油车车牌编排方式呢？现有的几种编排方式能满足什么样的实际情况呢？随着新能源车的增加，你对新能源车的车牌编排方式有何预见？

生：可以很快回答出第一个问题；对于第二个问题，利用分类加法计数原理和分步乘法计数原理学生也可以计算出所有情况，得出相应结论；对于第三个问题，在理解了两个基计数原理的前提下，学生也能水到渠成地解答。

设计意图：数学来源于生活且服务于生活，通过本节课的学习，让学生感受计数原理在生活中的广泛应用，掌握计数原理后，能够快速处理生活中的一些问题。

（七）总结反思，自我升华

问题9：本节课你有什么收获？

生：从知识、方法、思维等方面总结归纳反思。

设计意图：学生的自主总结反思胜过他人的千言万语。

（八）作业布置，巩固认知

课本 11 页习题 6.1 第 2 题、第 3 题。

设计意图：及时巩固是学习和发展的需要，只有及时巩固，才能迁移应用。

【课例评析】

从本质上说，深度学习是一种高度沉浸、不断持续深化、不断扩展延伸的学习方式。本节课教学设计精心设计了 9 个问题，这 9 个问题犹如"脚手架"，引领学生走向深度思考；而学生在与他人的交流中不断整合重构自己的观点，最终使其成为自己的支架，在深度学习中解决问题。学生在有趣且富有挑战性的问题引领下不断自主寻找答案，从而形成不断深化的学习历程。这些问题不仅仅是基于文本，更多的是基于学生，以学生的学为中心，而且问题的解决能体现教学目标的六个层次，即记忆、理解、应用、分析、评价和创造。从基础性问题到挑战性问题，难度从易到难，解决方法也从单一走向开放多元，不断激发学生思考。

本节课通过对生活中的车牌编排、座位的编号、交通工具的选择、电路的接通等不同背景的生活情境的探究，步步引导学生不断对知识进行探索，对原理逐步总结，层层深入。同时，学生间互相倾听，整合重构自己的想法。在学生知识生成的过程，教师则关注学生真实的学习状态，倾听他们的观点，将他们的观点进行串联，尊重他们的想法和结论，并带着学生通过反刍，不断提升学生原有的认识，让学生获得思考的快乐，实现深度学习。整节课循序渐进，符合学生的思维，让学生感受知识的形成过程，体验探索的乐趣。通过深入学习，迁移运用，使学生实现了素养提升。

（广东省清远市华侨中学　李海波）

课例 2：函数的单调性

一、教学内容与学情分析

（一）教学内容分析

"函数的单调性与最大（小）值"是高中数学必修第一册（2019 人教版 A 版）第三章 3.2 节的内容。本节包括函数的单调性的定义与判断及其证明、函数最大（小）值的求法，本节课为这一节的第一课时。初中学习函数时，学生借助图像的直观性研究了一些函数的增减性，本节内容是初中有关内容的深化、延伸和提高。

函数的单调性是函数众多性质中的重要性质之一，"函数的单调性"是前一节"函数的概念及其表示"知识的延续，它和后面的"函数的奇偶性"合称函数的简单性质，是今后研究指数函数、对数函数、幂函数及其他函数单调性的理论基础；函数定义域、值域、不等式、比较两数大小等具体问题，都需要用到函数的单调性；同时，在本节中利用函数图像来研究函数性质的数形结合思想将贯穿整个高中数学教学。

（二）学情分析

学生对于初中学过的一次函数、二次函数及其图像比较熟悉，在高中已经掌握了函数的概念，初步建立了数形结合的思想。在学习本节课的过程中，学生需要在两个方面有所进步：一是从形到数的转化，要学会用准确的数学符号语言刻画图像的上升与下降；二是单调性的证明，学生需要发展推理论证能力。因此，整节课需要重视学生的体验，让学生自己去表达、去归纳，并用归纳的定义进行证明。

二、教学目标

（1）借助函数图像，会用符号语言表达函数的单调性。

（2）会用定义证明简单函数的单调性。

（3）在抽象函数单调性的过程中感悟数学概念的抽象过程及符号表示的作用。

三、教学重、难点

（1）教学重点：函数单调性的概念。

（2）教学难点：证明函数的单调性。

四、教学过程

环节1：创设情境，提出问题

情境1：演示动画，用几何画板分别动态地演示三张图上的点沿着图像从左向右运动的轨迹。

师：观察下面三个函数图像，你能说说图4－3－3与图4－3－4或图4－3－5的区别吗？

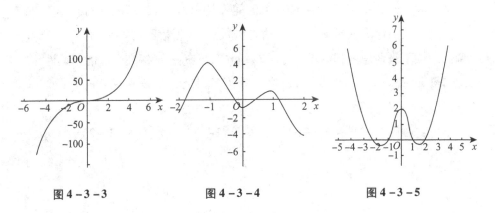

图4－3－3   图4－3－4   图4－3－5

学生独立思考，讨论。

生1：图4－3－3从左至右始终保持上升，图4－3－4与图4－3－5从左至右有升也有降。

生2：在图4－3－3中，y随x的增大而增大；在图4－3－4中，y的值随x的增大而分别增大、减小，增大、减小；图4－3－5与图4－3－4相反。

师：同学们对图像的特征把握很准，同学1对图像的特征的描述生动而直观，同学2对图像的特征描述比较数学化，体现了数学的抽象性和精准性。两个同学给了我们很大启发，那么，我们如何用数学符号语言更加精准地刻画函数图像的这种上升与下降的变化趋势呢？今天这节课我们主要研究这个内容。

设计意图：①从几何直观角度引入，通过观察动态演示的函数图像上的点的横纵坐标变化情况，结合函数图像的形态，使学生初步感知函数值与函数自变量的变化规律，引入本课主题——函数的单调性。②关注学生的认知起点，数形结合，由具象到抽象，完成从"形"到"数"的过渡："形"的角度——"上升下降"，"数"的角度——"y 的值随 x 的增大而如何变化"。发现问题并提出问题，为后面函数单调性的概念的形成做铺垫。

环节2：探究函数的单调性

生：教师利用一连串的问题，引导学生观察具体的函数图像，让学生从具体图像上点的坐标变化规律中归纳出"函数的单调性"的数量关系并精确刻画。

师：你能用函数的观点叙述图像从左至右上升（下降）吗？

生：从函数的角度看，就是函数值随着自变量的增大而增大（减小）。

师：同学们观察到"图像在某个区间保持上升（或下降），即函数值随着自变量的增大而增大（或减小）"，这是函数的一种性质，这一性质叫作函数的单调性。接下来请思考问题1、问题2、问题3，进一步探究函数的单调性。

问题1：画出 $f(x) = x^2$ 的图像，并填写下表，你能说说函数 $f(x) = x^2$ 的单调性吗？

学生：画图像（图4-3-6），填表（表4-3-1、表4-3-2）。

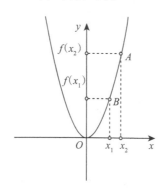

图4-3-6

表4-3-1

x	1	2	3	4	5	6	…
y	1	4	9	16	25	36	…

表 4 – 3 – 2

x	…	-6	-5	-4	-3	-2	-1
y	…	36	25	16	9	4	1

当 $x < 0$ 时，y 随着 x 的增大而减小，当 $x > 0$ 时，y 随着 x 的增大而增大。

教师：当 $x < 0$ 时，y 随着 x 的增大而减小，我们就说 $f(x) = x^2$ 在区间 $(-\infty, 0]$ 上是单调递减的；当 $x > 0$ 时，y 随着 x 的增大而增大，我们就说 $f(x) = x^2$ 在区间 $[0, +\infty)$ 上是单调递增的。

问题2：如何用数量关系精确刻画"在区间 $[0, +\infty)$ 上，$f(x) = x^2$ 的函数值随自变量的增大而增大（单调递增）"？

生 A：从图像和表格上看，在 y 轴右侧取 A，B 两点，若点 A 的横坐标大于点 B 的横坐标，就会有点 A 的纵坐标大于点 B 的纵坐标。也就是说，在 $[0, +\infty)$ 上，若 $x_1 < x_2$ 则有 $f(x_1) < f(x_2)$，就说明函数单调递增。

师：A 同学说在 $[0, +\infty)$ 上，若 $x_1 < x_2$ 则有 $f(x_1) < f(x_2)$，就说明函数在 $[0, +\infty)$ 上单调递增。大家觉得这样描述对吗？

生 B：不一定单调递增，如图 4 – 3 – 7 所示。

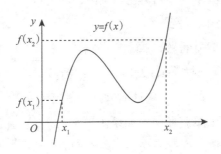

图 4 – 3 – 7

师：B 同学这个例子非常直观地说明了 A 同学的描述还不完善，并不是哪两个点满足 y 随 x 的增大而增大就能说明函数单调递增。所以我们要怎样精确描述 y 随着 x 的增大而增大（单调递增）呢？

生 C：表格里面列举了很多个点的坐标，这些点都满足 x 越大 y 越大。

师：表格中并没有列出所有的自变量，同学们取到的 A，B 两点是只能取表格中表达的点还是可以取区间上所有的点？

生：可以取区间上所有的点。

师：可以取区间上所有的点，就是可以取到每一个点、任意一个点，数学中有没有符号可以表示呢？

生：全称命题里面学过，"$\forall$"表示任意一个、每一个，也就是所有。

师：于是我们就将"取所有数"这样一个无限的问题转化成了"在区间内任取一个数"这样有限的方式来表达。这就是数学符号语言的作用。

师：那么"在区间 $[0, +\infty)$ 上，$f(x)=x^2$ 的函数值随自变量的增大而增大（单调递增）"如何用数量关系精确刻画？

生：$\forall x_1, x_2 \in [0, +\infty)$，当 $x_1 < x_2$ 时，都有 $f(x_1) < f(x_2)$，则函数 $f(x)=x^2$ 在区间 $[0, +\infty)$ 上单调递增。

问题3：以小组为单位，用数量关系精确刻画 $f(x)=x^2$ 在区间 $(-\infty, 0]$ 上单调递减。

生：$\forall x_1, x_2 \in (-\infty, 0]$，当 $x_1 < x_2$ 时，都有 $f(x_1) > f(x_2)$。

师：你能说明为什么 $f(x_1) > f(x_2)$ 吗？同学们回忆一下比较大小有哪些基本方法。

生：作差法或者不等式的性质。$\forall x_1, x_2 \in (-\infty, 0]$ 且 $x_1 < x_2$，$-x_1 > -x_2 > 0$，由不等式的基本性质可知，$x_1^2 > x_2^2$，即 $f(x_1) > f(x_2)$。（用作差法说明的学生教师也要予以肯定）

师：通过对以上 3 个问题的回答，同学们得到了函数单调性的定义：若 $\forall x_1, x_2 \in D$，当 $x_1 < x_2$ 时，都有 $f(x_1) < f(x_2)$，那么就称函数 $f(x)$ 在区间 D 上单调递增；若 $\forall x_1, x_2 \in D$ 且 $x_1 < x_2$，都有 $f(x_1) > f(x_2)$。那么就称函数 $f(x)$ 在区间 D 上单调递减。如果函数 $y=f(x)$ 在区间 D 上单调递增或单调递减，那么就说函数 $y=f(x)$ 在这一区间上具有（严格的）单调性，区间 D 叫作 $y=f(x)$ 的单调区间。

师：要特别指出的是，如果一个函数在其定义域上单调递增（单调递减），我们就称它为增函数（减函数）。

设计意图：①通过问题串的设计，让学生观察图像后对函数单调性进行语言描述，再进一步引导学生用数量关系精确刻画函数的单调性。②抽象出对于所有函数适用的"函数单调递增""函数单调递减"的定义，让学生经历了从特殊到一般、从感受到感悟、从定性描述到定量描述的过程，发展了学生的直观想象、数学抽象等核心素养。③通过反复提问，引导学生注意到在概念形成的过程中，理解"任取两点A，B"是关键。

环节3：概念辨析

师生活动：教师以学生学过的函数为实例，引导学生区分函数的单调性、单调区间、增（减）函数等不同的概念。

师：下面我们再来研究一下学过的部分函数的单调性，请同学们解答问题4、问题5。

问题4：请写出函数$f(x)=|x|$的单调区间。

生：由图像可知$f(x)=|x|$在区间$(-\infty, 0]$上单调递减，在区间$[0, +\infty)$上是单调递增，其单调区间为$(-\infty, 0]$，$[0, +\infty)$。

师：从两个具体的函数中我们可以发现，函数的单调性是函数的一种局部性质，函数在其定义域的某些区间上递增，而在另一些区间上递减。

问题5：$f(x)=|x|$是增函数吗？你能举例说明哪些函数是增函数吗？

生：由问题4的回答可知，$f(x)=|x|$并没有在定义域 **R** 上单调递增，所以不是增函数。

设计意图：通过概念辨析，让学生举出实例，主动认识并区分概念，通过实践理解函数的单调性是一个局部概念，能区分增函数不是函数在某个区间单调递增，而是函数在定义域内单调递增。明确概念的内涵外延，加深概念理解。

环节4：典例示范——单调性的证明

师生活动：教师以常见的一次函数、反比例函数为例，引导学生用上一环节归纳出的单调性的定义来对单调性进行严格证明。

例1：根据定义，研究函数$f(x)=kx+b$（$k\neq0$）的单调性。

师：同学们知道这是什么函数吗？我们要如何研究它的单调性呢？

生：这是一次函数，我们初中画过很多一次函数的图像，可以从图像中得到单调性。

师：同学们说的很对，图像是我们研究函数单调性非常重要的一种方法。只是我们可以画出来的图像是具体的、有限的，如何研究所有的一次函数的单调性呢？

生：我们可以用定义判断。

师：请同学们对照定义，尝试着用定义进行研究。

学生在教师的引导下完成：

解：函数 $f(x) = kx + b$ （$k \neq 0$）的定义域是 **R**。$\forall x_1, x_2 \in \mathbf{R}$，令 $x_1 < x_2$。

$f(x_1) = kx_1 + b$ （$k \neq 0$），$f(x_2) = kx_2 + b$ （$k \neq 0$），

$f(x_1) - f(x_2) = k(x_1 - x_2)$。

由 $x_1 < x_2$，得 $x_1 - x_2 < 0$，所以

① 当 $k > 0$ 时，$k(x_1 - x_2) < 0$。于是 $f(x_1) - f(x_2) < 0$，即 $f(x_1) < f(x_2)$。

这时，$f(x) = kx + b$ （$k \neq 0$）是增函数。

② 当 $k < 0$ 时，$k(x_1 - x_2) > 0$。

于是 $f(x_1) - f(x_2) > 0$，即 $f(x_1) > f(x_2)$。这时，$f(x) = kx + b$ （$k \neq 0$）是减函数。

师：在上面的过程中，我们通过严格的推理运算得到了函数 $f(x) = kx + b$ （$k \neq 0$）的单调性。请同学们总结一下用定义证明函数 $f(x)$ 在区间 D 上单调性的步骤。（学生口答，教师完善）

生：第一步，取值。在区间 D 上任取两个自变量的值 $\forall x_1, x_2 \in D$，令 $x_1 < x_2$；第二步，作差。计算 $f(x_1) - f(x_2)$，将 $f(x_1) - f(x_2)$ 分解为若干可以直接确定符号的式子；第三步，断号、定论。若 $f(x_1) - f(x_2) < 0$，则函数在区间 D 上单调递增，若 $f(x_1) - f(x_2) > 0$，则函数在区间 D 上单调递减。

设计意图：通过例题，教会学生利用函数单调性的定义进行严格证明，归纳总结证明函数单调性的步骤，帮助学生掌握用函数单调性的定义考查函数单调性的基本方法，提高学生用分类讨论法解决问题的能力。

例2：物理学中的玻意耳定律 $P = \dfrac{k}{V}$ （k 为正常数）告诉我们，对于一定量的气体，当其体积 V 减小时，压强 P 将增大。试对此用函数的单调性证明。

师：体积 V 减小时，压强 P 将增大的含义是什么？

生：体积 V 是自变量，压强 P 是因变量，自变量在区间上变小时，函数值变大，是说这个函数在实际区间上单调递减。

师：请同学们进行证明。

学生自行证明。

证明：任取 $V_1, V_2 \in (0, +\infty)$，且 $V_1 < V_2$，

则 $P_1 - P_2 = \dfrac{k}{V_1} - \dfrac{k}{V_2} = \dfrac{k\,(V_2 - V_1)}{V_1 V_2}$,

由 V_1, $V_2 \in (0, +\infty)$, 得 $V_1 V_2 < 0$, 由 $V_1 < V_2$, 得 $V_2 - V_1 > 0$,

又 $k > 0$, 所以 $P_1 - P_2 > 0$, 即 $P_1 > P_2$,

所以函数 $P = \dfrac{k}{V}$ (k 为正常数) 在区间 V_1, $V_2 \in (0, +\infty)$ 上单调递减,

即体积 V 减小时, 压强 P 将增大。

设计意图: 让学生体会现实世界中的物理现象可以用函数模型来进行刻画, 可以用函数性质来研究其变化规律, 明确数学能研究从现象中抽象出来的一般性问题。

环节 5: 课堂检测

师生活动: 此环节由学生独立完成后, 教师点名学生口答, 教师进行点评和完善。

习题 1: (多选题) 下列函数中, 在区间 $(-\infty, 0)$ 上单调递减的函数是 ( )。(答案: ABD)

A. $f(x) = \dfrac{1}{x}$ B. $f(x) = -x$ C. $f(x) = -x^2$ D. $f(x) = 1 - x$

生 D: 通过观察选项, 我发现这几个函数的图像都是初中就画过的, 我从图像中得到本题的答案是 ABD。

师: 这位同学回答得很完整, 图像是我们得到函数单调性的重要途径。

习题 2: 函数 $y = f(x)$, $x \in [-2, 6]$ 的图像如图 4-3-8 所示, 则函数 $y = f(x)$ 在区间 $[-2, -1]$, $[2, 6]$ 上单调递增, 在区间 $[-1, 2]$ 上单调递减。

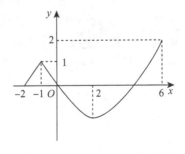

图 4-3-8

生 E：我从图像上观察到，函数在区间 $[-2, -1]$，$[2, 6]$ 上单调递增，在区间 $[-1, 2]$ 上单调递减，但是我有点不能确定，填空时这两个单调区间要不要并起来。

师：这个问题很有意思，我们可以来尝试一下，如果把答案写成 $[-2, -1] \cup [2, 6]$，在这个并起来的范围内，函数是否满足单调递增的定义呢？

生（自由回答）：从图像来看，在这整个范围内，当 x_1 取 1.5 时，y_1 是一个正数，x_2 取 2.5 时，y_2 是一个负数，虽然有 $x_1 < x_2$，但 $y_1 > y_2$，不满足单调递增的定义。

师：所以，多个单调增（减）区间之间用逗号隔开，不能随意用并集符合连接起来。

习题 3：根据定义证明函数 $y = x + \dfrac{1}{x}$ 在区间 $(1, +\infty)$ 上单调递增。

生：

证明：$\forall x_1, x_2 \in (1, +\infty)$，且 $x_1 < x_2$，

则 $y_1 - y_2 = \left(x_1 + \dfrac{1}{x_1}\right) - \left(x_2 + \dfrac{1}{x_2}\right) = (x_1 - x_2) + \left(\dfrac{1}{x_1} - \dfrac{1}{x_2}\right)$

$\qquad = (x_1 - x_2) + \left(\dfrac{x_2 - x_1}{x_1 x_2}\right) = (x_1 - x_2)\left(\dfrac{x_1 x_2 - 1}{x_1 x_2}\right)$。

由 $x_1, x_2 \in (1, +\infty)$，得 $x_1 > 1$，$x_2 > 1$，所以 $x_1 x_2 > 1$，$x_1 x_2 - 1 > 0$。

由 $x_1 < x_2$，得 $x_1 - x_2 < 0$，所以 $(x_1 - x_2)\left(\dfrac{x_1 x_2 - 1}{x_1 x_2}\right) < 0$，所以 $y_1 < y_2$。

所以函数 $y = x + \dfrac{1}{x}$ 在区间 $(1, +\infty)$ 上的单调递增。

设计意图：①考查学生对本节课的掌握情况，总结获得函数单调性的两个途径，即观察图像、用定义证明。②明确函数有多个增（减）区间时的答题规范。③一次加反比例这种形式的函数，无法画出其图像，此时学生更能体会用定义判断函数单调性的优势所在。

环节 6：课堂小结

回答下列问题，完成本课小结。

（1）什么叫作函数的单调性？

（2）理解函数单调性要注意哪些关键问题？

（3）回顾本节课的学习过程，你对研究函数的性质的方法有什么体会？

学生：（1）若 $\forall x_1$，$x_2 \in D$，当 $x_1 < x_2$ 时，都有 $f(x_1) < f(x_2)$，那么就称函数 $f(x)$ 在区间 D 上单调递增；若 $\forall x_1$，$x_2 \in D$ 且 $x_1 < x_2$，都有 $f(x_1) > f(x_2)$，那么就称函数 $f(x)$ 在区间 D 上单调递减。

（2）函数的单调性是局部性质；在函数的区间 D 上，对任意的 x_1，$x_2 \in D$，都满足 $f(x_1) < f(x_2)$ 或者 $f(x_1) > f(x_2)$，才能说明函数在区间 D 上单调递增（减），"任意"两字不能去掉。

（3）研究函数可以从图像直观到语言描述再到精确刻画，可以按照先定性再定量的方法进行研究。

设计意图：①鼓励学生对单调递增、单调递减、增函数、减函数等概念进行准确描述，并通过举例把握函数单调性的关键点。②引导学生明确函数的定义域是讨论函数单调性的可行范围，让学生进一步强化要在定义域内任取两个变量来计算函数值，并要将 $f(x_1) - f(x_2)$ 变形到可以判断符号的形式。③让学生体会函数性质从定性到定量的研究路径。

五、课例评析

（一）教学设计思路的分析

整个课例的设计体现了深度教学"少教多学"的思想。教师设计出一个个具有挑战性的学习环节，并引导学生围绕这些主题积极参与，体验成功并获得发展。环节一从学生熟悉的函数图像引入，让学生观察图像的特点，主动把图像的特征表达为自然语言。环节二、三学生进一步在教师问题串的引导下将自然语言精确刻画为数学语言，得到函数单调性、单调区间的定义并加以辨析。环节四引导学生完成证明函数单调性的过程，加深学生对单调性的理解，帮助学生掌握单调性的严格证明。以课堂小结作为最后一个环节，鼓励学生自己根据学习主线进行课堂小结。整个课堂都充分体现了学生学习的主体地位。

（二）教学活动分析

活动与体验是深度学习的核心特征，学生要成为学习的主体而不是被动地被灌输知识，就需要在学习过程得到"活动"的机会，有经历知识发现、形成、发展的过程和机会。此课例中在各个学习主题中均设计了探究和辨析的活动，通过问题串带领学生主动参与活动。学生在环节一、二、三的系列活动中实现了对函数单调性从视觉直观感受到自然语言描述到数学语言描述再加以应用的过程，体验到了主动学习、自我发展的快乐，引发了内心愉悦的体验。最后的课堂小结，让学生有机会梳理课堂主线，总结学习方法，更是让学生获得了满满的成就感。

（三）教学策略分析

本课例抓住了深度学习的关键策略。一是学习过程中思维的外显策略。比如，在环节二（探究函数的单调性）的学习过程中让学生总结描述自己的思维过程、解决问题的路径和方法，这就是让学生通过自我分析让思维外显。又如，在精确刻画函数的单调性时，学生 B 对学生 A 的回答有不同意见，此时可以引导学生大胆表达，独立思考，互相批判，提出建议。这个过程是再思考再创造的过程，也是通过学生质疑让思维外显的过程。还有教师一连串的追问，从内容、方法、思路、表达多方面引导学生去探索实践，也是让学生思维外显的有效办法。二是深度互动策略，深度互动方能实现深度学习。本课例通过探究、课堂检测答题等活动的开展，实现了师生互动、生生互动以及学生与学习任务的深度互动。

（四）渗透数学思想的分析

教材的数学内容是数学思想方法的载体，数学思想方法的教学只有与具体的数学内容的教学密切结合，并真正渗透其中，才能让学生领会其内在的数学思想方法。纵观整个课堂，教师在教学中重视数学思想的渗透。环节一情境引入和环节二概念探究强调数形结合的思想方法，环节二概念的形成和环节三概念辨析渗透了从特殊到一般的思想，这能让学生更深刻地理解有关的学习内容，更深刻地体会数学思想方法的运用。

参考文献

［1］章建跃，李增沪．普通高中教科书教师教学用书：数学（必修第一册 A 版）［M］．北京：人民教育出版社，2019．

［2］陆万顺，陶闱秀．基于核心素养的高中数学概念课教学设计——以"数列的概念"为例［J］．数学教学通讯，2022（3）：21－23．

（广州市玉岩中学　柏君意）

课例 3："函数的概念及其表示（1）"教学设计

一、单元学习主题

学习函数的概念与性质，提升数学抽象核心素养。

二、教材学段模块

普通高中教科书《数学》必修第一册（A 版），人民教育出版社（2019 年 7 月），高一"函数"。

三、单元主题分析

（一）本单元知识内容及逻辑结构体系

本单元知识内容及逻辑结构体系如图 4-3-9 所示。

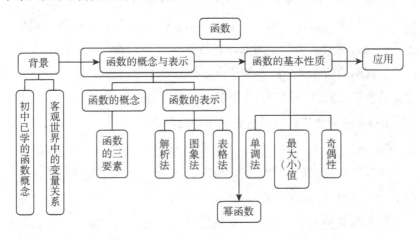

图 4-3-9

函数是描述客观世界变化规律的重要数学模型，高中阶段不仅把函数看成变量之间的依赖关系，还用集合与对应的语言刻画函数，函数的思想方法贯穿高中数学课程的始终。

本单元教学内容分布在必修第一册的第三章，共呈现了两个单节内容，即"3.1 函数的概念及其表示""3.2 函数的基本性质"，共约 7 个课时。

本单元教学:

首先,学习函数的概念。要在初中学习函数概念的基础上,引导学生利用"变量说"对典型实例进行分析、感悟,引入"集合—对应说"的必要性,并通过对具体实例共同特征的归纳,抽象概括出函数的概念,引导学生从变量之间的依赖关系、实数集合之间的对应关系、函数图像的几何直观等角度整体认识函数概念,并引导学生体会不同表示法的特点,根据问题的特点选择合适的表示法表示函数。

其次,深层次研究函数的性质,让学生学会用严谨的、抽象的符号语言刻画函数的单调性、奇偶性等性质,通过梳理函数的单调性、周期性、奇偶性(对称性)、最大(小)值等,认识函数的整体性质。

最后,研究函数的应用,让学生用函数的概念与性质解决简单的问题,经历运用函数解决实际问题的全过程。

本节课是"3.1 函数的概念及其表示(1)",第三章第一节的第一课时,教学内容的上位知识为初中数学已经学习的函数变量说概念及具体函数形式,下位知识则是函数表示法、幂函数、函数性质、指数函数及对数函数等知识。

整个函数的学习过程(知识的发生发展、学生的思维发展和认知规律、逻辑)循序渐进、螺旋式上升。因此,教师在本单元的教学时需要结合本单元知识发展,呈现明暗两条逻辑线,构建本单元数学学习的整体性、思维的系统性、思想方法的前后一致性,知识发生发展过程的逻辑连贯性。

(二)新课程理念下的教学设计具体内涵要求

数学抽象是高中数学学生学习必备品格中的六大学科核心素养之一。《普通高中数学课程标准(2017 年版 2020 年修订)》指出:数学抽象是指通过对数量关系与空间形式的抽象,得到数学研究对象的素养,主要包括:从数量与数量关系、图形与图形关系中抽象出数学概念及概念之间的关系,从事物的具体背景中抽象出一般规律和结构,并用数学语言予以表征。数学抽象是数学的基本思想,是形成理性思维的重要基础,反映了数学的本质特征,贯穿数学产生、发展、应用的过程。

本单元主要渗透数学抽象的学科素养。

(三)从学生学情学法角度分析

高中函数的概念基于"对应"给出,具有高度抽象性和形式化的特点,其对应法则又具有多样性，有解析式、图像、表格，还有文字描述，因此学生对函数概念的理解在认知上存在困难。对于函数的性质，在初中没有进行严格界定，只是从三类具体函数（一次函数、二次函数、反比例函数）的图像特征进行观察，发现图像的变化规律，再根据这些规律得出数值大小的性质，并用自然语言进行描述。对"函数性质"没有明确的数学符号表达，也没有对三类函数的性质进行归纳总结。在高中需要严格定义函数的性质，那么如何引导学生用数学符号语言对定性描述的函数进行定量研究，以及如何由各个相关要素归纳出定义，等等，都是学生在函数性质的学习中会遇到的困难。

在实际教学中可通过以下两点来突破难点：首先，理解对应关系。通过对一些熟悉的现实问题分析并进阶理解对应关系；通过从具体到抽象建立函数概念的几个要素。其次，利用研究函数性质的一般方法"图形直观—自然语言—形式化定义"，用函数图像和代数运算的方法来研究函数性质，体现形与数的结合。

（四）单元学习目标确立

根据课程标准、教材内容、学情学法、学科核心素养四个方面的分析，我们确定"函数的概念与性质"的单元学习目标为：

（1）通过实例，能够从两个变量的依赖关系、实数集合之间的对应关系、函数图像的几何直观等多个角度，整体认识与理解函数，建立完整的函数概念，能用数学语言表达函数的概念。（数学抽象）

（2）在不同的情境中，会选择恰当的方法（如图像法、列表法、解析法）表示函数，尤其是理解函数图像的作用，领悟数形结合数学思想在解题中的作用。（直观想象）

（3）通过具体实例，了解简单分段函数的概念。在实际应用问题中，利用函数的思想方法解决问题，建立函数的模型，加强对函数的理解与应用。（数学抽象、数学建模）

（4）通过具体函数的实例，利用函数的图像，遵循从一般到特殊的认知规律，用数学语言表达函数的单调性、函数最大（小）值以及函数奇偶性等概念，并借助实例理解其作用以及实际意义。（直观想象、数学抽象）

（5）通过学习求函数定义域、判断具体函数的单调性以及求函数最值等内容，提高数学的逻辑推理能力以及数学运算能力。（逻辑推理、数学运算）

四、课时教学设计

函数的概念及其表示（1）

（一）教材分析

本节知识框架如图4-3-10所示。

图4-3-10

函数知识的学习和函数概念的认知是一个不断反复、循序渐进的过程。课程标准要求：通过丰富的实例，进一步体会函数是描述变量之间依赖关系的重要数学模型，在此基础上学习用集合与对应的语言来刻画函数，体会对应关系在刻画函数概念中的作用；了解构成函数的要素；从学生已掌握的具体函数和函数的描述性定义入手，引导学生联系自己的生活经历和实际问题，尝试列举各种各样的函数，构建函数的一般概念。

据此，本节课教学内容应为：基于集合与对应语言的概念，理解和运用函数。教学内容反映了对应思想、函数思想。

本节教学内容中，函数三要素属于事实性知识，函数的定义属于概念性知识，求定义域及判断函数相等属于程序性知识，认识到认知的发展属于元认知知识。为此本节课设定的教学重点是"函数定义的形成"。

本节课的教学需要从生活实例出发，引导学生经历基于集合及对应语言的函数概念的形成过程，利用这一概念分析具体函数的形式，体会概念应用的同时进一步加深对概念的理解。这一过程体现了数学研究"特殊——一般—特殊"的路径及数学知识应用的价值。

（二）学情分析

在之前的学习中，学生已经初步具备了生活中函数实例的基本经验，能简单解答有关一次函数、二次函数和反比例函数模型的问题，初步体会了归纳及基于变量关系认知的函数思想，通过集合知识的学习，对集合思想的认识也日渐清晰，学生具有函数概念学习的认知基础，通过课堂分解教学难点初步弥补抽象思维能力的不足。据此，本节课设定的教学难点为"函数符号 $y = f(x)$ 的理解，函数概念的整体性认识"。

（三）教学策略分析

依据本节课教学内容、学情实际和教学目标要求，设计以下教学策略。

（1）本节课以人教版 A 版普通高中教科书《数学》必修第一册"3.1.1 函数的概念及其表示"中的"函数的概念"内容为主题组织教学，保证函数概念教学的连贯性和课堂教学内容的精练。

（2）本节课为概念教学课，依据上述学情分析，为激发、调动学生学习兴趣和主动性，计划采用问题式教学。

（3）本节课教学重点为"函数定义的形成"，问题串要以学生函数定义的递进认知为中心进行设计，具体通过四个实例中变量对应关系（对应法则）的认知及自变量取值的限定范围（定义域），引导学生递进理解、归纳出函数的概念，继而设计若干对应关系，通过是否为函数的判断，帮助学生深入理解"并非所有对应都是函数""定义中的关键词""三要素"和"值域与集合 B 的关系"等难点问题。最后通过分析具体函数形式，巩固基于集合与对应的函数定义的理解。

（四）教学目标设置

1. 知识目标

（1）正确理解函数的定义，用集合与对应语言刻画具体函数。通过实例分析，体会对应关系在刻画函数概念中的作用。

（2）理解函数三要素，会判断两个函数是否相等，认识函数概念的整体性。

（3）理解符号 $f(x)$ 的含义，体会函数思想。

2. 数学学科素养目标

（1）数学抽象：通过教材中的四个实例抽象归纳函数的定义。

（2）逻辑推理：相等函数的判断。

（3）数学建模：通过从实际问题中抽象概括出函数概念的活动，培养从特殊到一般、从具体到抽象的分析问题的能力，提高抽象概括能力。

（五）教学重、难点

（1）教学重点：集合—对应语言下的函数定义的形成过程。

（2）教学难点：函数符号 $y=f(x)$ 的理解，函数概念的整体性认识。

（六）教学流程

为突出重点，突破难点，将教学过程设计为六个阶段（图 4 - 3 - 11），分解为 11 个问题进行导引、驱动。

图 4 - 3 - 11

环节 1：课前准备

学生收集函数概念形成与发展的历史资料，撰写论文，论述函数发展的过程、重要结果、主要人物、关键事件及其对人类文明的贡献。

设计意图：为课堂学习函数概念做准备，渗透数学文化。

环节 2：构建整体框架，设置认知冲突，引入新授课题

问题 1：请同学们阅读章引言、观察章头图，你能从中明白学习函数的重要意义吗？

生：阅读，思考，分享。

师：章引言从三个方面阐述了学习函数的重要意义：一是客观世界中各种运动变化现象可以用函数模型来刻画；二是函数概念及其反映的思想方法不仅是进一步学习数学的基础，也是学习其他学科的重要基础，更是解决问题的重要工具；三是本章的学习内容、过程与方法。

设计意图：培养学生阅读教材的习惯，提高学生阅读的能力，在教学中，让学生运用初中认识的函数观点去描述章引言所涉及实例中的变量关系，通过章头图中天宫二号的运动与变化，激发学生对未知领域的好奇心与学习兴趣，并由此体会函数在现实中的广泛运用，从而使学生感受到进一步学习函数的必要性，渗透数学应用意识和数学学习整体性观念。

问题 2：初中阶段，函数的定义是什么？请阅读教材"3.1 节引言"，并回答相关问题。

生：回忆并思考上述问题。

师：启发学生回忆初中学习过的函数定义，以及"变量说"函数概念的局限性。

设计意图：回顾函数的动态定义，联系已有知识，为后续学习提供知识基础；激发认知冲突，抽象出基于集合与对应思想的函数定义，完成变量关系语言到集合——对应语言的自然过渡。

环节3：示范类比迁移，探究四个实例，抽象概念内涵

问题3：仔细阅读教材中的问题1实例，$s = 350t$ 是函数吗？如果根据对应关系 $s = 350t$，这趟列车加速到 350km/h 后，运行 1h 就前进了 350km，这个说法正确吗？如果不正确，应该怎样描述更为准确？接下来，变化过程是通过什么来展现的？

生：用变量关系语言描述、确认这个函数关系；观察、思考、讨论，发现后一说法的不准确，必须分别给变量一个范围——集合，在集合的观点下描述对应关系。

师：展示问题1实例、学生表述作答后，点评并启发学生关注 t 的取值范围的重要性；给出 t、s 的集合范围后，引导学生分析、计算、观察，并尝试用集合与对应语言描述变量间的依赖关系——在 t 的变化范围内，任给一个 t，按照给定的解析式，都有唯一的路程 s 与之相对应。

设计意图：请学生来判断是否是函数关系，学生的判断过程也是体会运用初中定义的过程；体会用解析式刻画变量之间的对应关系，必须关注变量的范围——引出集合的观点，同时分解难度，引出对应。体会用集合语言和对应关系重新定义函数的必要性和用更高级的数学语言抽象具体问题中对应关系的示范，为后面实例情境探究做准备。

问题4：对于教材中的问题2实例，d 的取值范围是什么？如果给出工资 w 的范围（略），这个实例是不是一种函数关系？如果是，请类比上述问题1实例，尝试用集合与对应的语言描述变量之间的依赖关系。

生：阅读理解实例，独立思考，自主探究，然后模仿用集合与对应的语言描述变量之间的依赖关系，并展示分享。

师：引导学生阅读题意，启发学生观察、思考、讨论，引导学生类比、迁移，尝试用集合与对应的语言描述变量之间的依赖关系。

设计意图：通过类比，积累活动经验，强化正迁移，完成抽象的方法和角度。

问题5：对教材中的实例问题3 t 与 I、问题4 r 与 y 的关系，是否分别和前两个实例中两个变量之间的关系相似？如何用集合与对应的语言分别描述这两对关系？

生：分别阅读理解实例，独立思考，自主探究，然后模用集合与对应的语言描述变量之间的依赖关系，并展示分享。

师：引导学生阅读题意（看图、看表），启发学生观察、思考、讨论，尝试用集合与对应的语言描述变量之间的依赖关系：在 t（r）的变化范围内，任给一个 t（r），按照给定的图像、表格（抽象的对应关系，不妨记作"f"），都有唯一的一个 I（y）与之相对应。

设计意图：从具体到抽象，类比迁移，关注两个变量的范围，体会用图像、表格刻画变量之间的对应关系（分解难点，引出"f"统一表示对应关系的必要性，尤其是抽象的对应关系：数学追求一般化、简洁的表达形式），用集合与对应的语言描述关系。

环节 4：学生讨论分享，教师引导完善，归纳函数概念

问题 6：从以上四个例子中，我们抽象出来的变量之间的关系（研究对象）是函数，它们有什么共同特征？怎样给函数重新下一个定义呢？

生：独立思考，分组讨论、交流四个实例的共同特点，并在全班展示分享。

师：巡查指导学生小组讨论，完善学生的发现（我们抽象出来的变量之间的关系都是函数，并且我们都是用集合与对应的语言描述函数的）；随后追问"上述四个实例中的函数表示方法，有不同之处吗？"引导学生归纳函数的三种基本表示方法。

在这四个例子中，引导总结、归纳共同特点（在学生回答的基础上，教师帮助归纳总结）。函数"集合—对应"概念内涵：

（1）两个非空数集 A、B。

（2）两个数集之间有一种确定的对应关系 f。

（3）对于集合 A 中任意一个数 x，在集合 B 中都有唯一确定的数 f（x）和它对应。

（4）函数定义、定义域、值域等概念。

（5）强调：①对应关系 f 可以用解析式、图像、列表来表示（不同之处）；②任意、存在、唯一；③符号"$y = f$（x）"的含义。

设计意图：从特殊到一般、从具体到抽象，通过回答四个不同实例中的函数"集合—对应"关系，归纳形成函数的概念。

环节5：独立思考探究，全班讨论交流，辨析函数概念

问题7：以下五个对应是否为函数，为什么？（函数的构成要素及概念辨析如图4-3-12所示）

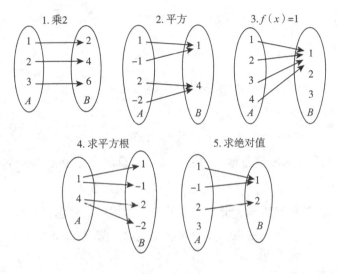

图4-3-12

生：独立思考后，分组讨论。通过问题探究，深入理解并非所有的对应都是函数。判断若干对应是否为函数，加深对函数定义的理解。

师：引导小组代表分享展示。

设计意图：通过构成要素及概念分析，深入理解函数概念中的难点。通过判断，理解"关键词""函数构成要素"和"值域是集合B的子集"等难点；函数概念属于概念性知识，进一步引导学生通过具体的辨析活动，更精准细致地把握概念的关键词及内涵，加深理解概念；通过教师渐进的引导成功突破本节课的教学重点——函数概念的形成；充分照顾学生认知需要螺旋上升的特征，逐步补充完善内容，引导学生体会数学的严谨性。

问题8：思考，在实例问题1和问题2中的函数有相同的对应关系，你认为它们是同一个函数吗？为什么？

生：独立思考，分享。

师：引导学生结合函数的概念，思考函数有哪些要素，两个函数满足什么条件才是同一函数。

设计意图：引导学生归纳、理解概念的外延——函数三要素（定义域、值域、对应关系）。

例：下列函数中哪个与函数 $f(x)=x$ 相等？

(1) $f(x)=(\sqrt{x})^2$， (2) $y=\sqrt[3]{x^3}$， (3) $y=\sqrt{x^2}$，

(4) $f(x)=\dfrac{x^2}{x}$， (5) $g(t)=t$。

生：运用函数概念的三要素判断并交流讨论。

师：归纳总结。

设计意图：进一步加深对函数定义的理解，理解并掌握判断两个函数相等的程序。认识函数概念的整体性，即定义域、值域、对应法则虽是函数的三个部分，但却是一个整体。同时，认识 $f(x)$ 符号的意义。

环节6：尝试变换视角，分析所学函数，运用函数概念

问题9：请同学们根据今天学习的函数定义，分析初中学习过的几个具体函数。

生：比较描述性定义和集合与对应刻画的定义。

师：归纳总结。

设计意图：从一般到特殊、从抽象到具体，通过"集合与对应"的函数新概念来刻画初中已学的函数概念，使学生进一步加深理解新函数概念的本质及构成函数的基本要素。

问题10：阅读教材例1，请尝试模仿、构建一个生活中的实例，使其中的变量关系可以用自己设定的解析式来描述。

生：思考举例并交流讨论。

师：完善补充，点评。

设计意图：构建问题情境，从抽象到具体，使学生体会函数的三要素，以及一个函数表达式的广泛适用性；理解函数概念，回归生活，尝试应用。

环节7：回顾研究过程，课堂提炼小结，内化数学概念

问题11：本节课学习了初高中的函数定义，你能谈谈它们的区别和联系吗？你知道函数概念的发展历史吗？

生：思考并交流、分享。

师：完善补充，点评；函数概念的发展历史可介绍本节末的"阅读与思

考"的关于函数概念的发展历程的阅读文献；作业布置（略）。

设计意图：课堂小结，提炼内化，渗透数学文化。

（七）深度学习理念下教学设计教学立意的思考

1. 重视深度学习、一般观念等先进理念引领下的教材研读和单元主题教学

当前新课程改革顶层设计仍然"落地很难"，原因很多，其中之一就是一线教师备课研究教材不够、不充分，具体表现为：对教材简单处理，随意删改；网上下载课件或教案，不用教材；对课本例题不够重视，层次把握、拓展、再利用意识不强；不注重题后反思、规律总结；对章节知识整合不够，条理不清。

本案例在教学设计中充分"用教材"：重视章引言、章头图、节引言教学，充分挖掘其整体构建作用；四个实例问题1与问题2、问题3、问题4的处理方式不同，注重深度学习，一般观念下知识的类比、迁移，体现知识的整体结构和联系，让深度学习的目标落实。

实际上，教师在深度学习、一般观念、大概念等先进理念的引领下，可以更好地去理解教材、研读教材：理解教材结构，建构整体框架，优化教学设计，找准教学关注点（教学对象、研究内容、研究路径、研究方法、研究结果、知识应用），明确"如何教"。基于新课程目标以及核心素养，更注重知识的整体建构，积极开展单元主题教学是有效途径。

2. 组织富含思维的数学活动让深度学习真实发生

本节课围绕四个"问题情境"开展阅读与知识扩充，设计了11个引导问题，驱动整个教学、思维过程，让学生参与"情境—问题化""问题—探究化""探究—知识化"的知识建构过程，并参与"知识—应用化""应用—经验化"的经验积累过程。教学过程充分关注"理解与批判""联系与构建""迁移与应用"。

（1）注重概念形成的心理过程。（图4-3-13）

图 4-3-13

根据高一年级学生的年龄特征呈现教材，认真解决好与学生学习心理的适应问题。

（2）注重概念形成的教学过程。（图 4 - 3 - 14）

把在独立思考、自主探究的基础上归纳结论看成数学学习的基本过程。

摆事实、举例子 → 学生观察共性 → 归纳概念 → 强调特性 → 范例 → 练习 → 小结

图 4 - 3 - 14

（3）注重学习方式的构建过程。

以函数概念知识的发展过程为载体，引导学生开展"观察与分析、比较与归纳、抽象与辨析、应用与反思"的数学思维活动；积极开展小组合作、个性化学习以及展示分享等个人与人际领域的活动。

（4）注重学科核心素养和学科能力的培养。

本案例通过问题串设置系列活动，分别落实函数概念形成与辨析、应用等，遵循教材内在逻辑关系，让学生在领悟函数概念的过程中，体会从特殊到一般、从具体到抽象的研究过程和方法，培养"三会"必备品质（会用数学的眼光观察现实世界，会用数学的思维思考现实世界，会用数学的语言表达现实世界）。

3. 密切融入数学文化，引导学生深刻理解数学本质

数学文化融入课堂教学多是介绍数学史，通过历史故事的趣味性增加学生的学习兴趣。

本案例中数学文化的渗透通过课前作业，查阅搜集资料，课中有机结合教学内容分享、补充的形式进行，让学生经历函数概念发展的历史过程。

学生在浓厚的数学文化气息中对本节课所学习的抽象的函数概念形成过程有了深刻认识，这个过程起到了培养学生情感、态度的作用，还潜移默化地发展了学生的审美意识，使学生在牢固掌握数学概念的同时体会数学的文化价值，让学生学习有血有肉的数学概念，让学生从根源及本质上理解数学概念，在应用数学概念的同时培养数学思维，教会学生思考，进而提升学生的数学核心素养。

将数学与人文相融合，丰富了教学内容，使知识与技能与情感态度有机整合，落实了核心素养。这正是新课程标准下追求素质教育的价值取向，也是数学教育发展的必然趋势。

总之，基于深度学习理念下的数学教学设计，要在问题情境的基础上，深

度加工知识，把握教学活动的整体性，恪守认知规律的逻辑性，注重知识迁移的理解性，渗透数学学科的思想性。

参考文献

［1］王尚志，张思明．普通高中数学课程分析与实施策略［M］．北京：北京师范大学出版社，2010．

［2］何玲，黎加厚．促进学生深度学习［J］．计算机教与学，2005（5）：29－30．

［3］刘艺，赵思林，王佩．数学深度学习的特征分析［J］．教育科学论坛，2021（28）：58－63．

（广东省广州市黄埔区教育研究院　吴光潮）

五、课例评析

本节课有诸多亮点。

（一）关注深度学习理念下教学方案研究的一般路径

本节课七个教学环节的整体性和实施过程体现了教师对教学方案研究、设计的规律性、程序性的一般路径的充分关注（图4－3－15），尽管不是很完整（如个人反思等）。

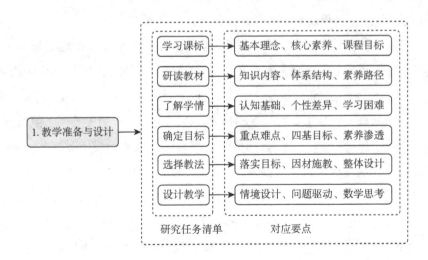

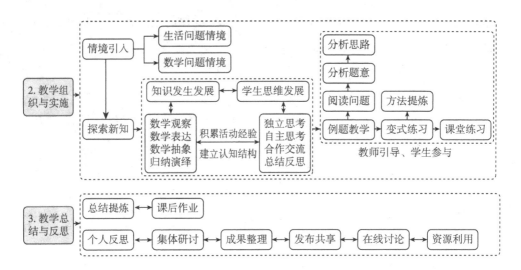

图 4-3-15

教学方案的设计体现了教师的基本功。教学非一日之功，需要教师不断学习教学理论和相关文件。比如，作为高中数学教师，需要研读《普通高中数学课程标准（2017 年版 2020 年修订）》（以下简称《课程标准》）、教材、教师用书等纲领性、指导性文件、资料，除此之外也要特别了解《中国高考评价体系及说明》"一核四层四翼"中核心价值、学科素养、关键能力、必备知识及其他相关的具体要求，以便使教学设计准备及教学活动深入、科学、合理，符合新课程理念要求，且有章可循、有据可依。

（二）关注新课程理念下的教学设计具体内涵要求

《课程标准》指出，数学课程应面向全体学生，满足学生个性发展的需要，坚持"一个根本"（立德树人核心价值），关注"两个过程"（使学生经历数学知识产生和发展的过程，发展学生的思维），达成"三会"（会用数学的眼光——数学抽象、直观想象——观察现实世界，会用数学的思维——逻辑推理、数学运算——思考现实世界，会用数学的语言——数学建模、数据分析——表达现实世界）的目标，落实"四基"（基本知识、基本技能、基本思想、基本活动经验），培养"四能"（发现问题的能力、提出问题的能力、分析问题的能力、解决问题的能力），进一步学习和培养终身发展需要的六大数学核心素养（见"三会"）。基于对《课程标准》的分析，教师要深层次探究知识内在价值导向：基于核心概念，有效地对教学内容以及知识点进行挖掘，保证学生能够深层次地了解知识的内在价值。

另外，教师还要结合本节教学内容和课型，遵循相应课型的教学规律，设计符合实际的教学一般范式（章法），以便有序、高效地组织教学活动。

本节概念新授课，教学设计还遵循了概念教学中的一般范式：背景—归纳共性特征—概念形成—关键词辨析—概念同化—概念应用。本节课渗透的数学学科核心素养目标主要涉及：①数学抽象——通过教材中四个实例抽象归纳函数的定义；②逻辑推理——相等函数的判断；③数学建模——通过从实际问题中抽象概括出函数概念的活动，培养学生从特殊到一般、从具体到抽象的分析问题的能力，提高学生的抽象概括能力。

另外，本节课基于问题情境教学，强化了学生思维深度发展，重点思考了各教学环节如何设计并实施能够渗透、落实新课改理念的教学活动。

（三）关注研读新教材及配套教师用书，深度挖掘教材内在的价值

新教材是如何表述知识编排逻辑体系的？教材如何展示每一个知识点的发生、发展过程？提供了哪些教学素材？（为什么要用这个素材？）学生参与知识发展过程的学习方式是什么？现行新教材以及配套教师参考用书编写对教材教法、新课程改革先进理念、学科核心素养等均已深刻、系统地体现，反复研读新教材及配套教师用书，挖掘《课程标准》在教材中的诠释，是获取科学的教学方法和教学线索的有效途径。

本节课体现了教师对的教材及教师用书的深入研读，如知识结构图、对教材编排逻辑的理解等。

1. 重视章引言、章头图、节引言的整体构建、激发认知冲突等作用

本节课对章引言、章头图充分关注，揭示了生活中的对应关系、函数应用及其模型思想，"集合—对应"观点下的函数概念和函数的应用价值和数学文化。

教材书章引言明示以幂函数为例，在函数的研究中，通过从具体到抽象、从特殊到一般的过程，学习感受研究函数的基本内容、过程和方法，在此基础上，学习运用函数理解和处理问题的方法，为提升学生的抽象思维水平奠定基础。函数研究内容和路径的整体构建，引导和明示了一般观念下的函数研究数学思路，起到了先行组织者的作用。本章的学习对提升学生的数学抽象、直观想象、数学运算和数学建模等核心素养都有较大意义。

节引言复习初中学习过的函数概念，从变量之间依赖关系的角度，从运动变化的观点出发，得到函数的概念（简称变量说）。如果只根据运动变化的变量说观点，那么有些函数就很难进行深入研究，如 $y = \begin{cases} 0 & (x \text{ 为有理数}) \\ 1 & (x \text{ 为无理数}) \end{cases}$ 等，教材选用 $y = \dfrac{x^2}{x}$ 这个例子激发学生认知冲突和学习兴趣，自然引入本节函数概念"集合—对应说"。

2. 关注丰富的实例在概念形成过程中的典型性、代表性和深刻性设计

在概念引入环节，实例的选用是关键也是难点。本节课对教材的使用比较细腻。本节课主要以初中已学的一次函数的知识为基础背景，四个实例背景分别是"复兴号"高铁运行行程、工资薪酬、空气质量指数、城镇居民恩格尔系数关于时间（小时、天数、时刻、年份）的函数，渗透了数学应用意识和数学文化。

实例的选用具有典型性和代表性：问题 1 为解析式连续型，问题 2 为解析式离散型，问题 3 为无解析式图像型，问题 4 为无解析式图表型，代表着函数的不同类型。同时，问题 1、问题 2 函数的解析式变量用 "x、y" 之外的字母表示，避免了初中用 "x、y" 变量表示函数的思维定式，防止负迁移；同时解析式系统、自变量范围深刻渗透着函数定义的内涵，为后文做铺垫。

四个实例重点考虑了归纳共性、抽象"集合—对应说"的需要，实例的处理过程如下：问题 1 教师以抽象示范为主；问题 2 教师引导学生参与抽象；问题 3、4 以学生类比迁移自主探究为主。通过四个具体实例的归纳、概括，抽象出函数的"集合—对应说"，形成函数及其相关概念，并用抽象符号 $f(x)$ 表示函数。

3. 关注概念辨析、同化过程的设计

函数的表示是比较特别的：一是符号具有抽象性，二是函数的几种表示方法对理解函数概念的促进作用（本质上都是对应关系），三是不同表示法的特点及其相互之间的联系与转化。因此，教材在此特别注意安排用数学语言表达现实世界的训练。

本节课教学实施时，教师基于学生在初中阶段已经接触了一次函数、二次函数、反比例函数，在抽象、归纳了函数的"集合—对应说"概念后，从一般到特殊，借用函数定义描述上述"三种函数"，进一步同化知识，明晰定义域、值域、对应法则的概念；通过例 1，采用规范讲解、模仿性学习的方式，使学生学习用"集合—对应说"的数学语言描述现实问题。

教学实施体现了数学抽象的层次性，使学生螺旋上升地认识已有函数，同时巩固函数概念，它是与学生的认知水平相适应的。

4. 重视教材"阅读与思考"及其利用，渗透数学文化

教师在教学时充分利用本章"阅读与思考"关于函数概念的发展历程的文献，组织学生对该内容进行阅读学习，渗透数学文化，使学生了解函数概念在数学和人类文明进步中的地位与作用。

教师课前准备，并布置作业：收集函数概念形成与发展的历史资料，撰写论文，论述函数发展的过程、重要结果、主要人物、关键事件及其对人类文明的贡献。

这一设计为课堂学习函数概念做了充分准备，恰到好处地渗透了数学文化。

5. 关注问题引导、任务驱动下的深度教学设计

教师将教学过程设计为 6 个阶段 11 个问题（如"教学流程"），关注知识生成过程，倡导学生主动建构创新，鼓励学生积极参与，重视数学思维发展，体现了数学深度学习的特征。

参考文献

[1] 王尚志，张思明. 普通高中数学课程分析与实施策略 [M]. 北京：北京师范大学出版社，2010.

[2] 何玲，黎加厚. 促进学生深度学习 [J]. 计算机教与学，2005（5）：29 – 30.

[3] 刘艺，赵思林，王佩. 数学深度学习的特征分析 [J]. 教育科学论坛，2021（28）：58 – 63.

（广东省广州市黄埔区教育研究院　吴光潮）

课例4：新教材、新理念下的新思路、新教法
——以"有理数"教学设计过程为例

章建跃先生曾就当前基础教育改革中的一些现象指出："顶层设计理念先进，并已从宏观上提出举措，但落地很难。"细究其因，有很多无奈。作为新课程改革主角的一线教师，已在教学理念、新课程改革意识方面有了一定的进步，但渗透新课程改革理念要求的教学活动的设计、实施策略不足、不当，严重影响了新课程改革推进的实效。

本文以人教版《数学》七年级上册"1.2有理数"的教学设计过程为例，探讨新课程改革背景下，深度研究教材，设计落实新课程理念以及数学核心素养的数学课的新思路、新教法。

本节"有理数"内容：课时安排为1课时，教材呈现仅一页，一个核心概念"有理数"。如何把这1分钟即可读完的寥寥数语，在1课时内，既符合教学规律又落实新课改要求、突破旧套路地新授给学生呢？

一、了解新课程理念下的教学设计内涵要求

《义务教育数学课程标准（2022年版）》（以下简称《标准》）（与本节相匹配内容）指出，义务教育阶段数学教学要使学生体会数学与生活之间的联系，了解数学的价值，提高学习数学的兴趣；数学教学要关注学生的情感，以学生为中心，通过数学知识的教学来发展学生的理性思维。在新课程理念下，需要落实义务教育阶段学科核心素养——"十个核心词"，重视"四基""四能"，重视立德树人——德育的渗透。

另外，本节内容"有理数"是概念新授课，本节课的教学设计还要遵循概念教学中的一般规律：背景—归纳共性特征—概念形成—关键词辨析—概念同化—概念应用。

基于此，本节课的设计从教材分析到教学目标到教学过程，均需要领会新教材的实施逻辑，重点思考在哪个教学环节，如何实施、落实、渗透新课改理

念的教学活动。

二、研读新教材及配套教师用书，深度挖掘教材内在价值

新教材是如何表述知识编排逻辑体系的？教材是如何展示每一个知识点的发生、发展过程的？教材提供了哪些教学素材？（为什么要用这个素材？）学生参与知识发展过程的学习方式是什么？现行新教材以及配套教师参考用书的编写均已深刻、系统地将教材教法、新课程改革先进理念、学科素养等蕴含其中，反复研读新教材及配套教师用书，挖掘《标准》在教材中的诠释，是获取科学的教学方法和教学线索的有效途径。

（一）有理数教材分析

本节课是人教版《数学》七年级上册第一章1.2节的第一课时，主要知识内容是有理数的概念及分类。本节内容同时为数系进一步扩充到无理数、实数做知识储备，本章的知识及其思想方法是后续数系进一步扩充学习的基础，研究方法亦基本相同。

数及其运算是中小学数学课程的核心内容，前两个学段已经安排了自然数、正分数及其运算等学习内容。本章作为第三学段教材的开篇，是在前两个学段的学习基础上，继前一节正数与负数学习后，对新数的进一步认识，通过逐步增加新的数将数的范围逐步扩充到有理数。

知识结构体系如图4-3-16所示：

图4-3-16

（二）新教材编排逻辑

活动1：思考——回想一下我们认识了哪些数。

评析：唤醒学生的认知经验，复习旧知，为学习新知做铺垫。

活动2：我们学过的数有正整数、零、负整数、正分数、负分数，分别列举具体数字。

评析：从抽象到具体，符合学生认知；为后面从具体的数集（教材用"便签"式从集合的观点介绍数集）中归纳出共性特征，从而为完成数的分类做铺垫，同时渗透一点现代数学集合知识。

活动3：归纳整数（正整数、负整数、0）、分数（正分数、负分数）的概念，归纳有理数（整数、分数）的概念。

评析：从具体到抽象，归纳形成概念。教材用"便签"说明"这里"（有限小数、无限循环小数，没有展开论述）可以化成分数。

活动4：数系的扩充：正整数→（增加）0、正分数→（增加）负整数、负分数→（数系扩充到）有理数。

评析：通过逐步增加新的数将数的范围逐步扩大，渗透数的扩充的基本思想。

活动5：练习（2个题）。

评析：熟悉数的分类和巩固概念，渗透一点现代数学集合知识。

综上：

（1）注重概念形成的心理过程（图4－3－17）。

图4－3－17

根据七年级学生的年龄特征呈现教材，认真解决好与学生学习心理适应的问题。

（2）注重概念形成的教学过程（图4－3－18）。

图4－3－18

把在独立思考、自主探究的基础上归纳结论看成数学学习的基本过程。

（3）注重学习方式的建构过程。

以有理数知识的发展过程为载体，引导学生开展观察、（实验）、比较、归纳、（猜想、推理）、反思的数学思维活动。

（4）注重学科核心素养和学科能力的培养。

通过不同栏目引导学生思考、探究，让学生在领悟有理数概念的过程中体会从特殊到一般、从具体到抽象的研究过程和方法，使他们既学会发现，又学会归纳、概括，从而逐步提高学生的思考力，培养学生用数学的思想和方法思考问题的习惯。

（三）七年级学情分析

从智力与能力发展的年龄特征看，七年级学生的思维正处在从以具体形象思维成分为主向以抽象逻辑思维成分为主的转折期，因此，教材内容的呈现必须注意具体、形象，还要有适当的抽象、概括要求，从而既符合这一时期学生的能力发展水平，又能促进他们的思维向高一阶段发展。

从知识认知水平看，学生可以分清楚正数与负数、分数与整数，但对有理数的概念及将有理数按不同标准分类有一定的认知障碍。

有理数概念对于七年级学生来说是一个较抽象的数学概念，在它之前学生已经学习了正数与负数的概念，在它之后还将学习无理数、实数概念。多数学生只是单纯地机械记忆而不能从本质上理解有理数的概念，这就导致他们对有理数以及后续无理数、实数这三个抽象的数学概念混淆不清。

三、教学课例

课题：1.2 有理数

（一）教学目标

（1）理解有理数的意义，能把给出的有理数按要求分类，了解 0 在有理数分类中的作用。

（2）体会数的扩充的基本思想；通过有理数的分类，感受数学分类讨论思想。

（3）经历有理数数系扩充的过程，领略数学文化，感受数学与生活、生产之间的紧密联系；学会与人合作，并学会数学学习常用的观察、归纳、抽象、概括等方法。

（4）通过参与数学活动，获得成功的体验。

评析：根据教材分析和学情分析设置教学目标，教学目标可以依照课程目标的分类方式表述，如知识与技能、数学思考、问题解决、情感态度与价值观；也可按照本案例将知识与技能、数学能力、数学思想方法、数学情感、德育渗透等条目逐条列出。

（二）教学重点和教学难点

教学重点：正确理解有理数的概念和有理数的分类，体会数系扩充的基本思想，领略数学文化，学会数学学习常用的观察、归纳、抽象、概括等方法。

评析：教学重点不应仅包含学科知识，还应包含积累的经验、学科能力、思想方法和情感态度等。

教学难点：有理数概念的理解和分类。

评析：教学难点主要取决于教材设计的认知要求与学生现有的认知水平的差距（知识基础、经验基础、思想方法、学科能力等），突破难点，需要以教材要求为标准，改变或加强教材某些方面的设计。

（三）课前准备

（在学习这节课的前一天向学生布置预习作业）请搜集并整理负数、有理数的相关小故事、数学史，并在下一节课与同学们分享。

设计意图：让学生通过查阅资料、接触凝聚了中国古人智慧的《九章算术》等典籍，了解数系扩充的历史发展过程，并从中获得突破当前有理数问题情境的启示。另外，为课中的交流分享做准备，让学生梳理前人攻坚克难、排除万难的经历，在数学文化中感受数学概念的历史传承，融入背景起源促进概念生成。数学史是研究数学概念形成背景的重要途径，渗透数学文化，可以让学生领略数学文化，感受数学与生活、生产之间的紧密联系；让学生学会分享、学会与人合作，提升学生学习数学的兴趣。

（四）教学环节设计思路

教学环节设计思路如图 4-3-19 所示。

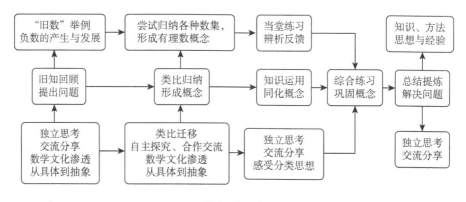

图 4-3-19

设计意图：基于上述理念内涵、课标和教材研读分析，设置教学架构——重点关注渗透新理念、基本思想、基本活动经验的切入点，并具体设计以学生为主体的教学活动及实施方案。

（五）教学过程

环节1：旧知回顾，提出问题

问题1：我们已经学过哪些数？请举例说明。

生：学生独立思考、作答（小学学过自然数、正分数，初中学了负数）。

师：根据学生回答进行梳理、完善、反馈，并在黑板上板书概念、例子（含有理数的各类数各至少3个）。

设计意图：引导学生回顾、梳理旧知，在学生头脑中建构"自然数—正分数—负数（新数）"数系的简单扩充。教师引导学生列举各类数集，一方面，学生举例将抽象的概念具体化，强化对数的理解；另一方面，为后续有理数概念的形成及分类提供自然生成的素材。

问题2：初中所学的负数又是怎样产生和发展的？

生甲：从生活、生产方面以及课本中上节课的学习经验作答。

生乙：分享负数数学小故事。例如，我国著名数学家刘徽在注释《九章算术》时明确提出了负数，并提出了区分正数、负数的方法；元朝数学家朱世杰在《算学启蒙》中还提出了正、负数的乘法法则；欧洲最早提到负数的是著名的数学家丢番图的《算术》；等等。

师：对学生的分享给予充分肯定和鼓励，根据学生回答进行完善、补充。在数的学习中，数系的扩充是核心，而其扩充的动力，一是人类社会生产、生活发展的外在需要，二是数学自身发展的内在需要。对于后者，我们知道，在自然数集中，$2-1$ 没问题，而 $1-2$ 就不行了！要解决这个难题，就必须扩充数系，使其既包括原来的自然数，也包括 -1，-2，-3，…，这样负数就更加不可少了。

设计意图：搜集的故事不一定具有普适性，但通过资料查阅的方式，引导学生主动扩大知识面，乐于分享，渗透数学文化、数学史的相关知识，有助于学生更好地了解数学的发展趋势和应用价值，有利于激发学生学习数学的兴趣。同时，教师从数学的封闭性角度对新数的引入进行了补充，让学生对数系的扩充有了更丰富、更理性的认识；为后续学习无理数、实数等数系打了基础，还有助于知识准备和方法准备。

环节2：类比归纳，形成概念

问题3：大家列举的这些数中，在正的自然数前面加上"－"得到的结果就叫作负整数，把所有负整数集中在一起，组成负整数集。那么以此类推，大家还有什么发现？

生：独立思考、自主探究。对列举的这些数，在正的分数前面加上"－"得到的结果就叫作负分数，把所有的负分数集中在一起，组成负分数集；把所有正整数集中在一起，组成正整数集；把所有正分数集中在一起，组成正分数集；把所有整数集中在一起，组成整数集；把所有分数集中在一起，组成分数集。

师：引导学生从"以此类推"的不同角度独立思考、自主探究：结合列举的数，类比、归纳出各类数集。

特别引导：0可以归属于哪一类？0既不是正数，也不是负数，只能归类于整数集。

设计意图：从特殊到一般、从具体到抽象，类比迁移，注意概念特例的分析，渗透数学思想，积累基本活动经验。

问题4：从刚才的过程我们引入了"集合"的说法，它可以将各种数进行归类。请同学们先独立思考，再小组讨论：是否可以将上述数分成两类？三类呢？应该如何分？

生：自主探究分类的方法，然后小组合作交流，分享并汇报。

分成两类，整数＋分数；分成三类，正数＋0＋负数。

师：给足时空，引导合作探究。强调先独立思考，然后小组合作交流；分类完成后，教师分别在上述分类的基础上点出有理数的概念，板书，完善分三类的表述方法（正有理数＋0＋负有理数）。

（1）有理数的概念：正整数、0、负整数统称为整数，正分数、负分数统称为分数。整数、分数统称为有理数。

（2）有理数的分类。

方法 1：按定义分（图 4-3-20）　　方法 2：按符号分（图 4-3-21）

有理数 $\begin{cases}\text{整数}\begin{cases}\text{正整数}\\\text{零}\\\text{负整数}\end{cases}\\\text{分数}\begin{cases}\text{正分数}\\\text{负分数}\end{cases}\end{cases}$　　　　有理数 $\begin{cases}\text{正有理数}\begin{cases}\text{正整数}\\\text{正分数}\end{cases}\\\text{零}\\\text{负有理数}\begin{cases}\text{负整数}\\\text{负分数}\end{cases}\end{cases}$

图 4-3-20　　　　　　　　　　　图 4-3-21

设计意图：经历了数的各种分类方法，明确分为两类、三类，给学生尝试、猜想、验证、合情推理的思维空间，培养学生的思维能力，帮助学生归纳出有理数的概念以及分类，充分发挥学生的主体作用。

问题 5：为什么整数和分数可以统称为有理数？有理数的由来有谁知道吗？

生：思考、质疑、倾听、分享有关有理数的数学史料。明朝的一个科学家徐光启在翻译《几何原本》时，没有现成的、可对照的词，许多译名都是从无到有创造出来的。徐光启将"ratio（比）"译成了"理"，"理"就是比的意思，所以"有理数"应理解为"可以写成两个整数之比的数"，而不是我们字面上理解的"有道理的数"。

师：根据学生分享的情况点评或补充。有人为便于大家理解，把有理数改称为比数（两个整数之比），从这个意义上讲，整数可以看成分母为"1"的"比数"，所以和分数一样有着共同的属性，可以与之统称为有理数。同理，自然就有非比数——无理数了，这是我们后面将要学习的内容。

设计意图：让学生课前搜集有理数的相关史料，教师与学生在课堂上回顾再现有理数名字的由来，让学生明晰概念的本质，就不难将它与整数及后续无理数概念区分清楚，能在文化的熏陶中受到思维的启发，提高学生对抽象的数学概念的学习兴趣。数学概念的形成背景和过程记录着概念的形成、发展背后的思维过程，在课堂中融入数学史料，让学生身临其境感受概念的产生和发展，深受前人锲而不舍、不断进取精神的震撼，培养学生良好的学习品质。

环节 3：知识运用，同化概念

问题 6：给出一组数：-1，$\dfrac{1}{2}$，1，-0.5，2，-3，0，$\dfrac{2}{3}$，0.1，0.3，$-\dfrac{5}{2}$，2.25。你能试着将它们分类吗？

生：独立思考，自主探究，展示分享或板演，尝试按照两种方式分类。（答案略）

师：评价与反馈，指出，由于有限小数和无限循环小数可以转化为分数，所以我们也把这些小数看成分数。

设计意图：同化概念。通过对数的分类的练习，让学生体验数的分类思想和原则，感受数学的分类思想。

环节4：综合练习，巩固概念

（略）

环节5：总结提炼，解决问题

（略）

设计意图：引导学生回顾本节课所学的主要知识数学思想和基本活动经验等。

四、课例评析

（一）重视一般观念等先进理念引领下的教材研读和单元主题教学

章建跃先生所言"落地很难"的原因很多，但其中之一就是一线教师备课研究教材不够、不充分。教材使用的现状：对教材简单处理，随意删改；网上下载课件或教案，不用教材；对课本例题不够重视，层次把握、拓展、再利用意识不强；不注重题后反思、规律总结；对章节知识整合不够，条理不清。

从本案例中不难得出精准设计教学活动的一般方法：首先，要了解新课程理念下的教学设计内涵要求及本节课可以落实的要求、途径。其次，要在深度研读教材的基础上挖掘教材内在的价值。

实际上，教师在一般观念、大概念、深度学习等先进理念的引领下，可以更好地去理解教材、研读教材：理解教材结构、建构整体框架、优化教学设计、找好教学关注点（教学对象、研究内容、研究路径、研究方法、研究结果、知识应用）、明确"如何教"。基于新课程目标以及核心素养，注重知识的整体构建，积极开展单元主题教学是有效途径。

（二）重视新课程理念、核心素养引领下的教学活动设计

基于研究教材内在的逻辑、层次关系，思考新课改理念及学科核心素养应该渗透的"点"，并据此设计、组织教学活动。不弃教材、不唯教材，必须以教材内在逻辑为蓝本、依据，合理创设（增加或改编优化）教学情境，渗透数

学思想方法、落实"四基"、培养"四能"、发展"两过程",对本内容学习和研究具有广泛、持久、深刻影响的基本数学思想方法和基本思维策略方法（一般观念）重点关注。

本教学案例（有理数数系的扩充发展,数学概念的形成与辨析、应用等）,教学活动的设计既遵循教材内在逻辑关系,又通过问题串设置系列活动,融入数学文化内容。蕴藏的数学文化背景使学生在浓厚的数学文化气息中对本节课所学习的抽象的有理数概念形成过程有了深刻认识。

（三）重视基于数学文化教学资源的活动开发

数学文化融入课堂教学多是介绍数学史,通过历史故事的趣味性增强学生的学习兴趣。

例如本案例中,数学文化的渗透通过课前课外作业、查阅搜集资料,课中有机结合教学内容分享、补充的形式分享、经历数系建构的过程,提升学生学科认知,让学生深刻感悟有理数。这不仅丰富了教学内容,还开发了教学资源,落实了国家"双减"背景下作业的多样化。

基于数学文化教学资源的活动开发为教学研究提供了一个新的视角,将数学与人文相融合,使知识技能与情感态度有机融合,落实核心素养,这正是新课程标准下追求素质教育的价值取向,也是数学教育发展的必然趋势。

新课程改革理念已在传承和创新中不断发展。教法,"变"是绝对的,"不变"是相对的,以不变应万变,九九归一,不离其宗。新教材已用最朴素的方式呈现着新课程的新理念。一线教师只有坚持深度研读教材、分析教材和灵活使用教材,基于新课程理念设计教学活动并组织实施新教法,教育的理想才可以真正落地。

（广东省广州市黄埔区教育研究院　吴光潮）

第五章

原理课教学实践

第一节　原理课教学实践基本观点

数学原理是具有普遍意义的基本规律或基本方法，是基于大量事实抽象概括出来的正确的数学命题。在中学数学中，数学原理涉及计数原理、祖暅原理、排序原理、抽屉原理等。数学原理是中学数学知识结构的核心：一方面，数学原理是数学概念及其关系认识的深化；另一方面，它是联系概念和问题解决的桥梁。

原理课，顾名思义，是在概念相关知识理解的基础上，以数学原理学习和运用方法训练为主的一种课型。从形式上看，数学原理表现形式包括文字语言、符号语言和图形语言等。从内容上看，数学原理所包含的内容一定是基于大量事实抽象概括出来的，具有科学性。

数学原理教学主要是指数学的性质、法则、公式、公理、定理等的教学。数学原理是构成数学学科知识体系的主干成分，掌握并深刻理解数学原理对学生感受数学美、解决数学问题以及用数学解决实际问题将起到决定性的作用。数学原理的教学不仅要使学生理解和掌握数学的性质、法则、公式、公理、定理，而且要使学生在学习和应用这些原理的过程中发展自己的数学认知结构，形成自己的数学思想方法。

在教学的基本原则上，数学原理课具有以下四个原则：

（1）科学性原则。数学原理通常用文字、符号、图形等多种形式表示，从多个角度描述同一个原理的内涵。不论用何种形式，都必须是清楚的、确定的，这是最基本的原则。

（2）具体到抽象的过程性原则。学生对数学原理的感知到应用是一个从具体到抽象、从感性认知到理性认知的过程。

（3）循序渐进原则。学生对于数学原理的学习一定是建立在已有的知识结构之上的，所以教师不仅要考虑学科发展的规律，也要考虑学生的认知发展，以循序渐进的顺序进行教学。

（4）理解与巩固相结合的原则。任何一个数学原理都需要在理解的基础上通过应用进行巩固。

数学原理的学习，需要学生在不断的应用中加深知识的理解。例如，分类加法计数原理、分步乘法计数原理需要对分解与合成有一个重新的认识：通过对"完成一件事情"不断进行细化、具体化，才能逐渐把握原理的一般性。

原理课的教学设计一般有两种，即由例子到原理和由原理到例子。原理课分为四个阶段：问题引入、讨论归纳、原理呈现、巩固应用。

第一阶段：问题引入阶段

给出学生一些例子以提出问题，这些例子一定要保证能够清楚地体现原理的特点，以方便后续的归纳、概括。这样利用例子来提出问题进行引入，一方面可以激发学生的好奇心，另一方面潜移默化地将所要学习的原理进行应用。例如，对于分类加法计数原理问题的引入，教材直接以一个用阿拉伯数字和大写字母给座位编号的问题切入，简洁明了，但是不够生活化。又如，我们可以选择路线选择问题：从广州到北京可以乘飞机、坐高铁、坐火车，飞机有 3 个航班，高铁有 2 条路线，火车有 4 条路线，则从广州到北京有多少种不同的方案？学生看到这个问题就会很感兴趣。循序渐进地引入、提问，会有学生更容易理解，也有利于学生归纳出问题的关键点。

第二阶段：讨论归纳阶段

该阶段是以学生为主体完成的，即学生在原有知识结构的基础上根据教师给出的问题对原理进行归纳提炼。学生先是利用已有的知识对问题进行解决，然后对问题的解决过程进行分析归纳，得到对原理的初步猜想和总结。这是一个知识迁移的过程，学生将学过的知识点进行相互联系、相互类比，把旧知识加以归纳、总结迁移成新的知识点，可以体验和感受原理的归纳思路，这更有利于对原理的理解和掌握。在教学案例中，需要给足学生自由讨论的时间，讨论总结的过程便是对原理的探索过程，即使最终学生的总结存在不完善、有歧义、不明确等缺点，但对学生来说也是突破性的一步。在学生总结得到规律后，教师试着让学生根据自己的理解举例，学生自己举例的过程也是对原理理解的过程。例如，三角函数诱导公式的教学属于原理教学，从公式一到公式六，通过学生的探讨和教师的引导，把这几个公式转化成一句口诀："奇变偶不变，符号看象限"。从六个公式总结出这一句口诀的过程就是讨论归纳的过程。

第三阶段：原理呈现阶段

这个阶段是教师直接给出关于原理的精确表述的阶段。学生对于原理的归纳可能是片面的，这时候就需要教师直接呈现出原理准确的表述，帮助学生更进一步认识和掌握原理。

第四阶段：巩固应用阶段

教师在呈现出原理之后，需要让学生对原理进行巩固以确保学生对原理的深刻理解，而巩固的主要方式就是应用。教师可以给出一些题组让学生利用原理解答，帮助学生巩固。因为每一个原理的学习最终都要走向应用，这不仅仅是原理的学习目的，也是数学与生活联系的体现。例如，分类加法计数原理的巩固应用，题型很多，可以是路线问题、选派学校代表问题、选科问题等，这些都与生活息息相关。教材中的高中生填报志愿的例题学生就特别感兴趣。例如，在高考填报志愿时，一名高中毕业生了解到，A、B两所大学各有一些自己感兴趣的强项专业，具体情况如下：A大学——生物学、化学、医学、物理学、工程学，B大学——数学、会计学、信息技术学、法学。如果这名同学只能选一个专业，那么他共有多少种选择？用这道题作为巩固阶段的练习题，十分贴合生活实际，学生会印象深刻。此时，教师可以进一步提出问题：如果还有C大学可供这名高中毕业生选择，且C大学他感兴趣的强项专业有地质学、金融学、建筑学，那么这名高中毕业生共有多少种选择？这种变式的承接比较自然，学生可以顺利地总结出三类不同的方案也是适用分类加法计数原理的，进而拓展到n类不同的方案。这样的拓展顺其自然，学生也理解透彻、印象深刻。

数学原理的教学涉及的四个基本环节环环相扣，每一步都不可或缺。同时贯穿四个环节的是数学原理背后所隐含的数学思想，这也是数学原理学习的终极目标。只有在学习过程中掌握其所隐含的数学思想，才能准确地将其应用，才能说掌握了相应的原理。

原理课通常以学生的探究为主，因此教师可以采用小组讨论的方法进行教学。讨论法强调学生的探究发现能力和思维发展能力。一方面，教师可以让学生在自己总结概括的过程中体验原理的内涵，这有助于学生更好地理解原理的内容，从而更加轻松自如地运用；另一方面，学生是课堂的主体，让学生归纳概括，有助于强化学生对于原理内容的记忆。在学生讨论的过程中，教师要把握整体的节奏，准确把握学生讨论的方向，给予提示和引导，帮助学生成功概括出原理的内容。

新课标一直强调"课堂以学生为主体，教师的教学是服务于学生的学习的"，原理课的教学就很好地体现了这一点：课堂教学过程更强调学生的主动参与，强调学生的独立思考。

原理学习同概念学习相似，都是新旧知识相互作用形成新的知识认知结构的过程。所以，要想更好地学习原理，就应当让学生的认知结构中具备与新的原理相关的数学知识。教学过程中，教师可以引导学生回忆已有相关的知识，建立新旧知识的联系，帮助学生找到解决问题的方法。

原理课不但可以提升学生的思维能力，还可以渗透数学的思想方法。数学原理课的教学不仅要使学生理解和掌握数学的性质、法则、公式等，而且要使学生理解这些原理所蕴含的数学方法，并在学习和应用这些原理的过程中发展自己的数学认知结构，形成自己的数学思想方法。例如，利用数形结合的思想，可将诱导公式的应用简化，从而快速并准确地进行求值计算和化简证明。三角函数诱导公式中，教师改变教学方法，利用诱导公式的推导过程，总结方法，为学生化繁为简、化难为易，是原理教学的重点。诱导公式即便有了"奇变偶不变，符号看象限"的口诀，但是在确定符号时，学生还是会困惑。利用数形结合的思想是否可行呢？我们一起来看一下。象限如图 5-1-1 所示。

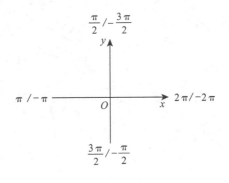

图 5-1-1

例：$\dfrac{\sin\ (2\pi-\alpha)\ \cos\ (\pi+\alpha)\ \cos\ (\frac{\pi}{2}+\alpha)\ \cos\ (\frac{11\pi}{2}-\alpha)}{\cos\ (\pi-\alpha)\ \sin\ (3\pi-\alpha)\ \sin\ (-\pi-\alpha)\ \sin\ (\frac{9\pi}{2}+\alpha)}$

在化简 $\cos\ (\frac{\pi}{2}+\alpha)$ 时，$\frac{\pi}{2}$ 为 $\frac{\pi}{2}$ 的奇数倍，函数名称改变，$\frac{\pi}{2}$ 终边在 y 轴正半轴，如果再加 α，则逆时针旋转 α 度，终边在第二象限，第二象限内余弦函数值为负，则化简为 $-\sin\alpha$。同理运用此方法，快速准确地化简其他三角函数值。运用此方法学生无须死记公式，彻底解决了三角函数诱导公式难理解、难记忆、难运用的问题。

原理课的教学设计要注重原理的探索体验过程，重视学生的思维过程和数学思想方法。原理的记忆需要以理解记忆为主，如果原理的推导过程过于繁杂，那么就需要变通记忆，在理解与变通的基础上联系已知，从更高的角度深刻理解数学本质。

（广东省广州市玉岩中学　刘珊珊）

第二节　原理课教学课例及分析

当代教育新理念倡导"学为主体、教为主导，启发诱导、学思结合"，关注学生学科核心素养的培养和发展。在需要落实学科核心素养的课堂上，学习被赋予了新的含义、新的意义。掌握书本知识不再是学习的目的，学习的意义在于迁移应用，能用所学内容解决实际问题；教师要基于深度学习进行教学改进，通过创设真实有效的问题情境，让学生在不确定的、具有挑战性的活动中找到解决问题的策略，掌握分析问题的方法，拥有执着探究的品质。

这些在解决问题中所表现出来的品质和素养是需要在日常教学中加以实践和锻炼的。目前广大教师在新课程理念指引下的教学观念有了很大程度的更新，但课堂教学实践大多还是保持着强大的传统课堂"思维惯性"：主要关注"双基"，教师的教学仍以知识传授为中心。究其原因，教师大致有三点困惑：其一，基于核心素养，教师如何实现由"教教材"到"用教材"的转变？其二，基于真实情境，如何以深度教学促进教学重点由重知识传授向重学生发展转变？其三，基于为素养而教，如何有效组织教学活动，落实培养和发展学生的核心素养？

课例：实际问题与一元一次方程中的销售问题

——深度学习视域下情境教学的思考

一、教学设计

（一）课标解读

《义务教育数学课程标准（2022年版）》关于"会用数学的眼光观察现实

世界"提道，通过对现实世界中基本数量关系与空间形式的观察，学生能够直观理解所学的数学知识及其现实背景……能够在实际情境中发现和提出有意义的数学问题，进行数学探究。

可见，"现实背景""实际情境"是教学目标的起点，提升"四能"、发展核心素养是教学的落脚点，也是教学活动设计的中心。在教学过程中，教师要关注数学知识与实际的结合，让学生在实际情境中理解数量关系和变化规律，经历从实际问题中建立数学模型、求解模型、验证反思的过程，形成模型观念；能在比较复杂的情境中，提升学生发现问题和提出问题、分析问题和解决问题的能力，以及有逻辑地表达与交流的能力。本节课引导学生经历从实际问题中根据实际情境理解方程的意义—列出方程—理解方程解的意义的过程。经历估计方程解的过程，是提升学生能力、素养的必要途径；多媒体工具呈现真实情境，是帮助学生突破"售价"等相关抽象概念、公式理解障碍的重要手段。

（二）教材与学情分析

1. 教材分析

"销售问题"是义务教育人教版《数学》七年级上册 3.4 节第 2 课时的内容，学生已学习了一元一次方程、解一元一次方程的"调配问题"。本节旨在通过探究解决生活中的"销售问题"，巩固运用一元一次方程解决实际问题，也为用一元一次方程解决其他类型实际问题、用二元一次方程组和一元二次方程解决实际问题等内容的学习打好基础，起承前启后的作用。

2. 学情分析

此前，七年级学生已学习了解一元一次方程的一般步骤，已能够进行简单的数学建模和实际应用。本班学生学习水平中等偏下，对数学学习有畏难情绪，因此，本节课的教学过程需要分解探究活动，降低难度，充分利用教学视频资源激发学生的学习兴趣。

（三）教学目标

（1）通过观看"销售问题"的短视频，激发学生的学习兴趣，获取关键信息、提炼数学问题，培养发现问题、提出问题的能力，培养数学建模能力。

（2）通过探究"销售问题"的求解过程，根据商品销售中的数量关系列出一元一次方程并求解，提升分析问题、解决问题的能力。

（四）教学重、难点

（1）教学重点：发现、提出、分析、解决生活中的"销售问题"。

（2）教学难点：将实际问题转化为数学问题，找出"销售问题"中的等量关系，列出方程。

（五）教学框架

教学框架如图 5 - 2 - 1 所示。

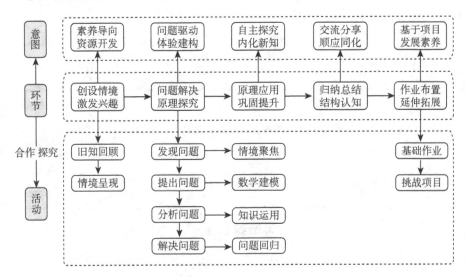

图 5 - 2 - 1

（六）教学过程

环节1：创设情境，激发兴趣

问题1：同学们，你们知道生活中与"销售问题"有关的例子吗？

活动1：学生分享实例并解释。

（略）

活动2：师生共同观看短片（教师课前实地考察并录制）：超市商品售卖的实地考察及采访录像、图片等资料。

设计意图：创设真实的生活情境，激发学生学习兴趣，引出新课。教师通过开放性的问题，引导学生列举生活中的实例、观看实地考察录像，渗透数学应用价值，构建学生学科学习的逻辑起点；关注生活中的数学，强化学生学习的生活逻辑，为后面发现问题、提出问题做铺垫。

环节2：问题解决，原理探究

活动3：发现问题。

教师展示实地拍摄的大量各种蔬菜的图片，讲解各类蔬菜瓜果的价格标签。

问题2：（教师随机挑选一张价格标签）"××可乐零售价3元/瓶，两瓶5元"，谁能解读？

设计意图：引导学生在生活情境中理解数学概念，自然结构化知识、意义建构。"原价"是指"标签上的价格，即标价"，"售价"是指"实际售卖的价格"，为后面问题解决做铺垫。

问题3：（教师播放采访视频）如此销售，店家亏损了多少钱？（视频内容如图5-2-2所示）

视频内容：

教师：（教师拿起一盒鸡胸肉）店长您好，请问鸡胸肉多少钱一斤？

店长：标价是15.5元1斤，打8折。

教师：打8折，您不亏了吗？

店长：亏了10个毛利点。

图5-2-2

设计意图：感受生活中的数学；问题导向，激发学生的探究欲望，尝试开展探究活动。从学生实际生活经验出发，创设学生熟悉的生活场景，让学生能够更好地理解"标价"和"售价"等概念的差异，为解决"销售问题"奠定扎实的知识基础；视频内容更生动有趣，充分开发、丰富教学及课程资源，让学生学会用数学的眼光观察世界，尝试用数学的思维思考世界，并用数学的语言表达世界，从而培养学生发现问题、提出问题的能力。

活动4：提出问题。

问题4：请先独立思考，再交流分享。根据视频内容，提取有用的关键信息。据此，你能提出什么问题？

教师重播采访视频，学生观看、思考、记录，小组讨论，分享、汇报。

设计意图：任务驱动，引导学生着手将实际问题转化为数学问题，培养学生数学建模的意识和提出问题的能力，为后面分析问题、解决问题做铺垫。学生带着问题观看重播视频，思考怎样搜集、获取有价值的信息，并提出有价值的真问题，深度体验建模过程。

活动5：分析问题。

（适时板书：学生现场提炼的数学应用题如图5-2-3所示）

题目：某商店鸡胸肉标价是15.5元/斤，全场8折，此时店家亏损10%。鸡胸肉的进价是多少？

图 5 - 2 - 3

问题5：如何求进价？

（教师给足学生时空，让学生独立思考、自主探究、小组合作、交流分享；及时反馈、持续性给予学生学习评价，激励学生持续性开展学习活动，为学生后续的探究活动指引方向）

设计意图：充分发挥学生的主观能动性，凸显其主体地位，引导学生开展探究性活动。学生深入探究问题解决方案，充分经历分析问题的过程和"析模"的过程，为后续解决问题、迁移应用积累基本活动经验。

活动6：解决问题。

问题6：如何列方程解决？用方程思想解决问题，关键就在于寻找能够建立方程的等量关系的条件，本题根据哪个条件可以建立等量关系？

设计意图：完成"解模"过程，体会一元一次方程在数学实际问题中的具体应用。问题驱动，搭建支架，关注知识的形成过程和发展过程。将知识融于真实的生活情境，从发展学生核心素养的角度落实"四基"教学任务。

问题7：如此销售，店家亏损了多少钱？

（学生独立思考，交流分享：$\frac{124}{9} \times 10\%$）

设计意图：基于结构化的、有意义的学习，从"建模""析模""解模"到"用模"，将问题解决打造成一个完整的闭环，让学生体悟数学建模思想，促进学生数学核心素养的发展。

环节3：原理应用，巩固提升

问题8：某商店一套服装进价为2000元，若按标价的8折销售，可获利152元。标价为多少元？

（学生独立思考，板演，展示，讲题；教师运用延时反馈的策略，引导学生集体纠错、规范书写过程等）

设计意图：巩固、内化新知，培养学生类比、迁移、运用新知解决实际问题的能力，及时进行教学反馈评价。适时反馈，检查学生知识掌握情况。

环节4：归纳总结，结构认知

问题9：对本节课的学习，你有什么体会呢?

设计意图：画龙点睛，深化认知。通过开放性的问题，关注不同学习水平学生的学习体验;适时引导学生从知识结构、认知途径等维度反思、总结，促进学生知识结构化，积累基本活动经验，让每个学生体会"有意义的学习过程"。

环节5：作业布置，延伸拓展

（1）基础题：课后相应习题。

（2）挑战题：请周末以小组为单位，实地考察，合作解决一个生活中的"销售问题"，并尝试用一元一次方程等知识求解，形成、提交一份小组成果报告，进行班级评比。

设计意图：落实"双减"，作业进阶。关注进阶学习、作业分层和项目化作业的设计，在真实、复杂的情境中迁移知识，向课外延伸，提升学生能力，发展学生核心素养，促进"双减"背景下教学的提质增效。

二、课例评析

本节课创设真实情境，基于任务驱动、数学建模，凸显问题解决;关注学生核心素养、"四基""四能"的培养和发展，关注知识的发生和发展过程，关注意义建构、进阶主题式学习和探究性活动。

（一）关注生活逻辑、问题解决，创造性地使用教材，培养创新意识

本节课关注知识的生活逻辑、学科逻辑和学习逻辑的有机融合，凸显情境化、问题解决、主题式学习的特点。通过开发教学资源、创设真实情境，将抽象的数学知识（概念）融入真实的生活场景，创造性地使用教材，有利于且有效地促进了学生准确理解"销售问题"中的抽象概念，帮助学生自主建构知识，让学习真实发生。

落实核心素养，教师要充分关注知识的生活逻辑、学科逻辑和学习逻辑的深度融合，基于问题解决，开发教学资源，对教材进行适当补充、延伸、拓展或重组，将知识植入真实情境。将教材变为解决问题的一种学习资源，创造性地使用教材，可真正实现由僵化的"教教材"到灵活的"用教材教"的转变，培养学生的创新意识。

（二）基于任务驱动、学习进阶，主动建构新知，发展"四基""四能"

本节课关注学生的认知发展、新知建构过程，从情境呈现到发现、提出、分析、解决问题，以任务为驱动，以问题为导向，聚焦数学建模活动，充分关注知识的发生、发展过程，聚焦知识在学生认知结构中的顺应同化。环节5挑战性的项目化作业，更是积极关注"双减"，提升学生综合素质。

教师基于建构主义观点，引导学生以已有的经验为基础，基于任务驱动、学习进阶，主动建构新知，发展"四基""四能"，有效促进了教学重点由"重知识"传授向"重学生发展"的转变。

（三）重构学习环境、教学立意，进阶式地展开活动，提升核心素养

本节课的学习活动，基于真实情境问题化学习，以独立思考、合作交流、师生对话等主要学习方式，促使学生更有效地学习。实地考察的短视频资源、"鸡胸肉亏损"问题及其解决探究活动，使学生学习动机、学习兴趣、探究热情、学习能力得到充分展现，培养、发展和提升了学生的核心素养。

为素养而教，教师需要在教学设计和实施时，加强对学习环境、活动方案、学生、学习进阶的分析；基于数学兴趣、学习素养的教学立意，实施自主的学习活动，关注学生元认知能力的发展。

创设真实情境，开展深度学习视域下的情境教学，促使学生自主探究、深度体验，在解决实际问题的过程中展开自主性、建构性的真学习，是落实核心素养的有效途径。

（广东省广州市黄埔区教育研究院　吴光潮）

第六章

6

活动课教学实践

第一节　活动课教学实践基本观点

一、数学活动课的概念

随着教学改革的不断深入，在课程计划中，除了学科类课程，还增加了活动类课程。数学课包括数学活动课和传统意义上的数学学科课。

目前，学术界暂无准确的关于数学活动课的概念。经查阅相关文献，本书所涉及的数学活动课约定是指数学教育在以学生为主体的实践活动中进行的课型，主要有数学综合实践活动、数学探究活动、数学建模活动三种类型。数学活动课具体教学过程一般为：教师创设与教学内容相关的主题活动，全体学生积极参与，学生主动探索、思考、实践、创造，获得数学活动经验，了解和掌握数学知识的生成与应用。

数学活动课本质上是一种结合数学学科与活动课程的教学形式，既包含了活动课程的特点，又具有数学的意义。活动是形式，是实现目标的手段，让学生通过活动学习数学，让活动贯穿始终。活动既包括操作性活动（动手），也包括思维性活动（动脑），学生在"做中学""学中做"，教、学、做合一，让学生在活动中感受愉悦、轻松、快活，获得体验，获得成功感。

二、数学活动课与课堂中数学活动的区别

从广义上来讲，课堂活动包括学生在课堂上所参与的一切操作性和思维性活动，如理解数学知识形成、建立数学概念的过程中所进行的思维活动，在课堂上完成相应训练所进行的练习等。从狭义上讲，数学活动是指数学实践活动，是根据学生生活经验和数学知识背景，引导学生以自主探索与合作交流等方式开展的自主学习活动。活动以学生为主体，教师只是设计问题情境，让学生发挥主观能动性进行解决。在本书中，数学活动课中的数学活动主要是狭义的数

学实践活动，主要以建模、探究、实验等形式来开展。

学科课堂中的活动（实验、操作、技能训练、小组讨论等）是服务于课堂教学目标，依照课堂教学计划而进行的，它是课堂教学诸多环节的一个组成部分。这些活动都是在教师的安排下进行的。课程计划中的数学活动课则是一种独立的课程。数学活动课中的活动与课堂中的数学活动的主要区别有以下几点：以活动为主，以学生的自我活动为主，以学生自己设计、组织、开展活动为主。

三、数学活动课与数学课外活动的区别

一些学校为了开阔学生视野，增强学生对数学的兴趣，开展了诸如数学科普讲座、纪念数学家、数学兴趣小组、数学趣味活动、数学竞赛等活动。这些活动是课堂教学的延伸和补充，是学生根据自身条件有选择性地参加的活动，是学校组织的数学课外活动，称为"第二课堂"。这些数学课外活动在丰富学生数学知识、培养和教育学生方面有着积极的作用，但其面向的只是少部分学生群体，且这些课外活动往往没有固定课时安排，缺乏规范化的课程目标和内容，常处于一种杂乱无序、可有可无的状态。

数学活动课作为课程计划的一部分，是普及型、大众化的，是每个学校都必须开设、每个学生都要参加的课程。它是一种有组织、有计划、有活动内容、有时间和教学进程的课程。在观念上不能将数学活动课和数学课外活动混为一谈，更不能简单地把课程表中的课外活动更名为"活动课"来满足课程计划的要求。

四、数学活动课与数学学科课的联系与区别

数学学科课多数属静态学习方式，教学基本是在教室进行的，教师在课堂任务上处于主导地位，课堂教学环节基本是按照教师提前设置逐步完成的。数学活动课多属动态学习方式，活动进行时，学生可以同桌、同小组为合作单位，可以走出教室，走出校园。在活动中，学生根据自己的生活经验和数学知识，自主地进行设计，通过观察分析，发现问题、提出问题、分析问题、解决问题。数学活动课通过调查、观察、猜想、推理、运算、检验等数学活动，通过眼看、耳听、心想、手做，多方面调动学生参与活动。

活动课和学科课有本质的区别，但又紧密联系。首先，二者虽然教学形式、

教学目标各有侧重，但育人目标是一致的，只是运用不同方式使学生得到全面发展。其次，二者课程内容相辅相成。数学学科课为数学活动课提供了必要的数学基本知识、基本技能、基本思想和方法，提供了内容来源；反过来，数学活动课程通过学生自主活动，可以使学生掌握学科课程难以包容的信息和技能，也能使学生通过自我活动形成个人的基本数学活动经验，提高学生发现和提出问题、分析和解决问题的能力。

虽然学科课是主要部分，活动课是辅助部分，但活动课可以弥补学科课的诸多不足，具有学科课不可替代的功能。教师在活动课教学中要注意处理好学科课与活动课两者之间的关系，发挥各自的优势，使二者互相紧密配合，相辅相成。

五、数学活动课的作用和意义

（一）形成基本的数学经验

数学活动课，需要教师提前设计好问题情境。这个问题情境对学生而言是个"小课题"，是个综合性问题。问题具有一定的探索余地和思考空间，学生通过教师引领，进行建模、探究、实验操作，经历收集信息、处理信息和得出结论的过程。在活动过程中，学生具有自主性，从问题的提出到解决问题的策略选择，都可以由自己决定。学生通过这个完整的数学活动，通过在"做中学"，获得良好的数学经验。

（二）提高学生学习数学的兴趣

数学活动课的目的之一是培养和提高学生学习数学的兴趣，使每个层次的学生通过数学活动课的学习活动，在学习数学的兴趣上都有所提高。教师要在教学中充分调动学生参与活动的积极性和主动性，做到创情、激情、融情，使每个学生都饶有兴趣地参与活动，在愉快的活动中探索，体会成功的喜悦，最大限度地调动学生思维的积极性，使学生的心理品质得到更好的培养，取得更好的教学效果。

（三）增加学生学好数学的自信心

数学活动课以学生的活动为主体，让学生人人参与，使学生通过动手操作、动脑思考、多种感官参与获得思维的发展。当每个学生都全身心沉浸在数学活动之中，而不是被迫进行学习时，这种最原始的学习状态可以促进每个学生更积极地投入学习，这也是学习本来应有的样子。这种体验是润物无声的、潜移默化的。学生自主探究、自由表现或表述，可以获得对数学探究的个体体验，并在展示交流等活动中不断充实富有个性的认知体验。学生通过问题的发现、提出、分析、解决，培养了实际操作能力，开阔了视野，增长了才干，通过实际操作获得了成功经验，这对于学生树立学好数学的信心有极大帮助。

（四）发展学生的自主学习能力

数学活动课中，学生是活动的主体，在对问题的分析和探究中，学生自主地进行资料查询和收集，学习相关知识，寻求师长的帮助，主动进行合作，这些活动体验是学科课堂无法提供的。学生通过参与数学活动课，形成了丰富的体验，慢慢发展自主学习能力，从而形成终身学习的良好习惯。

（五）提升学生的学科素养

数学活动课通过创设合适的问题情境，引导全体学生积极参与，通过学生数学活动经验的积累，引导学生感悟数学，把握数学内容的本质。通过独立思考、自主学习、合作交流等多种学习方式，让每个学生在数学上得到不同的发展。引导学生发现数学与生活以及其他学科的联系，提升学生应用数学解决实际问题的能力，提升学生的数学素养，引导学生学会用数学的眼光观察世界，学会用数学思维思考世界，学会用数学语言表达世界，促进学生思维能力、实践能力和创新意识的发展。

第二节　活动课教学实践基本策略

数学活动课以活动为主要形式，让学生在活动中获得经验，训练学生数学思维，让学生在实践活动中通过观察、操作、讨论、交流、猜测、归纳、分析和整理等过程，理解数学问题的提出、数学结论的获得以及数学知识的应用，逐步培养学生的创新意识，使学生形成初步的探索问题和解决问题的能力。

基于数学活动课独特的内容和形式，在进行教学设计时，与传统的数学课相比，要特别对教学内容、活动过程、活动结果，学生评价给予关注。笔者结合弗赖登塔尔的"再创造"理论、"5E"教学模式、史宁中教授理想中的数学课教学过程，根据数学活动课的特点，经过文献分析和教学案例分析研究，在此提出数学活动课教学设计的基本策略，与大家一起探讨。

一、创设问题情境

数学活动课要让全体学生主动参与，创设的问题情境的能否吸引学生，让学生感兴趣，关系这节课的成败。情境的创设考查的是教师的教学素养、对生活的观察、个人的眼界，反映出教师课前准备是否充分。

问题情境可分为生活问题情境和数学问题情境，从吸引学生和培养学生的角度出发，建议多创设生活问题情境。生活问题情境的创设应注意以下几个原则：①贴近学生的实际生活经验；②符合学生当前的认知水平；③符合学生的数学能力；④问题可以数学化，有再创造的思维空间；⑤能激发学生的兴趣。

二、放手学生活动

数学活动课是学生通过活动来获得直接的数学经验，这个活动过程是需要时间和空间的，教师在教学设计时，应该预留足够的时间，从心理上放手，让学生去实践，使学生通过观察、操作、讨论、交流、猜测、推理获得数学知识和数学经验，这也是数学活动课的初衷。这个环节考验的是教师对整个活动环节的预判、对课堂的把控能力，需要教师有较丰富的课堂教学经验。在教学设计时，教师要充分考虑各种可能发生的情况，做好应对的准备。这也是数学活动课的魅力所在，教师也可以通过学生的实践活动，深入分析学生的思维活动，反思学生的思维特点和对相应知识的掌握程度。

三、问题启发引导

需要注意的是，放手让学生活动，不并是对学生放任自流。纵观数学漫长的发展史，数学知识体系在不断完善的过程中出现过弯路和危机，学生不可能按数学真正的发展历史来实践一遍。所以需要教师的再创造，教师要设计好恰当的问题情境，关注学生的活动过程，避免学生走太多太大的弯路。教师在学生的实践过程中要扮演好观察者、引导者、任务发布者的角色。

对于实验型数学活动，教师在发布活动任务后，可以更多地作为一个观察者，收集学生实验结果、学生活动过程中出现的问题。在数学建模活动中，生活问题情境中存在较多的干扰信息和变量，把问题数学化，进而去解决、验证，对学生来说是比较困难的，特别是建模活动课的开始，教师需要引导、设问，把数学建模的思路和方法渗透给学生，然后放手让学生去进行实践活动，尝试解决。在数学探究活动中，探究过程具有不确定性，学生往往不能预判探究的结果，这就需要教师的点拨和引导。当学生在活动过程中需要寻求帮助，或是出现明显错误，无法再顺利进行活动探究时，教师应及时给予点拨和引导。要特别注意的是，教师的点拨和引导、建模活动问题的分析要注意度的把握，可采用问题串启发学生，给学生留出再创造的空间，不能越俎代庖把解决方案、活动具体操作方法告诉学生。所以，教师在教学设计时要做好充分的问题设计，用问题来引导学生、启发学生。

四、总结拓展提升

由于学生的认知水平和能力有限，他们在数学实践活动过程中虽然获得了活动经验，但对数学知识的感悟和理解往往是感性的、片面的，对实验结果、探究的数据和结论、生活问题的解决没有理性的认知，缺少对知识和结论进行概括和归纳总结的方法。在教学设计中，教师应对本节课数学实践活动所得出的结论、原理进行总结、归纳、概括，形成明确的数学知识，并设计好相关的迁移训练题目、拓展提升题目，让学生课堂或课后进行思考，以巩固本节课所学习到的数学知识和原理。特别是数学建模活动和数学探究活动，教师要概括建模方法和探究方法，因为方法的知识比数学知识更重要，是学生形成和发展数学学科核心素养的有效载体，能够培养学生终身学习、持续发展的能力。

五、正面评价学生

数学活动课的教学主要体现过程性的活动教学，课堂需要学生的积极参与、自主学习，这是课堂教学有效开展的保证。教师要在课堂上对学生的活动过程和方法、情感态度、表述展示等活动做出肯定、鼓励、正面的评价。对学生个体多采用过程性的评价，以肯定、表扬学生在活动中的表现；对小组多采用结果性评价，鼓励小组之间的合作交流。他人的肯定和鼓励、自我的成就感是学生学习动力的重要情感来源。在教学设计中，教师需要设计这样一个环节，即让学生自己评价、组内评价、小组互评、教师评价。评价内容可以包括学生的操作能力、观察能力、创新能力、思维方法、合作态度等。即使学生在实践活动中出现错误的操作，走了弯路，教师也要给予充分的肯定和鼓励。这样才能促进学生更积极地参与课堂活动，进行自主学习和实践活动，才能调动学生的积极性和主动性，从而培养学生的数学素养，提升学生的数学能力。

数学活动课程的内容广泛，形式多样，强调学生通过实践活动获得直接经验，强调培养学生的自主性和主动性，强调训练学生的综合能力。但需要注意的是，并不是教材内所有的章节教学都适合用活动课来进行，传统的数学教学课仍然有其高效和实用的方面。根据内容合理地选择课型，是对教师提出的工作要求，教师只有不断地学习先进的教学理论、教育教学方法，提高自己的专业素养，不断地实践、研究、探索，才能落实高效的课堂教学，落实好数学教育工作。

参考文献

[1] 方文婷. 基于"5E"教学模式的高中数学活动课教学实践研究[D]. 银川：宁夏大学，2021.

［2］魏晨曦．基于"再创造"理论的初中数学活动课教学设计及案例研究［D］．昆明：云南师范大学，2021.

［3］沈百洲．数学学科课程与数学活动课程［J］．上海中学数学，2006（5）：26－27.

［4］李侠．谈"数学活动课"的作用［J］．中小学教育与管理，2008（8）：37.

［5］樊芳．数学学习活动课教学策略［J］．成功：教育，2008（4）：71.

［6］申兴华．数学活动贵在"体验"［J］．教书育人，2008（S1）：57.

［7］武晨．以"活动"引领课堂教学——谈数学活动课的教学意义［J］．辽宁高职学报，2018，20（3）：39－41，44.

［8］成蓉．初中数学活动课教学策略［J］．数学学习与研究，2016（2）：19.

第三节 活动课教学课例及分析

　　高中数学核心素养是学生在学习数学过程中逐渐形成的，具有综合性和持久性，教师在整个过程中起引领作用。活动课是对学生进行的形式多样、内容丰富、有目的、有计划、有组织的教育教学活动，是实施素质教育、创新教育，培养学生全面发展的重要途径，有利于拓展学生的知识领域、丰富学生的精神生活，有利于培养学生的实际操作能力、组织能力、独立工作能力、自我教育能力和自我管理能力。

　　活动课教学课例突出体现活动课教学的四个特点：学生的自主性、教学的活动性、内容的广泛性、形式的多样性。活动课应确定恰当的目标要求：要明确——让学生通过活动在知、情、意、能等方面有一定的收获和发展，要知道——活动是手段而不是目的；要有针对性、可行性，根据不同活动主题和活动内容有所侧重。设计活动课教学的基本策略为：教师加强对活动过程的组织和指导，恰当地设计活动主题和活动内容，做好充分的课前准备。

课例1：平面向量数量积的坐标表示

——人教A版数学必修第二册第6.3.5节

一、任务目标

（1）掌握平面向量数量积的坐标表示及模、夹角的公式。

（2）能用公式求向量的数量积、模、夹角。

（3）掌握两个向量垂直的坐标判断方法，会证明两个向量垂直，以及能解决一些简单的问题。

二、课前准备

分好 6 个学习小组，每组设置领学组长一名，记分员一名，领学组长组织小组组员预习章节内容，完成问题导学和自主自测，记录导学案学习过程中的疑义异议，领学组长收集后小组再讨论，不能解决的课前汇总给教师。

（一）导学案

1. 问题导学

问题1：已知 $\vec{a} = (x_1, y_1)$，$\vec{b} = (x_2, y_2)$，怎样用 $\vec{a}$ 与 $\vec{b}$ 的坐标表示 $\vec{a} \cdot \vec{b}$ 呢？

问题2：已知向量 $\vec{a} = (x, y)$，则 $|\vec{a}| = $＿＿＿＿＿＿＿？为什么？

问题3：若 $\vec{a} = (x_1, y_1)$，$\vec{b} = (x_2, y_2)$，则 $\vec{a} \perp \vec{b}$ 的充要条件是什么？为什么？

问题4：若 $A(x_1, y_1)$，$B(x_2, y_2)$，那么 $\overrightarrow{AB} = $＿＿＿＿＿＿（坐标），则 $\overrightarrow{AB} = $＿＿＿＿＿＿（两点间距离公式）。

问题5：设 $\vec{a}$ 与 $\vec{b}$ 是非零向量，$\vec{a} = (x_1, y_1)$，$\vec{b} = (x_2, y_2)$，θ 是 $\vec{a}$ 与 $\vec{b}$ 的夹角，则 $\cos\theta = $＿＿＿＿＿（定义表示）$= $＿＿＿＿＿＿（坐标表示）。

特别地，当 θ 是锐角时，则＿＿＿＿＿＿＿＿＿＿＿＿。

当 θ 是钝角时，则＿＿＿＿＿＿＿＿＿＿＿＿＿。

2. 自主自测

（1）已知 $\vec{a} = (1, -1)$，$\vec{b} = (2, 3)$，则 $\vec{a} \cdot \vec{b} = $（　　　）

A. 5　　　　B. 4　　　　C. -2　　　　D. -1

（2）已知 $\vec{a} = (-2, 1)$，$\vec{b} = (x, -2)$，且 $\vec{a} \perp \vec{b}$，则 x 的值为（　　　）。

A. -1　　　B. 0　　　　C. 1　　　　D. 2

（3）已知 $\vec{a} = (3, -4)$，则 $|\vec{a}| = $＿＿＿＿＿＿ 。

设计意图：通过导学案中课前问题导学让学生自主学习并发现问题，小组合作尝试解决问题。

（二）探究案

探究 1：数量积的坐标表示。已知两个非零向量 $\vec{a} = (x_1, y_1)$，$\vec{b} = (x_2, y_2)$，则 $\vec{a} \cdot \vec{b} = $ _____。

结论：两个向量的数量积等于 _____ 。

思考 1：设 $\vec{a} = (x_1, y_1)$，则用坐标怎样表示 $|\vec{a}|^2$ 和 $|\vec{a}|$？

思考 2：若 $A (x_1, y_1)$，$B (x_2, y_2)$，则 $\overrightarrow{AB} = $ _____。

思考 3：设 $\vec{a} = (x_1, y_1)$，$\vec{b} = (x_2, y_2)$，则 $\vec{a} \perp \vec{b}$ 用坐标表示能得到什么结论？

例 1：若点 $A (1, 2)$，$B (2, 3)$，$C (-2, 5)$，则 $\triangle ABC$ 是什么形状？证明你的结论。

提示：画草图—猜测—证明。

探究 2：设 $\vec{a}$，$\vec{b}$ 是两个非零向量，其夹角为 θ，若 $\vec{a} = (x_1, y_1)$，$\vec{b} = (x_2, y_2)$，那么 $\cos\theta$ 如何用坐标表示？

例 2：已知 $\vec{a} = (1, \sqrt{3})$，$\vec{b} = (\sqrt{3}+1, \sqrt{3}-1)$，则 $\vec{a}$ 与 $\vec{b}$ 的夹角是多少？

例 3：如图 6-3-1 所示，用向量的方法证明两角差的余弦公式：$\cos (\alpha - \beta)$ $= \cos\alpha\cos\beta + \sin\alpha\sin\beta$。

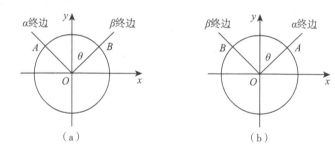

图 6-3-1

设计意图：在课堂上领学小组长组织组员探究问题，教师以抽签或抢答等形式让 6 个学习小组的学生代表展示探究结果（演示和讲解思路），其他学生根据展示效果给予评分。在探究案的环节充分调动学生的积极性、参与性、自主性、创新性，有助于学生自我管理、发散思维、锻炼表达，使学生获得认同感、成就感。

课堂检测：

（1）已知 $\vec{a} = (-3, 4)$，$\vec{b} = (5, 2)$，求：① $|\vec{a}|$，$|\vec{b}|$，$\vec{a} \cdot \vec{b}$；② $|\vec{a} + \vec{b}|$，$|2\vec{a} + \vec{b}|$。

（2）已知 $\vec{a} = (2, 3)$，$\vec{b} = (-2, 4)$，$\vec{c} = (-1, -2)$，求：① $\vec{a} \cdot \vec{b}$，$(\vec{a} + \vec{b}) \cdot (\vec{a} - \vec{b})$，$\vec{a} \cdot (\vec{b} + \vec{c})$，$(\vec{a} + \vec{b})^2$；② $\vec{a} + \vec{c}$ 与 $\vec{a} + \vec{b}$ 的夹角 θ 的余弦值。

设计意图：在探究后以"课堂检测"的形式来检测"探究学习"效果，有利于培养学生的创新意识和实践动手能力，保证活动的顺利开展，优化活动课的效果。

（三）训练案

（1）已知向量 $\vec{a} = (3, -1)$，$\vec{b} = (1, -2)$，求：① $\vec{a} \cdot \vec{b}$；② $(\vec{a} + \vec{b})^2$；③ $(\vec{a} + \vec{b}) \cdot (\vec{a} - \vec{b})$。

（2）人教 A 版《数学》必修第二册教材第 36 页"习题 6.3"第 10 题：已知 $\vec{a} = (4, 2)$，求与 $\vec{a}$ 垂直的单位向量的坐标。

（3）人教 A 版数学必修第二册教材 36 页"习题 6.3"第 8 题：

分别在平面直角坐标系中作出下列各组点，猜想以 A，B，C 为顶点的三角形的形状，然后给出证明：

① A（-1，-4），B（5，2），C（3，4）。

② A（-2，-3），B（19，4），C（-1，-6）。

③ A（2，5），B（5，2），C（10，7）。

（4）已知点 A（2，5），B（5，2），C（10，t），若 $AB \perp BC$，求 t 的值；若 $AB \perp AC$，求 t 的值。

设计意图：留给学生课后作业，教师可根据课堂上学生的掌握情况再做增减或调整作业类型。

（四）分析与思考

本活动课的教学体现了课程标准关于数学活动让学生"经历、体验、探索"的学习目标要求。在课堂中通过"三案"，学生参与了知识的形成和发展的过程，体验到了探究数学知识的乐趣，取得了良好的学习效果。

1. 通过导学案中课前问题导学进行自主学习

培养学生发现问题、分析问题和解决问题的能力，应该贯穿整个课堂教学的始终。教师在活动课中恰当设问，注重知识的过渡和衔接，让学生感受到知识的系统性和连续性。设问难度适中，这样能提高学生的积极性，同时鼓励学生自己提问，师生共同解决，让学生更有成就感。学习数学的过程本身就是锻炼思维的过程，能培养学生逻辑的严密性，鼓励学生大胆创新。新课程标准强调，要重视从学生的生活实践经验中学习数学和理解数学。"会学"比"学会"更重要，能使学生终身受益。这样的活动可以培养学生主动学习的习惯，使学生养成课前预习和课后复习的好习惯；让学生养成独立思考问题、及时总结的好习惯，对学过的知识进行复习和巩固，达到真正掌握的目的。

2. 重视问题意识的培养，探究知识过程化

波利亚说："学习任何知识的最佳途径都是由自己去发现，因为这种发现理解最深刻。"新课程标准也说：数学是师生之间、生生之间交往互动，共同发展的过程。但是，只有当学习内容对学生产生强烈的吸引力时，学生才能真正动起来。只有教师创造性地使用教材，把书本知识转化为学生的动手实践、自主探究与合作交流的活动，把抽象的数学知识转化为学生看得见、摸得着的生活事实，才能帮助学生主动建构知识。

3. 思维发展个性化

新课程标准指出，数学学习过程应当是一个生动活泼的、主动的和富有个性的过程。因此，在数学教学中，教师应当尽可能地给学生提供交流的活动，以活动化的教学形式发挥学生的自主性、能动性和创造性，促进学生的个体发展。在本课中，笔者以学生小组合作探究为主，把互动式、多样化、个性化学习融合在一起，让学生在活动中"做数学"，学生通过系列的探究活动解决本节课的数学问题。笔者鼓励学生大胆猜测，允许学生给出不同的答案，让学生选择自己喜欢的方案去验证。因为不同的学生有不同的生活体验和知识积累，在解决问题时从不同的角色、不同的角度去思考，并分辨不同方法之间的差异；在寻找解决问题的最佳途径的同时，促进学生的个性发展。

4. 找准数学核心素养的切入点

在传统的高中数学教学中，教师只是单纯地重视学生对相关数学知识的掌握，只会思考数学知识怎么讲解，对数学学科核心素养涉及很少。通过活动课，教师将数学核心素养融合到活动课设计中，对各个章节要训练哪几种核心素养都了解清楚，训练到位，落实到位。

（广东省清远市梓琛中学　罗美霞）

课例 2：用全等三角形研究筝形（活动课）

——核心素养下"综合与实践"课的设计策略

"综合与实践"是新课程标准的重要课程内容之一，是积累数学活动经验的重要载体。数学活动经验是学生不断经历、体验各种数学活动过程的结果；数学活动经验的积累，是提高学生数学素养的重要标志，帮助学生积累数学活动经验是数学教学的重要目标。因此，教师需要高度重视、积极开发数学活动资源，并开展"综合与实践"数学活动课程的教学，从而让学生逐步积累运用数学解决问题的经验，发展数学能力。

下面以"用全等三角形研究筝形"活动课教学设计为例，对核心素养下"综合与实践"课的设计策略进行研究。

一、数学活动情境来源与呈现

人教版《数学》八年级上册第 53 页"活动 2——用全等三角形研究'筝形'"：

我们把两组邻边分别相等的四边形叫作"筝形"。

如图 6-3-2 所示，四边形 $ABCD$ 是一个"筝形"，其中，$AD=CD$，$AB=CB$。

请你自己画一个"筝形"，用测量、折纸等方法猜想"筝形"的角、对角线有什么性质，然后用全等三角形的知识证明你的猜想。

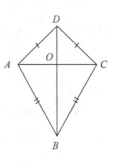

图 6-3-2

二、活动探究理念分析与设定

（一）理念内涵分析

"数与代数""图形与几何""统计与概率""综合与实践"是贯串义务教育四个学段的四个学习领域的课程内容。其中，"综合与实践"在学校数学课程计划中具有重要地位，是一类以问题为载体、以学生参与为主的学习活动，主要是以实践活动课程的方式开展数学教学，目的在于培养学生综合运用有关的知识与方法解决实际问题的能力，培养学生的问题意识、应用意识和创新意识，积累学生的活动经验，提高学生解决现实问题的能力。学生在实践活动中，充分体验科学方式方法，将理论知识综合运用到实践活动中，解决具体问题，激发创新意识。

（二）探究目的设定

到目前为止，学生已经有了研究相交线、平行线、三角形等平面图形的经验，又能利用三角形全等推出线段相等或角相等的结论。因此，本活动探究目的设定为：通过独立研究"筝形"的性质，综合运用三角形全等及相关数学知识，提升问题解决的能力和逻辑推理的数学核心素养；通过充分利用已有的研究图形的经验（如通过画图、测量、折纸等方法猜想图形可能的性质，通过推理论证证明图形的性质，等等），获取数学知识，积累基本活动经验，培养良好的数学学习习惯和创造性思维。

三、活动教学设计与实施

基于平面几何研究内容和研究方法的活动经验，通过类比、迁移，以学生自主探究、合作交流为主要学习方式，教师以问题串为引导方式，开展数学活动的教与学。

课前准备：A4 纸、直尺、三角板、圆规、量角器等。

（一）问题提出

环节 1：研读情境，明晰目标

师：怎样理解活动 2 中的"用全等三角形研究'筝形'"？可小组内分享交流。

学生阅读活动 2 的问题情境，独立思考，回顾全等三角形的性质、判定等基础知识及其研究方法和思路，小组内充分交流。

教师引导学生全班分享，结合学生分享的情况进行补充或完善，可适时追问，明确下面的研究路径及其相关问题。

设计意图：通过情境研读、问题思考，让学生经历知识储备、方法路径等方面的小结与提炼过程，唤醒活动经验，明确本节课的研究对象、探究目标和探究方法，以便类比迁移。

环节2：定性分析，设计活动

师：前面我们研究了三角形等平面几何图形的相关知识，并了解了其一般研究路径（也是平面几何研究的一般路径），请结合本节课研究对象"筝形"，谈一谈自己对路径的理解。

学生独立思考，小组交流，组内组际分享。

（1）研究内容：①"筝形"中的"线段"——四边（已知）、对角线（待探究）的关系；②"筝形"中的"角"——各内角（待探究）、对角线形成的角（待探究）。

（2）研究方法：数学实验，动手操作（画图、折纸、测量），观察、猜想、验证、证明。

设计意图：引导学生明确、设计探究内容和探究路径，强化研究内容、研究方法的整体构建。结合实际情境，让学生经历设计解决具体问题方案的过程，通过对有关问题的探讨，了解所学知识、方法之间的关联，进一步理解有关知识，发展应用意识和能力。

（二）问题探究

环节3：操作活动，探究画法

学生独立思考、自主探究"筝形"的画法，充分展示分享"筝形"的多种不同画法及其原理。

教师及时评价反馈，引导学生按问题1的方式作图，以便于后续实验探究、定量分析。

问题1：尝试按照如下方法画一个"筝形"。思考：画法的第（2）步中，相当于已知题目"筝形"中的什么条件？

画法：

（1）将手中的A4纸对折，用直尺或三角板沿折痕自上而下画一条线

段 $DB = 10$ cm。

（2）以点 B 为圆心，以 8 cm 长为半径画弧；再以点 D 为圆心，以 4 cm 长为半径画弧；两弧在线段 BD 左侧交于点 A，在线段 BD 右侧交于点 C。

（3）依次连接 AB、BC、CD、DA、AC，设 AC 与 BD 的交点为 O。

师生活动：教师在黑板上用尺规作图（几何画板准备好已作图形），学生在 A4 纸上同步模仿作图，熟悉题目"筝形"中的两组邻边相等的条件。

设计意图：让学生经历动手画图的操作过程，训练作图能力，引导学生熟悉已知条件；统一明确线段具体长度，为后续实验探究中学生测量、收集数据并统一汇报口径做准备。

环节 4：数学实验，挖掘关系

学生回忆、类比迁移研究路径，自主合作探究"筝形"的性质：测量观察—提出猜想—初步判断，小组交流分享。

教师巡视、指导，及时引导学生类比迁移、关注并进一步明确探究内容和方法，及时利用几何画板帮助学生验证猜想，并引导学生尝试设计，形成"研究报告"；根据具体情形，可适时追问问题 2、问题 3。

问题 2：根据前面所述研究路径，请指出待探究的线段、角及其内在的关系，具体问题应该有哪些？

师生活动：学生类比迁移，教师完善，归纳梳理研究问题。

（1）角方面：

① $\angle ADO$ 与 $\angle CDO$ 有什么关系？

其他类似，如 $\angle ABO$ 与 $\angle CBO$、$\angle DAO$ 与 $\angle DCO$、$\angle BAO$ 与 $\angle BCO$ 有什么关系？

② $\angle DOA$ 与 $\angle DOC$ 有什么关系？

（2）线段方面：OA 与 OC 有什么关系？

设计意图：基于整体建构的研究方案并加以实施的过程，训练学生用所积累的基本活动经验，结合具体问题，类比、迁移，得出探究内容；体验发现问题、提出问题的过程，并在此过程中尝试分析问题和解决问题。

问题 3：根据上述探究内容，请尝试探究每个问题各研究对象之间的关系。

生：独立思考、自主探究，然后小组内部分享、交流，合作完成"研究报告"（可参考报告模板，如图 6-3-3 所示），准备全班小组之间的"研究报告"分享。

> **"筝形"的性质研究报告**
>
> 组别：第××小组 组长：×××组员：×××、×××、×××等 汇报人：×××
>
> 【研究问题1】（请完整、规范地表述研究的具体问题，如有图形，请配图说明）
>
> （1）过程方法：（请简述研究过程中的研究手段、步骤等）
>
> （2）得出结论：（请简明扼要地阐述上述研究问题得出的结论）
>
> （3）论证过程：（请对得出的结论给出规范论证）
>
> （4）其他内容：（如有补充，可自行补充）
>
> 【研究问题2】（同上）
>
> 【研究问题3】（同上）（可继续增加"研究问题"）

图 6 - 3 - 3

师生活动：教师布置任务后，巡视，作为各小组"顾问"，为各小组提供探究"技术支持"；学生分别 $\angle ADO$ 与 $\angle CDO$、$\angle DOA$ 与 $\angle DOC$、$\angle BAC$ 与 $\angle BCA$、OA 与 OC 的关系等问题展开探究，尝试测量、折纸、观察、猜想、验证、归纳、证明，自主探究与合作交流相结合。教师引导学生归纳、总结发现，并设计、形成"研究报告"；给足时空，教师适时利用几何画板进行猜想的"精准验证"。

设计意图：让学生从研究方向、研究路径、研究方法等方面进一步体验"归纳式"的科学研究方法以及知识探究、形成和运用过程。学生全程参与动手实验、撰写小论文等实践活动，并在活动过程中充分体验科学研究的方式方法；将理论知识综合运用到实践中，引导学生将研究的过程和结果形成报告或小论文，并进行交流，从而进一步获得数学基本活动经验，落实"四基"、培养"四能"（发现问题、提出问题、分析问题、解决问题的能力），提升学生合情推理能力，培养、发展学生的创新意识。

（三）问题解决

环节 5：科学论证，分享成果

问题 4：请各组委托一个组员作为汇报人，将本组研究成果以"研究报告"的形式在全班交流、展示、分享。

师生活动：教师主持，组织分享会；各小组依次上台、展示、分享、交流发言，汇报"研究报告"；教师根据各组汇报汇总、梳理、完善"筝形"的性质，并在黑板上形成总结性的知识、方法内容（图 6 - 3 - 4）；教师特别注意展示一题多解的方法。

"筝形"的性质

【研究方法】

通过测量、折纸，观察、猜想、验证、归纳、证明得到"筝形"的性质。

【研究成果】 "筝形"的性质

性质1："筝形"是轴对称图形，对称轴是一条对角线所在的直线（BD）。

【证明简析】 证明 $\triangle ABD \cong \triangle CBD$（SSS），得 $\angle ADO = \angle CDO$，$\angle ABO = \angle CBO$ 即可。

性质2："筝形"有一组对角相等（$\angle BAD = \angle BCD$）。

（注意：$\angle ADC \neq \angle ABC$）

【证明简析】 性质1的证明。

性质3："筝形"的对角线互相垂直（$BD \perp AC$）。

【证明简析】 由前 $\angle ADO = \angle CDO$，证明 $\triangle AOD \cong \triangle COD$（SAS），得 $\angle AOD = \angle COD = 90°$ 即可。

性质4："筝形"的一条对角线（BD）平分另一条对角线（$OA = OC$）（注意：AC不平分BD）

【证明简析】 性质3的证明（或一题多解，如HL、ASA、AAS等）。

性质5："筝形"的一条对角线（BD）平分一组对角（$\angle ADO = \angle CDO$，$\angle ABO = \angle CBO$）。

（注意：AC不平分$\angle BAD$、$\angle BCD$）

【证明简析】 性质1的证明。

【重要数学思想】 转化思想：将四边形问题转化为三角形问题。

图 6-3-4

设计意图：学会反思、分享、合作交流，有效地呈现实践的成果，让别人体会自己成果的价值。培养学生综合运用三角形全等有关知识与方法（五种全等证法）解决实际问题的能力，培养学生的问题意识和应用意识，提高学生解决现实问题的能力，培养学生团队协作精神。

（四）成果应用

环节6：内化研究，应用成果

例1：如图 6-3-5 所示，在 $\triangle ABC$ 中，$AB = AC$，D 为 BC 边的中点，$DE \perp AB$，$DF \perp AC$，垂足分别为 E、F。求证：$EF \perp AD$。

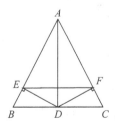

图 6-3-5

变式训练：

人教版《数学》八年级上册第 55 页第 5 题。

如图 6-3-5 所示，在 △ABC 中，D 是 BC 的中点，DE⊥AB，DF⊥AC，垂足分别为 E、F，BE = CF。求证：AD 是 △ABC 的角平分线。

学生独立完成，展示分享——板演，讲题。

教师根据具体情况评价反馈；如学生遇到阻力，可适当引导学生分析、识别"筝形"模型"四边形 AEDF"，继而寻求证明关键："筝形" AEDF 的边 AE = AF、ED = FD，亦即证明 △AED ≌ △AFD，只需证 ED = FD，即证 △EBD ≌ △FCD（AAS）即可。

学生利用变式训练自行求证。

设计意图： 学以致用，研究成果只有在实际应用中才有价值。"筝形"的研究实际上为学生后续深入学习复杂、综合的平面几何图形积累了一个平面几何模型，模型的运用可以缩短思维过程，提高学生解决综合问题的能力和思维水平。

（五）过程反思

环节 7：总结体悟，积累经验

师：①这节课研究了什么内容？用了几何图形哪些探究思路？②筝形有哪些性质？③体现了什么思想？

由学生归纳总结本节课所学到的知识、研究方法和转化思想。

设计意图： 鼓励学生积极参与总结体悟知识、方法及研究过程。学生在畅所欲言中总结、反思、体悟，加强知识的记忆和巩固，进一步完善知识体系，强化积累研究路径、方法和活动经验。

环节 8：课程彩蛋，延伸探究

（1）用"筝形"设计一幅优美的图案。

设计意图： "课程彩蛋"能够拓宽学生视野，激发学生学习兴趣和创作热情；引导学生充分发挥想象力，让学生体验数学来源于生活，又服务于生活的思想；培养学生良好的建模思想，让学生体会数学的实际应用价值。

（2）（选做）有兴趣的同学可继续探究"筝形"的如下性质：

性质 6："筝形"面积为对角线乘积的一半（$S = \dfrac{1}{2} AC \times BD$）。

性质 7：筝形的周长公式：$L = 2 (AB + AD)$。

性质 8："筝形"有内切圆，内切圆圆心是筝形的对称轴和等角的平分线的交点。

性质 9："筝形"的内切圆和四条边的四个切点的连线是等腰梯形，"筝形"的内切圆和两条对角线的四个交点的连线仍为"筝形"。

设计意图： 把课堂内的教学活动延伸到课外，为学有余力的学生开展进阶课程学习提供资源，激发学生学习兴趣、拓展学生思维。

四、课例评析

新课程改革下的教学理念更强调关注学生可持续学习、终身发展的关键能力和必备品格。因此，数学课堂需要特别关注"两个过程"（知识发生、发展的过程），夯实"四基"，培养"四能"（发现、提出、分析、解决问题的能力），发展"六大核心素养"，提升"三会"（会用数学的眼光观察现实世界，会用数学的思维思考现实世界，会用数学的语言表达现实世界），落实"一个核心"（立德树人）。

新课程理念核心素养下"综合与实践"课的设计尤其需要关注如下几点。

（一）教学活动要力求结构化

数学活动课教学的基本环节一般为：活动准备，收集信息—情境创设，形成氛围—探究活动，师生互动—交流评价，共享成果——总结提升，服务学习。

本节课采用的教学活动及活动实施流程如图 6 - 3 - 6 所示。

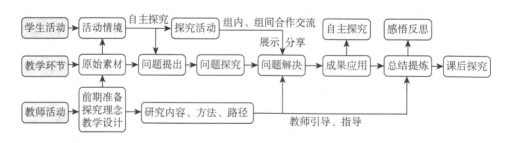

图 6 - 3 - 6

教学活动的八个环节用一条主线贯串始终，依次推进：问题提出（环节 1 "研读情境，明晰目标"；环节 2 "定性分析，设计活动"）—问题探究（环节 3 "操作活动，探究画法"；环节 4 "数学实验，挖掘关系"）—问题解决（环节 5 "科学论证，分享成果"）—成果应用（环节 6 "内化研究，应用成果"）—过程反思（环节7"总结体悟，积累经验"；环节8"课程彩蛋，延伸探究"）。

教学活动的结构化使活动条理化、纲领化，使知识、技能、基本活动经验纲举目张，更有利于促进学生高阶思维的发展，促进迁移运用的发生。

（二）要体现数学活动课的基本特征

主体性、活动性、思考性、综合性、开放性是数学活动课的基本特征。

主体性是指活动课的主体始终是学生，这是数学活动课有效的重要标志。本节课，环节1，让学生"研读情境，明晰目标"；环节2，让学生"定性分析"、迁移类比"设计活动"；在"问题探究"等形性质的探究过程中，教师充分放手，让学生设计图形探索的思路，让学生归纳总结发现等，教师只是在学生出现困惑、设计探究方案时适度加以引导，充分关注了"教师主导"与"学生主体"的平衡，凸显了学生的主体地位。

活动性表现为学生的动手操作、动脑思维、动口表达。

思考性体现为活动中充满数学逻辑分析、综合、归纳、判断、推理的内容。例如，本节课八的个环节实际上就是八个小活动，通过活动充分留空留白给学生独立思考、自主探究、合作交流、展示分享等，有动手作图、测量、观察、验证、论证推理、表达等，充分体现手、口、脑等全方位的有效参与。

综合性主要指综合运用数学知识和其他学科知识。如用全等三角形来证明"等形"的性质，一题多解，主要体现知识的综合性。

开放性体现为活动内容、活动空间、师生关系等的开放。本节课，环节1"研读情境，明晰目标"、环节2"定性分析，设计活动"通过问题情境将活动内容开放，让学生自主构建活动策略。此外，师生交流、生生交流也充分体现了开放性。

（三）活动过程要遵循"八化"原则

遵循"八化"原则（目标任务化、任务活动化、活动情境化、情境问题化、问题探究化、探究层次化、层次达标化、达标应用化），发展学生的数学核心素养。

本节课"一条主线八个环节"，通过问题导向、任务驱动，逐步落实，学生科学探究，撰写"研究报告"，分享、汇报；充分经历"等形"性质的发生、发展过程；同时，基于分享学习型活动过程的建构，学生积极参与"综合与实践"活动过程，独立思考、合作交流，逐步感悟数学思想，积累了丰富的数学活动经验；"成果应用"环节将探究成果学以致用，实现知识、经验的迁移和深化。

同时，本活动有效培养和发展了学生的创新意识。整个活动学生全程参与测量、折纸，观察、猜想、验证、归纳、证明，得到"筝形"的性质，充分经历、体验了"做"的过程和思考的过程。如何发现问题，如何选择适合自己完成的问题，如何把实际问题变成数学问题，如何设计解决问题的方案，如何发挥团队协作精神，如何有效地呈现实践成果，让别人体会自己成果的价值，等等。其中，发现、提出问题是创新的基础，独立思考、学会思考是创新的核心，归纳、概括猜想并验证是创新的重要方法。

"综合与实践"是一类以问题为载体、以学生自主参与为主的学习活动。"综合与实践"的教学活动应当保证每学期至少一次，可以在课堂上完成，也可以课内外相结合。在"综合与实践"学习活动中，学生将综合运用"数与代数""图形与几何""统计与概率"等知识和方法解决问题，可以培养和发展学生的数学核心素养和学习素养。因此，教师更要高度重视，并积极教学实践，基于核心素养有效设计"综合与实践"活动。

参考文献

[1] 中华人民共和国教育部. 义务教育数学课程标准（2022 年版）[M]. 北京：北京师范大学出版社，2022.

[2] 人民教育出版社课程教材研究所中学数学课程教材研究开发中心. 义务教育教科书教师教学用书：数学（八年级上册）[M]. 北京：人民教育出版社，2012.

[3] 叶立军. 中学数学教学设计 [M]. 北京：高等教育出版社，2015.

（广东省广州市黄埔区教育研究院　吴光潮）

第七章

习题课教学实践

第一节 习题课教学实践基本观点

一般说来，教师讲授一段时间的新课，或者讲授一部分新知识之后就会安排 1~2 节习题课，如果新授课是以帮助学生学习新知识为目的，那么习题课则是围绕学生已经学过的知识展开教学，是以习题为载体，让学生通过习题巩固应用已经学过的知识的教学模式，它是以学生数学能力的发展与提高为目的的课型。习题课在整个高中数学中占据重要地位，是帮助学生巩固抽象的概念、定理、公式的重要途径，通过习题课的复习与巩固，学生的逻辑推理、抽象概括、数学运算、直观想象、数据分析，以及分析问题和解决问题的能力都会显著提高。

根据建构主义理论，学生的学习是学生主体基于已有的知识和经验由自己主动、积极建构的过程。这种建构不可由他人替代，学生不应该是知识的被动接受者，而应该是信息加工的主体，意义的主动建构者。

教师不应仅仅作为知识的传授者与灌输者，应作为学生自主探究、合作交流、反思提高的指导者与合作者。

新课标理念下的数学习题课的教学过程必须突出学生是学习的主体，关注学生的自主探究和思索，重视对学生思维、能力、发展性和创造性的培养，强调学生体验并参与研究过程，使学生在获得对知识理解的同时，在思维能力、情感态度与价值观等方面得到进步和发展。

根据教学的时段不同，习题课分为四类，分别是巩固新知型习题课、单元小结型习题课、试卷讲评型习题课、专题加强型习题课。针对不同类型的习题课，教师要进行不同的教学设计，包括对习题课的教学目标和教学侧重点进行更新。教师备课前要有充分的准备，不仅要对课程标准仔细研读，还要深入透彻地了解所教授学生的学习情况和心理情况，必要时要加以疏导，在涉及科学设计教学环节时，还要注重对学生价值观和思想的引导，对学生各方面的综合素质也不能疏忽，要不遗余力地培养与发展。习题选择要注意以下几点：题量要适中，要有代表性，题型要有针对性和层次感，要具有延展性，合理应用习题。在条件允许的情况下，师生可尝试自主编题。教师在课堂教学中要注意自己所扮演的角色，并且强调学生的自主学习，通过课堂上教学提问以及生生和师生之间的交流等一系列的教学环节，注重启发和诱导学生跟上教学进度，更重要的是要因材施教。

一、巩固新知型习题课

这类习题课是以巩固刚刚学习的新知识为目的。教学设计时的各个要素设计分析如下。

教学目标：主要是回顾基本知识，为继续教学做知识铺垫，向学生介绍即将学习的内容，巩固学习的新知识，使学生形成一定的解题技巧，培养学生一定的数学能力。

教学内容：与刚学的知识点配套的例题、习题。课本习题均是经过好多专家屡次挑选后的题型精品，教师在题目选编中，要优先考虑课本中的例题与课后练习、习题。

学生分析：学生课前掌握了哪些知识？掌握的效果如何？有多少学生提前做了准备？学困生是否参与？学优生、中等生、学困生的准备习惯如何？学生自主完成题目的数量是多少？学生的知识点应用是否足够熟练？

教学方法分析：讲练结合法。让学生通过类似问题的练习，掌握所学的基础知识、基本技能和方法。

二、单元小结型习题课

这类习题课目的是系统整理知识点，提高学生运用知识解决实际问题的能力，发展学生的思维能力。这类习题课，教学设计时的各个要素设计分析如下。

教学目标：让学生掌握单元知识，学会解决本单元常见题型，提高本单元需要具备的能力，提高技能、技巧。

教学内容：学生必须掌握的基础知识和基本技能；知识的重点、难点和学生容易混淆和出错的地方。学生还比较模糊的知识和解题方法作为重点学习对象。

学生分析：同巩固新知型习题课的分析。

教学方法分析：分析讨论法。让学生自己总结概括习题的解决办法，这样的学习行为是高效的，这种教学更符合课标要求。讨论交流会增强合作意识，教师教学时应提供充足的机会让学生去交流，使学生通过互相讨论、互相启发、互相帮助，探讨知识间的内在规律，解决实际问题，从而充分发挥学生间的互补作用，增强学生的合作意识，也促使学生更好地学习。

三、试卷讲评型习题课

这类习题课，教学设计时的各个要素设计分析如下。

教学目标：让学生学会"渔"的本领，知道"万变不离其宗"，能掌握各种题型，各种通性通法，并且能够举一反三，触类旁通。

教学内容：大部分学生失分多的题目，大部分学生有疑惑的知识点相对应的习题及姐妹题、变式题。

学生分析：学生先根据试卷进行总结，知道自己容易出错的地方，并订正错题。教师检查学生订正情况，最后，教师分层次、分重难点选讲典型题、易错题，点拨难题，并让学生归纳总结。

教学方法分析：讨论归纳法。教师要引导学生总结和反思，使他们通过类似问题的练习，巩固掌握所学的知识技能和方法，鼓励学生开动脑筋，通过类比、联想、迁移或延伸挖掘学习中的潜在成果，进一步激发学生的学习兴趣，逐步培养学生的数学能力，有效地减轻学生的疲劳，提高课堂教学的效率和质量。

四、专题加强型习题课

这类习题课，教学设计时的各个要素设计分析如下。

教学目标：将知识系统化，培养学生的数学能力，使学生形成数学方法，掌握一定的解题方法，提高学生综合应用知识的能力。

教学内容：按照题型可以分成填空、选择和解答三类。填空、选择题，向学生传授排除法、特殊值代入法、图像法等；解答题又可以分为几何证明题、图形变换题、数学模型应用题、规律探究题等。习题按照内容可以分成以各个模块知识点为专题的类型，如数列专题、概率专题、圆锥曲线专题。当然，每个模块专题也可以分成几个小专题，如数列专题又可以分为等差数列专题、等比数列专题。

学生分析：注重学生的合作探究以及探究成果反馈两大环节。教师及时了解学生对知识的掌握度，根据实际情况调整自己的教学方案，灵活应对课堂上出现的一些细节问题；引导学生在自我总结的基础上掌握各种题型的命题特点、规律和相关解题方法，并通过变式训练等训练形式进行掌握，使学生做到举一反三、触类旁通。

教学方法分析：在夯实基础知识的前提下，通过对课本知识的应用和贯通，学、讲、练紧密结合，"练在讲之前"，通过学生练、学生质疑，让学生互相补充、完善，切实提高学生的学科素质、实践能力和综合素质。

第二节 习题课教学实践基本策略

深度学习是当前非常流行的教学理念之一，深受师生的欢迎，其中最为关键的原因在于深度学习能够矫正数学教学理念，并且可以在高中生建构数学知识的过程中，使学生把知识内化为学习能力，以此不断调整高中生的数学知识框架。因此，高中数学教师应当在深度学习视角下精心设计习题课的教学流程，在数学课堂中积极扮演好辅助者和引导者的角色，改变习题课堂教学策略，促进高中生在数学习题课中核心素养的有效提升。

在传统的高中数学习题课教学中，教学内容早已无法满足高中生的数学学习发展，而如何提升习题教学的效率早已成为高中数学教师所关注的重点。特别是近些年来，为了提高高中生在数学习题课中的学习效率，数学教师应当充分发挥深度学习的教育作用，并从深度学习视角积极改变数学习题课的教学设计，引导学生结合教学主题开展习题学习，并促使学生全身心地投入到数学习题学习中，从而帮助学生积累数学学习的成功经验。

一、深度学习的优势分析

（一）提升学生数学学习能力

深度学习模式注重的是学生在数学习题学习中的自主学习能力，其符合高中数学核心素养以及课程教育理念的发展要求。高中生通过深度学习能够自主地探寻数学知识点间的联系，并由点到线再由线到面地扎实掌握高中数学知识，不断提升数学学习能力，养成良好的数学解题习惯，不断提升数学习题教学的效率。除此之外，深度学习视角下的习题教学能够显著提高学生的自学能力，促使高中生快速适应当前社会的进步和发展。

（二）掌握知识的应用迁移

随着高中数学改革的逐渐深入，高中学校越来越重视对学生实践能力的培养，并且更加重视高中生应用所学数学知识解决实际数学问题能力的培养。在深度学习过程中，学生可以独自完成对数学知识的有效内化，以此提升数学独立思考的学习能力。深度学习使学生对所掌握的数学知识有独特的见解，能逐步提高学生知识的应用迁移能力。同时，深度学习是一个相对独立的数学学习过程，其需要学生自主思考、自主学习、自主探索，有效地发现问题并最终解决问题，以此完成数学知识的深入学习。

（三）实现学生全面发展

高中教育蓬勃发展有效带动了数学教学模式的创新和优化，以往数学教师最常采用的习题课教学模式多倾向于培养高中生的核心素养或某一数学学习能力。为了实现高中学生全面发展，数学教师在讲解某一数学知识点时必须将不同的习题教学模式进行合理科学的整合，这对数学教师而言，会增加一定的工作负担。而深度学习视角下的习题课教学则是以学生为主体、以教师为主导，学习数学知识的过程，也是学生自主思考与掌握新数学知识的过程，在数学知识的有效引导下，高中生能够将数学知识点重新剖析，由表及里、由浅入深，全身心地参与到习题课教学中，实现自身的全面发展。

二、深度学习视角下的习题课教学基本策略

（一）精心选择题目，促进深度学习

在深度学习视角下的高中数学习题课教学中，数学教师应当精心选择数学题目，挑选一些和教材内容密切相关的数学习题展开讨论和分析，以此快速提升高中生运用所学数学知识解决复杂数学问题的能力。那么，数学教师应当怎样精选数学习题呢？这又成为数学教师需要认真深思的一个问题。根据深度学习教学理念，高中数学教师在安排例题教学时应当注重例题的示范性、关联性和阶梯性，从而便于学生在数学习题课中灵活地运用所学的数学知识点来进行习题的解答。同时，示范性极强的数学习题还可以夯实学生的数学学习效果，起到举一反三之成效。当然，在深度学习的过程中，数学教师在带领学生分析数学例题时，还可以引导学生回顾所学的数学知识，这样能够让习题教学变得更为轻松。为了保证每一个学生都能够对习题课教学实现深度的学习，数学教师不应当只为学生设置简单的习题，也要根据习题的关联性和阶梯性为不同水平的学生设计不同难度的习题，这样就可以照顾到每一个学生的数

学学习。

例如，当高中生学习"正弦定律以及正弦定理"相关的知识内容时，数学教师需要明确的是，尽管本单元的数学知识点较为简单，然而数学习题却是较为复杂繁多的。为了帮助高中生真正理解本节的数学知识点，使学生完成对数学知识的深度学习，教师必须组织学生开展大量的习题训练。为此，数学教师在深度学习理念助力下设计习题教学内容时，可以认真挑选习题的题目，题目不应超出高中生的数学学习范围。之后数学教师便可以将习题划分为不同的几个类别，如综合运算类、复杂运算类、基本运算类，还可以综合三角形知识出题。例如，在三角形 ABC 中，$\angle A$、$\angle B$、$\angle C$ 三个内角的对边分别是 a、b、c，现已知 $\angle A = 75°$、$\angle C = 45°$、$\angle B$ 对应的边 b 为 $2cm$，求三角形最短边的边长。这一习题的选择能够帮助学生将所学的数学知识点有效地联系起来，从而在数学习题课教学中达到举一反三的目的，以此不断挖掘高中生的习题潜能，并促进高中生数学学习思维的进一步提升。

（二）丰富教学方法，促进深度学习

众所周知，数学习题课较为无聊和枯燥，许多高中生都对其不感兴趣。在深度学习视角下，高中数学教师在设计习题课教学内容时应当结合高中学生的数学学习情况采取灵活多变的习题教学方法。

例如，当高中生学习新人教版"直线与圆的位置关系"相关的知识内容时（本章既是数学学习的重点内容又是难点内容），有这样一道数学习题：已知三角形 ABC 为锐角三角形，$\angle ABC = 45°$，$AC = 5$，$AB = 4$，现以点 C 为圆心、r 为半径画圆，要求线段 ab 和圆只有一个交点，求半径的长度。当学生看到这一数学习题时，不知如何下手，此时数学教师可以借助丰富的习题教学方法来促进学生深度学习。例如，数学教师可以使用讲练结合教学法。数学教师经常会在习题教学中使用这一方法。当数学教师完成习题的全面讲解后，便可以组织学生进行习题的训练，以此达到良好的习题训练效果，帮助学生更快地掌握数学知识内容。数学教师还可以借助分析讨论教学法。此方法需要全体学生和教师共同参与，数学教师可以给予学生一定的时间思考这一习题内容，之后引导学生以小组为单位对习题进行交流和讨论，并得出最终的答案。这样能够有效调动学生对数学习题解答的积极性，促进学生的深度学习。除此之外，数学教师还可以借助讨论归纳教学法。这一方法与分

析讨论教学法有异曲同工之妙，学生能通过对习题的讨论暴露出错误的数学思维。在这一教学法中，数学教师可以针对学生的错误问题进行分析和总结，从而了解学生对数学知识点的学习和掌握情况，最大限度地促进高中生的深度学习。

（三）强化解后评析，促进深度学习

在深度学习视角下对习题教学内容进行及时总结，也是极其重要和关键的，其主要原因是学生会在解答数学习题的过程中遇到各种难题，如不知使用哪种数学解题思路、数学公式运用混乱等，而这些都是需要学生进行自主总结的。同时，在数学习题学习的过程中，良好的数学学习方法对学生的发展极为重要。这就要求高中数学教师在完成习题教学内容后，及时对习题教学开展情况进行总结，理清数学解题思路，帮助学生反思解题的过程，提升学生的数学解题技能。

例如，当高中生学习"圆锥曲线"相关的知识内容时，其习题的难度较大，因此，在设计习题教学时，数学教师应当引导学生认真把握好每一次练习机会。当学生完成练习后，数学教师也要鼓励学生认真地做好相关的总结。例如，有的学生在习题学习后，自主地总结了椭圆切线方程、椭圆焦半径公式、椭圆焦点、椭圆面积公式等。如此一来，学生便能够深入地掌握本节的数学知识内容，从而实现深度学习，提升数学解题效率。

简而言之，在高中新课程改革的背景下，深度学习成为高中数学教师在习题教学设计中重要的研究方向，并且深度学习也是落实数学核心素养极为有效的途径之一。因此，在高中数学改革背景下，教师应当学会从深度学习的视角重新建构习题课教学内容，将数学知识有效地迁移到新的数学问题情境之中，以此帮助高中生建构完善的数学知识体系，利用深度学习来提高习题课教学的效率，使学生能够获得有用的知识信息。

参考文献

[1] 张淑琴，王洁. 关于线性代数习题课教学改革的思考 [J]. 河南教育
学院学报（自然科学版），2021，30（3）：48-51.

[2] 王继超，黄祥勇. 数学习题课教学中逻辑推理核心素养的培育策略
[J]. 教育科学论坛，2019（35）：61-64.

[3] 何桂凤，文斌. 基于数学核心素养的高中数学习题型微课教学探索[J]. 产业与科技论坛，2019（18）：185－186.

[4] 韦宏，张桂玉，黄美玲. 数学习题课教学的弊端与创新[J]. 智库时代，2019（33）：221－222.

第三节　习题课教学课例及分析

课例：一道中考几何综合题的教学分析
——建构知识积件模型，提升合情推理能力

代数或几何问题中有很多基本题型，每种题型都有各自的（代数的或几何的）基本知识模型，这些模型构成了解决综合问题的基本积件。建构、积累知识积件模型，有利于运用正确的思维方法综合地解决问题。本节以一道中考几何综合题的解答为例，谈一些个人的分析。

一、题目

（2013 年烟台市中考数学第 25 题）已知，点 P 是 Rt△ABC 斜边 AB 上一动点（不与 A、B 重合），分别过点 A、B 向直线 CP 作垂线，垂足分别为 E、F，Q 为斜边 AB 的中点。

（1）如图 7 – 3 – 1 所示，当点 P 与点 Q 重合时，AE 与 BF 的位置关系是_____，QE 与 QF 的数量关系是_____。

（2）如图 7 – 3 – 2 所示，当点 P 在线段 AB 上不与点 Q 重合时，试判断 QE 与 QF 的数量关系，并给予证明。

（3）如图 7 – 3 – 3 所示，当点 P 在线段 BA（或 AB）的延长线上时，此时（2）中的结论是否成立？请画出图形并给予证明。

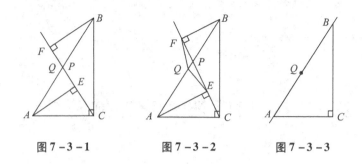

图 7 - 3 - 1　　　　　图 7 - 3 - 2　　　　　图 7 - 3 - 3

二、学生考试解题时的"卡壳"与教师教学指导时的定位

本题第（1）问易得到 $AE // BF$，利用全等易得到 $QE = QF$。第（2）问、第（3）问着实难住了一部分学生，他们遇到的思维阻力基本一致，主要体现在以下两方面：

（1）欲证 $\angle QEF = \angle QFE$，图形没有现成的包含上述角的全等三角形，也无法通过角的计算证明角相等，故需要作辅助线。如何作呢？太难，只好放弃。

（2）欲证 $\triangle AQE \cong \triangle BQF$，有现成的 $AQ = BQ$，但找不到其他相等量。另外，根据已知显然 $AE \neq BF$（只有当点 P 与点 Q 重合时它们才相等），所以这对三角形显然不可能全等。综上，需要作辅助线，重新构造全等三角形。如何作呢？太难，只好放弃。

这种一致的阻力或多或少反映了当前教师几何教学的一大症结：讲题只强化基本思路，而缺少提炼、总结知识的基本积件模型和方法；只为会解题而讲题，而非为提升思维而讲题。

上述"卡壳"主要原因是教师平时教学几何时，将"证线段相等"基本思路定位在三角形全等（证角相等）和等角对等边（证角相等）两种相对固化的方法上，而将构造直角三角形斜边上的中线模型、等腰三角形三线合一模型两种解决线段相等问题的基本方法弱化了。这也就弱化、固化了学生解决该问题的认知，使其不能根据题目具体情境特征，正确采用合理联想、从特殊到一般、猜想归纳等思维方法寻找基本模型构件，合情推理，从而导致上述解题受阻现象的出现。

三、学生思路受阻的"节点"与教师分析引导的策略

在初中平面几何中，涉及辅助线的几何题对于学生来说比较难解，主要难

在对辅助线必要性的准确判断和辅助线的寻找。通过对该题上述两种解答思路的分析可知，作辅助线是必然的。

如果教师教学时注重在学生思维节点上指导和分析，积极渗透数学思想，让学生经历和反思探究过程、积累几何基本模型构件及思维经验，注意培养和发展学生的合情推理思维能力，此题就很容易突破。

思路1：构造直角三角形斜边上的中线模型

本思路中，教师教学时需要注意如下两个节点的策略引导。

·**节点1分析：研究特殊情况下的"8"字形模型，由特殊到一般归纳推理策略。**

本题中第（1）问是第（2）问的特殊情况——点 P 与 AB 中点 Q 重合，多数学生不能从特殊到一般地看问题，因此难以成功求解。此时，教师要引导学生有意识地联系图7-3-1、图7-3-2，在第（1）问解决的基础上，研究、寻找并剥离图7-3-1所隐藏的关联点——平行线中的"8"字形模型：$B→F→Q→E→A$（含中点）。然后，引导学生在图7-3-2中寻找、构造上述几何基本模型，这样第（2）问的辅助线就能很自然地作出来了——延长 FQ 交 AE 于 M，同样构造出含中点的"8"字形模型：$B→F→Q→M→A$（图7-3-4）。

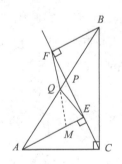

图7-3-4

节点2分析：探寻一般情况下的直角三角形斜边上的中线模型，由特殊到特殊类比推理策略。

由上易知，$FQ=QM$，第（2）问只需证 $QM=QE$ 即可。显然在 Rt$\triangle FME$ 中，斜边 FM 上的中线 QE 等于斜边的一半，即 $FQ=QM=QE$，从而得证。

实际上，至此教师引导学生积累了第二种几何模型——Rt$\triangle FME$ 斜边上的中线模型。上述两种几何基本模型将为第（3）问的探究提供深度铺垫。

在前两问的探究中，教师引导学生归纳提炼思维规律和知识积件模型，使学生积累"用从特殊到一般的思维方法，联系地看问题"的活动经验和两种几何基本模型。这时，顺势对第（3）问的探究进一步类比、联想，解题就会水到渠成。

当点 P 在线段 AB 的延长线上时（图 7 - 3 - 5），易得平行线中"8"字形模型：$B{\rightarrow}F{\rightarrow}Q{\rightarrow}M{\rightarrow}A$（含中点）以及 Rt$\triangle FME$ 斜边上的中线模型。此时证明过程与图 7 - 3 - 4 证明过程一致。

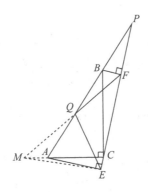

图 7 - 3 - 5

依次类推，学生可以类比获证当 P 点在其他位置时，$QF = QE$（分析、证明方法）：当点 P 在线段 AQ 上（不与点 A，Q 重合）时，如图 7 - 3 - 6、图 7 - 3 - 7 所示；当点 P 在线段 BA 的延长线上时，如图 7 - 3 - 8 所示。

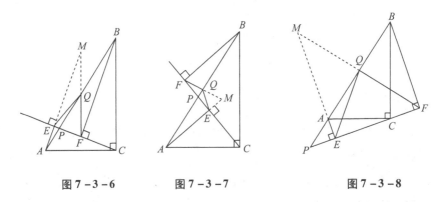

图 7 - 3 - 6   图 7 - 3 - 7   图 7 - 3 - 8

思路 2：构造等腰三角形三线合一模型

第（2）问，要证 $QF = QE$，学生还可以联想到构造等腰 $\triangle FQE$ 底边上的三线合一模型求解，要么"取中点证垂直"，要么"作垂直证中点"，经分析、尝试、比较，发现后者较易，故作出△FQE 边 FE 上的垂线 QT，交 FE 于 T，交 BC 于 M。设 AE 交 BC 于 N，如图 7－3－9 所示。易知 AN∥QM∥FB，因为点 Q 为线段 AB 的中点，所以点 M 为线段 NB 的中点，从而 TM 为梯形 BFEN 的中位线，故 T 为线段 EF 的中点，即获证。

类似思路 1 的引导策略，教师很容易由图 7－3－9 构造 AE∥QM∥FB（含中点）模型（梯形中位线、平行线分线段成比例）。同理，当点 P 在其他位置时，QF = QE 成立可求证（具体过程略）：当点 P 在线段 AB 的延长线上时，如图 7－3－10 所示；当点 P 在线段 BA 的延长线上时，如图 7－3－11 所示。

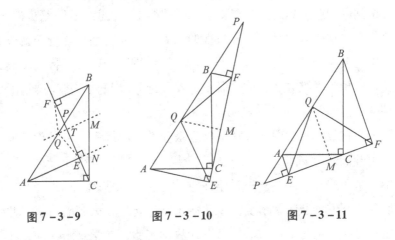

图 7－3－9   图 7－3－10   图 7－3－11

四、注重积件模型的建构教学，提升合情推理能力

在数学解题教学中，教师要结合具体的学习内容，重点关注学生思维"受阻点"，分析思维过程的"节点"，注重建构、提炼、积累、运用知识积件模型教学，设计启发式的探究问题，引导学生进行有效探究，使学生经历知识和思维的发生、发展过程。这是学生积累数学活动经验、提升合情推理（归纳推理、类比推理）能力的有效途径。

（一）注重知识积件模型的建构、积累

初中阶段，随着数学知识逐步增多，数学题型逐渐丰富，每种题型基本都具有独特的、规律性的思路体系和各自体系内具有共性的知识积件模型。为了让学生有效提升解题能力和思维能力，教师就必须在日常教学中帮助学生建构、积累各种题型的积件模型、知识包，将知识方法及其规律性的内容打包成积件

模型传授给学生。

本题中几何积件模型（直观化成对应图形）直角三角形斜边上的中线模型、"8"字形模型、等腰三角形三线合一模型、梯形（三角形）中位线模型、平行线分线段成比例模型的建构和积累，是后续积件模型深入探究的基础。积件模型包缩短和优化了学生的思维过程，提升和强化了学生合情推理的思维能力。

（二）注重数学思想的渗透、思维方法的指引和反思

本题学生求解受阻，一个很重要的原因就是缺乏正确的思维方法，如割裂了本题中的三个问题由特殊到一般、层层深入过程中的内在联系，孤立地思考问题。三个问题的解答思路有内在联系，可以类比、联想、迁移逐步铺开解答。

解答像本题这样多问且具有开放性的探索题，要特别注意特殊情况的暗示作用，从中挖掘与一般情形的关联点（基本特征积件模型），将其剥离，正确运用类比、联想等思维方法，前后联系、发展地思考问题，将特殊情形思维成果迁移到一般情形中。

实际上，在数学教学中，教师不仅应培养学生演绎等严格推理的能力，还应培养学生开展预感试验，尝试归纳、猜想、类比等一般非形式推理的能力：经验归纳（或不完全归纳）——教学注重让学生积累解题、知识经验，以便归纳；大胆猜想——创造问题情境，多次强化学生合理、大胆的猜想，并强调给出逻辑推理证明；进行数学实验——设计数学实验，教学寓于活动，让学生充分动手、动脑；类比联想——根据问题的具体情况，及时改变观察和理解的角度，揭示本质联系，由此及彼求解。

（广东省广州市黄埔区教育研究院　吴光潮）

第八章

8

复习课教学实践

第一节 复习课教学实践基本观点

一、数学复习课

关于数学复习课的定义，目前学术界暂无统一认识。笔者认为，高中数学复习课是在经过阶段教学后（一个时间段或章节内容结束），以复习巩固所学知识、进一步提高数学能力为主的一种数学课型。从教学内容进度来看，主要是在结束一个章节或一个模块的新授课后进行数学复习课。从时间安排来看，在期中、期末考试前，总复习阶段，因为考前准备的需要，数学复习课是常见的课型。

二、复习课的现状

常有数学教师感叹：复习课最难上，时间短，复习内容多；新授课学生感兴趣，复习课上学生认为已经会了，思想不集中，课堂效率很低；既要处理足量题目又要展示学生思维过程，难以兼顾教学内容和学生主体。学生也常抱怨：复习课的内容都是旧的，非常枯燥乏味，总是在做题刷题，都做糊涂了，一旦题目进行变式或到了考试时又解答不出来。

现状 1：复习课的教学内容变成炒冷饭，把之前学过的知识和方法再讲一遍，然后进行题海战术，布置大量习题或大量试卷，要求学生认真地完成。

现状 2：复习课以教师的讲解为主，教师将知识点展示给学生，类似于让学生"识记"。学生只能被动接受，自主学习、提问、探讨的机会很少，复习课时间大部分被教师占用，教师讲得多，学生动手少。教师得不到学生的反馈信息，复习课不能形成一个完整的教学过程，更谈不上学生主体性、创新意识和创新精神的培养。

现状 3：复习课没有考虑到学生的差异，教学要求标准、统一，忽视了学生的个性差异，没有进行学情诊断分析，没有因材施教，教学的针对性不强，不利于提高教学质量。对于数学成绩优秀的学生，其基本内容都已经掌握，重复讲解，学生感到索然无味；相反，对于数学学困生来讲，内容多而杂，没有头绪，问题还是一堆，无法解决，复习课的教学效果没有体现。

现状4：教师在数学复习课上所采用的教学方法比较单一，特别是高三的复习课。复习课变成练习课或是满堂灌，缺乏对学生的吸引力，学生的积极性和主动性没有被充分调动起来。相较于新授课，旧的知识本身对学生就没有太大的吸引力，教师仍旧采用说教式的教学方式，或者是教师留题、学生练习的流水式教学，容易让学生产生枯燥乏味的感觉，影响了学生的学习兴趣，限制了学生的思维。

出现以上情况的主要原因是教师没有把握复习课的处理关键，对教学内容、教学主体和教学方法没有进行研究分析，复习课的教学只是简单的机械式、流水式。

三、复习课的目的和意义

数学复习课不是对所学知识的简单再现，也不只是查漏补缺，而是通过复习，将已有的知识进行归纳整理，让学生建构知识体系，并在此基础上进行更高层次的学习，从而达到巩固提高、融会贯通的目的。

数学复习课的重要性：高中数学知识有较强的系统性和逻辑性，对学生数学综合能力要求较高。在实际教学及学生学习过程中，学习和复习均是重要的。但因高中知识体量大，多数教师及学生都会因急于学习新知识而忽略复习，导致学生基础知识和基本技能不够扎实，知识零散，更无法有效促进数学关键能力和核心素养的落实。所以，在高中数学教学及学习过程中，教师及学生均应从思想上对复习课教学加强重视。

高中数学复习课并非只是简单回顾以往所学数学知识，而是要建构数学知识体系。在现有知识基础上，通过复习实现知识的融会贯通，具备举一反三的能力，这在新授课中往往是无法实现的。通过复习知识进行，学生可以及时发现自身不足之处，检查自身知识的遗漏。在高中数学复习课教学过程中，旧知识研究可使学生之间加强探讨及交流，可以让学生对于新问题从不同角度进行全面思考，使学生数学学习能力及综合素质得到有效提高。

复习课的必要性：根据艾宾浩斯遗忘曲线规律，定期复习可以有效地延长记忆时间，将遗忘最小化。根据高中生的实际在校情况，从操作性上来讲，笔者将定期的复习时间节点总结为一小时后、一天后、一周后、一个月后、三个月后。记忆是开展学习的基础，对知识进行回顾也是所有学科进行复习的一个初衷。高中数学内容知识体量大，数学方法多样，学生在新课学习后常会有知识方法零碎的感受。高中数学教学内容安排是螺旋上升、分层递进的，在一段新课学习后需要对所学知识进行条理化、系统化，使学生对知识加深理解、牢固掌握、灵活运用，因此复习课十分重要。

但高中数学复习课并不是简单地回顾旧知识，它既要求温故，又要求知新。数学复习课是对前阶段学习的数学知识进行系统化的认知，经过分类、整理、建构，在学生的头脑中形成知识系统。数学知识不再是初学时课本上呈现的顺序，而是系统化、条理化、有层次、相互联系的知识体系。在基础知识和基本技能之上，进一步深化对数学知识和方法的理解，这种数学知识体系的构建和数学深层次的理解学习才是复习课的主要目的。基于新课程标准，在复习课中要有效地促进学生逐步形成正确的价值观念、必备品格和关键能力，落实数学核心素养的培养。

四、复习课相关的教学理论

（一）建构主义学习理论

建构主义学习理论的基本观点认为：世界是客观存在的，但对客观事物的理解却是每个人自己决定的。不同的人由于原有经验不同，对同一事物会有不同理解。学习是引导学生从原有经验出发，生长建构起新的经验的过程。个体建构主义与认知学习理论有很大的连续性，认为学习是一个意义建构的过程，是学习者通过新、旧知识经验的相互作用，来形成、丰富和调整自己的认知结构的过程。学习是一个双向的过程：一方面，新知识被纳入已有的认知结构，获得新的意义；另一方面，原有的知识经验因为新知识的纳入而得到了一定的调整或改组。

学习是学生自己建构知识的过程。学生不是简单、被动地接受信息，而是主动建构知识的意义。学习是学习者根据自己的经验背景，对外部信息进行主动选择、加工和处理，对所接收的信息进行解释，生成个人的意义或者说是自己的理解的过程。个人头脑已有的知识经验不同，调动的知识经验相异，对所接收的信息的解释就不同。

教学不能无视学习者已有的知识经验，不能简单地、强硬地从外部对学习者实施知识的填灌，而应该把学习者原有的知识经验作为新知识的生长点，引导学习者根据原有的知识经验，主动建构新的知识经验。教学不是知识的传递，而是知识的处理和转换。教师和学生、学生与学生之间，需要共同针对某些问题进行探索，并在探索的过程中相互交流和质疑。

结合建构主义理论的内涵，基于高中数学复习课的教学目的，教师应关注以下几点：

（1）引导学生自觉、自主地参与复习课的学习，促进学生系统地建构知识体系。

（2）创设帮助学生自主建构知识体系的复习情境，提供适合学生的复习内容及充足的思考时间。

（3）通过有效的课堂提问和习题，检测学生对知识的理解和掌握情况。

（二）元认知策略理论

元认知是个体关于自己的认知过程的知识和调节这些过程的能力。元认知策略是一种典型的学习策略，是学生对自己的认知过程及结果进行有效监视及控制的策略。元认知策略可分为计划策略、监控策略、调节策略。其中，监控策略是在认知活动进行的过程中，根据认知目标及时评价，反馈认知活动的结果和不足，正确估计自己达到认知目标的程度、水平，并根据有效性标准评价各种认知行动、策略的效果。

基于数学复习课的教学目标，学生要对知识体系进行自我建构和调节，在这一过程中，教师要对学生进行学习方法的指导和激励，让学生在复习课中不断对个人认知过程进行反省和调节。

（三）发展性教学理论

赞科夫概括发展性教学理论的核心思想是："以尽可能大的教学效果，来促进学生的一般发展。"结合发展性教学理论的内涵，可以认为，基于有效性的视角，高中数学复习课的教学应该关注并努力实现以下几点：

（1）复习课的教学目标要立足于促进学生发展，在帮助学生夯实数学基础知识的同时，更要促进学生数学综合能力的发展。

（2）复习课的教学要帮助学生巩固强化数学知识，使其形成较为完整的知识体系。

（3）复习课的教学要凸显学生的主体性，要结合学生的学情，精准判断，因材施教，分层教学，发展适合学生的学习能力，发展学生自觉、自主、熟练运用知识与方法的能力。

五、复习课教学的基本原则

数学课程标准指出，数学教育要以有利于学生全面发展为中心，以提供有价值的数学和倡导有意义的学习方式为基本点。因此在数学复习课中，教师要重视知识的回顾和发展，给学生充分的时间与空间，让学生参与发展能力的过程，激发学生数学学习兴趣，培养学生运用数学的意识与能力。

数学复习必须建立在学生已有的知识经验和认知发展水平的基础上，要求教师准确判断（学生的实际学情）、创设情境（创设有助于学生自主学习的情境）、引导参与（通过教师引导，学生进行思考、探索、实践、交流）、促进发展（学生完成知识体系的建构和综合能力的发展）、评价反思（学生通过知识的建构、能力的发展，对个人的认知进行调节）。

基于课程标准和数学复习课的目的，教学要参考的原则有以下四个。

（一）主体性原则

学生的主体性主要包括自主性、能动性和创造性。教学的主体是学生，学生独立自主地、积极能动地参与到教学当中，才能收到良好的教学效果，学生在课堂上才能得到相应的发展。在数学复习课中，学生的主体性更应该充分得到体现。知识体系的建构、数学能力的发展、核心素养的培养，都是需要学生在自我知识和经验的基础上，通过自己的理解、探究、实践来实现的。学生作为主体参与复习全过程，从而发展自身的数学综合能力，是复习课教学所要达到的目标。

（二）系统性原则

乌申斯基认为："智力就是形成系统的知识。"对于数学学科而言，需要将所学的知识纳入整个知识网络，形成系统化的知识体系。这样才能便于学生记忆、理解和应用，才能进一步发展学生的数学智能。因此，数学复习课的教学要指导学生建构系统化的知识体系，将分散的知识通过其内在的联系，进行梳理与整合，引导学生提高系统地掌握知识的综合能力。

（三）针对性原则

学生作为独立的个体，每个人原有的知识经验不同，数学能力发展存在差距，数学复习课的教学内容不同于新授课，容量大、时间紧，为了更好地提高数学复习课的教学效果，教师需要在确定复习教学内容之后，先进行学情的分析和判断，在此基础上，制订有针对性的复习课教学计划和教学设计，因材施教，分层教学，确保教学内容更好地满足学生的发展需要，确保每个学生都能在教学中得到相应的提高，确保在实施教学时落实到位。因此，数学复习课需做好前期的教学工作，针对学生的学情、针对学生知识体系中的薄弱环节进行教学设计，在教学内容上分层设计，在教学过程中因材施教，从而最大限度地发挥复习课的作用。

（四）发展性原则

《普通高中数学课程标准（2017版2020年修订)》中指出：高中数学课程以学生发展为本，落实立德树人根本任务，培育和提升学生的数学核心素养；面向全体学生，实现人人都能获得良好的数学教育，不同的人在数学上得到不同的发展。高中数学课程的基本理念与目标都是促进学生全面而有个性地发展。因此，数学复习课的教学不仅要强调已有知识的巩固，要注视知识体系的建构，更要重视教学过程中数学能力的发展以及核心素养的培养。在使学生巩固理解、掌握方法的基础上，引导学生把握数学内容的本质，才能提升学生的数学素养，促进学生思维能力、实践能力和创新意识的发展。

第二节　复习课教学实践基本策略

基于高中课程标准、数学复习课的目的和重要性，在实施高中数学复习课教学时，要改变教学中存在的低效的教学状态，需要在教学中体现学生的主体地位，进行知识归纳，建立知识体系，针对学生学情因材施教、分层设计，创设数学情境，提炼数学思想方法，采用鼓励为主的多元评价。

一、高中数学复习课中体现学生的主体性

在数学复习课中教师引导学生主动参与，讨论、交流解决数学问题，让学生建构自己的知识体系，通过求助或互助，让学生自己总结提炼数学思想方法，从而提高自己的数学能力，把握数学知识和思想的本质。教师为主导，学生为主体，在高中数学复习课中要得到充分体现，让课堂变为学生自己的。教师在进行教学设计时，在教学内容分析、教学目标设置、教学环节设计、课堂实施、总结反思等方面，要处处体现以学生为主体的思想。

二、高中数学复习课中体现学生的差异性

根据加德纳的多元智能理论，学生个体是存在智能差异的，这导致每个学生在数学思维和学习能力上存在差别，在数学复习课中教师更要承认并对这种差别进行诊断，对前期所学数学知识的掌握做好前测。在数学复习课前，对学生进行学情诊断，可以采用提前做自测题、学生调查等方式。在学生已有的数学基础上，根据学生差异，合理进行教学设计，因材施教，分层教学，以达到数学复习课教学效果的最大化。

三、归纳整理，进行知识体系的建构

高中数学知识体量大，在新授课中因教学进度较快，学生所学到的知识是

碎片化的，但实际复杂问题的解决对知识和能力的要求是综合性的，这就要求学生建构自己的知识体系，让学生将所学生知识进行系统整理，把零散的知识通过主干串起来，以便建构出知识网络，进而建立起便于联系的记忆，内化为自身的认知。

通过知识间的内部联系，将各知识点连线成网，将各章节知识内在联系展示出来，通常可以借助表格、图表、思维导图等，让学生整理出属于自己的知识体系。通过知识体系的建构，学生可以对自己进行查漏补缺，也可以加深对数学主要知识和思维方法的本质认识，巩固基础知识、基本能力。数学复习课的教学目标之一就是通过对知识点的巩固强化，加深学生对知识内容的理解。

四、创设问题情境，激发学生的学习兴趣

数学复习课与新授课最大的不同是基础知识已经学过，部分学生对复习课的兴趣比新授课低，因此如何激发学生的学习兴趣，使学生主动参与课堂教学，将内容设计得既有内容又有深度，是教师在进行教学设计时应该认真思考的问题。复习课教学内容要有利于揭示知识之间本质的、必然的联系，加深学生对知识的理解，促进学生认知体的形成和完善，促进学生逐步形成正确的价值观念、必备品格和关键能力。

部分学生认为复习课较难，原因在于复习课是"旧知识，新课题"，知识和方法都是已学过的，但数学复习课的题目通常综合性非常强，学生综合应用知识和解决问题的能力还有待提高。这就需要教师引导学生对知识进行系统整理，建构知识体系，并通过综合应用知识的训练，提高解决问题的能力。因为数学复习课的时间少，所以教师需要通过精选复习内容，创设合适的问题情境或问题串，在符合学生学情的基础上，将要复习的知识和方法进行整合。教师可以通过创设教学情境（可以是数学问题情境或是实际生活问题情境），激发学生的学习和解决问题的兴趣；把核心概念、思想方法作为重点，练习一题多解，进行变式练习，使学生能举一反三，训练学生的迁移能力。

例如，在复习直线与椭圆的位置关系时，可以设计如下问题：

（1）判断椭圆 $\dfrac{x^2}{4} + \dfrac{y^2}{1} = 1$ 与直线 $x - 2y - 8 = 0$ 的位置关系。

（2）直线 $x - 2y - m = 0$ 与椭圆 $\dfrac{x^2}{4} + \dfrac{y^2}{1} = 1$ 相切时，求 m。

（3）点 P 为椭圆上一动点，求点 P 到直线 $x-2y-8=0$ 距离的最小值。

（4）椭圆 $\dfrac{x^2}{4}+\dfrac{y^2}{1}=1$ 与直线 $x-2y-2=0$ 交于 A、B 两点，点 O 为坐标原点，求 $\triangle ABC$ 的面积。

（5）椭圆 $\dfrac{x^2}{4}+\dfrac{y^2}{1}=1$ 与直线 $x-2y-m=0$ 交于 A、B 两点，是否存在直线 l 经过椭圆 $\dfrac{x^2}{4}+\dfrac{y^2}{1}=1$ 的右焦点，使得 A、B 两点关于直线 l 对称。如果存在，求出直线 l；如果不存在，请说明理由。

以上问题串的设置，以直线和椭圆的位置关系为线索，渗透了直观想象、逻辑推理、数学运算核心素养的培养，提高了学生的数形结合、分类讨论等数学思维能力；通过直线与椭圆的位置关系的变化，对椭圆的基本性质、弦长公式、面积解决、对称性等问题进行梳理，让学生更好地把握位置关系的本质，题目难度设计合理，不同层次的学生都能得到相应的发展和提高。

五、多元化的评价鼓励学生

高中数学复习课（特别是高三的复习课），学生因学习压力的增大，往往对数学学习的兴趣和信心有所减退，教师要通过多元途径对学生进行评价，课堂上要多巡视、多鼓励，对学生在学习过程中（课堂回答、学习态度、作业练习等）的进步给予肯定。哪怕是一个赞赏的眼神，一句肯定的话语，都可以增强学生的信心，在课堂上多给予学生展示、交流的机会，多给予肯定，让学生表达自己的观点和想法，让学生进行互评，增强学生之间的交流，也可以增强学生对学习数学的兴趣和信心。因此，教师在数学复习课中，应该开展多元化的评价，改变只看考试成绩的评价方式。

六、督促学生养成良好的学习习惯

好的学习习惯可以大大提升学习效率。特别是数学复习课，在课堂上，教师应该引导学生养成良好的复习习惯。课堂上，学生要按教师的设计，进行前测或预习，或进行知识梳理；要认真思考，主动参与，积极交流反馈；对于数学重点和难点的解决，从审题、思路、反思等方面进行自我认知的及时总结；每道题、每节课要定期总结。

良好的学习习惯还有定期复习，可以借助错题本或是试卷的整理、学习资料的整理实现。每天、每周对自己标重点的内容定期进行回顾，这样复习更加有针对性，效率也会更高。

结束语：教师是学生前行的指路人，高中数学复习课更是需要教师对学生不断进行指引。教师要根据教学内容、学生学情进行分析、判断、思考，帮助学生建构和完善数学知识体系，创设良好的问题情境，激发学生的学习兴趣，提高学生的数学能力，引领学生不断认识数学的本质。

参考文献

［1］焉晓辉．高中数学复习课教学的实效性研究［D］．济南：山东师范大学，2013.

［2］连军．高中数学复习课教学的有效性研究［D］．福州：福建师范大学，2019.

［3］屈超辉．高中数学复习课教学的实效性研究［J］．课程教育研究，2016（34）：169－170.

［4］杨敏．高中数学复习课教学的实效性研究［J］．新课程（下），2017（36）：257.

［5］田小飞．勤思考，重能力，拓发展——关于高中数学复习课模式的运用［J］．考试周刊，2012（74）：60－61.

［6］鲁欣，王恩奎．高中数学复习课的教学策略［J］．辽宁教育，2014（9）：56.

第三节　复习课教学课例及分析

复习课，主要任务是教师引导学生对所学章节的"四基"进行查漏补缺、理解巩固、综合运用、归纳总结，并有效促进学生建构和完善知识体系，使之连成线、织成网、铺成面；同时，更要帮助学生提升思维能力水平，发展学科核心素养。

一般复习课的流程是回顾旧知（知识点、解题路径、回顾梳理）—典例讲解（教师讲，学生记）—变式练习（学生练，教师评；或直接跳过）—巩固拓展—整理小结—布置作业。授课逻辑是多侧重旧知唤醒与新知铺垫、基础知识和基本技能的综合应用、基本思想和基本活动经验的机械模仿和近迁移。一般复习课的问题在于：缺乏以学生为中心的有意义学习及知识系统建构过程；学生受"暗示性引导"被动机械地模仿解题路径，近迁移学习，弱化了基本活动经验的主动构建和获取，陷入浅层学习。

下面以"中点问题"中考专题复习教学实践为例，基于深度学习教学改进理论，探究如何提高复习课堂效能，提升学生数学核心素养。

课例1："中点问题"中考专题复习

一、教学构思

平面几何是初中数学的核心内容之一，是培育初中生直观想象、逻辑推理核心素养以及理性思维的绝佳素材。其中，历年中考题平面几何图形内容多有中点模型渗透：等腰三角形底边上的中线"三线合一"、直角三角形斜边上的中线、三角形（梯形）中位线、中点坐标公式（建系思想）、中线倍长等，多考查几何图形的性质、三角形全等或相似的判定及性质、与函数（一次函数、二次函数、反比例函数）融合等知识，重点考查逻辑推理、数学运算与数学建模等数学核心素养。因此，很有必要在中考复习备考中对"中点问题"开展单元主题教学，使相关知识系统化、结构化。

本节课从深度学习视角出发，聚焦数学核心素养（直观想象、逻辑推理、数学运算等），建构学习"暗线"（引领性的学习主题——"中点问题"），以一道中考模拟卷压轴题创设问题情境，依次展开挑战性的探究活动；以问题题组任务为驱动，以问题解决贯穿始终；在类比迁移、进阶学习中，直面学生思维痛点，让学生发现、提出、分析、解决问题，建构"中点问题"及平面几何相关考点知识系统，从而将碎片化的相关知识统整，使其结构化，夯实"四基"，提升"四能"，发展核心素养，提高复习效率。

二、教学过程

（一）基于认知冲突创设问题情境，激活"四基"

问题1：（2019年辽宁沈阳初三一模试题第25题）在 $\triangle ABC$ 和 $\triangle ADE$ 中，$AC = BC$，$AE = DE$，且 $AE < AC$，$\angle ACB = \angle AED = 90°$，将 $\triangle ADE$ 绕点 A 顺时针方向旋转，把点 E 在 AC 边上时 $\triangle ADE$ 的位置作为起始位置（此时点 B 和点 D 位于 AC 的两侧），设旋转角为 α，连接 BD，点 P 是线段 BD 的中点，连接 PC，PE。

（1）如图 $8-3-1$ 所示，当 $\triangle ADE$ 在起始位置时，猜想 PC 与 PE 的数量关系和位置关系，并说明理由；

（2）如图 $8-3-2$ 所示，当 $\alpha = 90°$ 时，点 D 落在 AB 边上，请判断 PC 与 PE 的数量关系和位置关系，并证明你的结论；

（3）当 $\alpha = 150°$ 时，若 $BC = 3$，$DE = 1$，请直接写出 PC^2 的值。

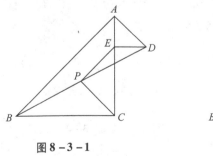
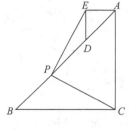

图 $8-3-1$　　　　　　　　图 $8-3-2$

设计意图：问题1属于压轴题，主要考查几何变换综合能力，考查了旋转的性质、全等三角形的判定和性质、等腰直角三角形性质、勾股定理和直角三角形性质等知识。

从设问方式上看，3个问题表述相似，内在逻辑、解法高度关联、一致。基于第（1）问的认知逻辑起点，类比迁移拾级而上，即可解答第（2）（3）问。因此，第（1）问如何切入是关键，而解题痛点聚焦于如何构造几何模型，寻找全等三角形。这个"切入点"与"聚焦点"属于有挑战性的高起点问题情境，容易激发学生的认知冲突。

基于认知冲突的情境创设：学生结合自己的最近发展区，围绕问题进行头脑风暴，可用多种常见平面几何模型切入并解决问题。其中，开放性的解法探究过程可有效规避教师先入为主的路径定式，有利于学生充分激活"四基"、主动自我建构知识（提炼归纳知识技能，反思过程与方法）、积累基本活动经验（作图、观察、猜想、推理、论证），有效促成"四基"的纵横发展、联结与结构化；同时，有利于教师适时引导、开展进阶式的挑战性探究活动。

第（1）问主要解法：

解法1：利用中线倍长＋等腰三角形底边上的中线"三线合一"或者直角三角形斜边中线模型求解。如图 8－3－3 所示，延长 EP 交 BC 于 F，易证 $\triangle FBP \cong \triangle EDP$（SAS），可得 $\triangle EFC$ 是等腰直角三角形，获证。

解法2：利用直角三角形斜边上的中线模型求解。如图 8－3－4 所示，连接 AP，则可知在 Rt$\triangle ABD$ 中 $AP = BP = DP$，从而易得 $\triangle BCP \cong \triangle ACP$，$\triangle AEP \cong \triangle DEP$，然后计算出 $\angle PED = 135°$，以及 $\angle PCE = \angle PEC = 45°$。

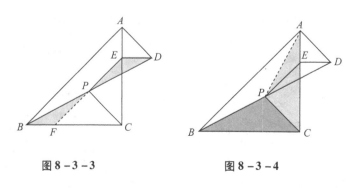

图 8－3－3　　　　　　　图 8－3－4

解法3：利用中位线模型求解。如图 8－3－5 所示，延长 DE 交 AB 于 G，

延长 AD，BC 交于点 H。易得 EP 是 $\triangle BDG$ 的中位线，$EP \parallel BG$；PC 是 $\triangle BDH$ 的中位线，$PC \parallel DH$；$BG \perp DH$，且 $BG = DH$，从而获证。

解法4：建立直角坐标系，利用中点坐标模型求解。如图 8-3-6 所示，可设 $AC = BC = a$，$AE = ED = b$，然后表示出相关点的坐标，利用中点坐标公式计算出点 P 的坐标，再计算出 PE、PC、EC 的长度，结合勾股定理即可获证。

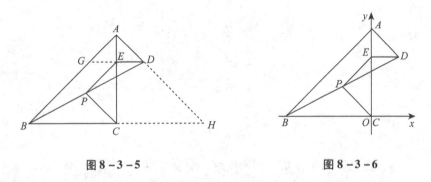

图 8-3-5　　　　　　　图 8-3-6

第（2）问主要解法：

解法1：利用中线倍长 + 等腰三角形底边上的中线"三线合一"或者直角三角形斜边中线模型求解。如图 8-3-7 所示，下同第（1）问解法1。

解法2：建立直角坐标系，利用中点坐标模型求解。如图 8-3-8 所示，下同第（1）问解法4。

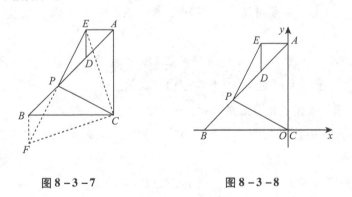

图 8-3-7　　　　　　　图 8-3-8

第（3）问主要解法：

解法1：利用中线倍长 + 等腰三角形底边上的中线"三线合一"或者直角三角形斜边中线模型求解。如图 8-3-9 所示，作 $BF \parallel DE$，交 EP 延长线于点 F，连接 CE，CF，过 E 点作 $EH \perp AC$ 交 CA 延长线于 H 点，由旋转可知，

$\angle CAE = 150°$，DE 与 BC 所成的锐角为 $30°$，得 $\angle FBC = \angle EAC$，同第（1）问解法 1 可证得 $PC = PE$，$PC \perp PE$，再由已知解三角形，得 $EC^2 = AH^2 + HE^2 = 10 + 3\sqrt{3}$，所以 $PC^2 = \left(\dfrac{\sqrt{2}}{2}EC\right)^2 = \dfrac{1}{2}EC^2 = \dfrac{10 + 3\sqrt{3}}{2}$。

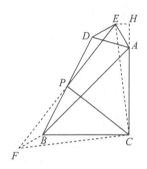

图 8 - 3 - 9

解法 2：建立直角坐标系，利用中点坐标模型求解。同第（1）问解法 4。

评析：

（1）本题能够很好地激发学生的探究兴趣，在问题解决中提高学生的自我效能感。

（2）教学时，关注合作交流，教师需要在第（1）问中留足时空，凸显学生的主体地位，引导其充分探究、进行解法头脑风暴，并根据四种不同的解法及时提炼、归纳"中点问题"的四种基本模型，实现"以题点知"、知识结构化。

（3）引导学生基于第（1）问积累基本活动经验，并探寻三问之间的内在联系，寻找最优解法，培养和发展学生的元认知能力。

（二）基于类比迁移联结结构，提升"四能"

问题 2：在 $Rt\triangle ACB$ 和 $Rt\triangle AEF$ 中，$\angle ACB = \angle AEF = 90°$，点 P 是 BF 中点，连接 PC，PE。

（1）如图 8 - 3 - 10 所示，若点 E，F 分别落在边 AB，AC 上。求证：$PC = PE$。

（2）如图 8 - 3 - 11 所示，把图 8 - 3 - 10 中的 $\triangle AEF$ 绕着点 A 顺时针旋转，当点 E 落在边 CA 的延长线上时，探索 PC 与 PE 的数量关系，并说明理由。

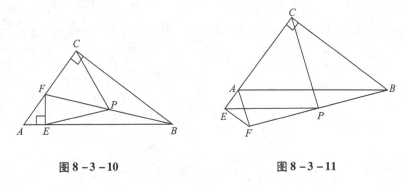

图 8 – 3 – 10　　　　　　　　　　　图 8 – 3 – 11

（3）如图 8 – 3 – 12 所示，把图 8 – 3 – 10 中的 △AEF 绕着点 A 顺时针旋转，当点 F 落在边 AB 上时，其他条件不变，（2）中的结论是否发生变化？请说明理由。

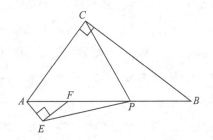

图 8 – 3 – 12

解析：（1）直接利用直角三角形斜边中线模型求解。

（2）构造梯形中位线＋"三线合一"模型。如图 8 – 3 – 13 所示，取 EC 中点 M，易知 MP 是直角梯形 BCEF 的中位线，从而得 MP ⊥ EC。在 △ECP 中，MP "三线合一"，从而得到 PC = PE。

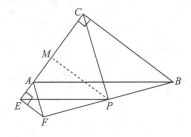

图 8 – 3 – 13

（3）构造梯形中位线＋"三线合一"模型。如图 8－3－14 所示，作 $FD\perp$ AC 于 D，取 CD 中点 M，由于 $\angle CAF = \angle EAF$ 易知 $\triangle ADF \cong \triangle AEF$，从而得 $\triangle PDF \cong \triangle PEF$，$PD = PE = PC$。

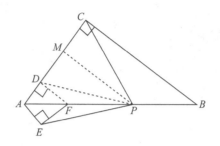

图 8－3－14

设计意图：对知识进行类比迁移，强调联结与结构，着眼于提升"四能"。关注独立思考、自主内化建构知识：巩固问题 1 探究梳理的有关"中点问题"的几种常见模型，关注知识"四基"的纵横向联系，促进新旧知识的同化与顺应，使知识进一步结构化；促使学生发现、提出、分析、解决问题的能力进一步提升；同时，激发学生高阶学习热情。

评析：本题组教学更关注学生独立学习，即在足够的时空下，学生在不同的问题情境中，充分内化、自主建构；教师可适时巡堂进行个性化指导，关注典型问题和典型解法，及时引导学生讲题、分享解题思路、展示解题过程、适时评价和反馈，进一步提升"四能"。

（三）基于进阶学习开展增值评价，检验效能

问题 3：（2012 广州）如图 8－3－15 所示，在平行四边形 $ABCD$ 中，$AB = 5$，$BC = 10$，F 为 AD 的中点，$CE\perp AB$ 于 E，设 $\angle ABC = \alpha$（$60° < \alpha < 90°$）。

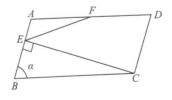

图 8－3－15

（1）是否存在正整数 k，使得 $\angle EFD = k\angle AEF$？若存在，求出 k 的值；若不存在，请说明理由。

（2）连接 CF，当 $CE^2 - CF^2$ 取最大值时，求 $\tan\angle DCF$ 的值。

设计意图：挑战性任务，进阶学习，对学生学习过程及结果进行增值性评价，检验学习效能。变换问题情境，全面夯实"四基"、提升"四能"，发展逻辑推理、直观想象、数学运算等数学核心素养。有一定灵活性和难度的问题情境，激发学生探究热情，构建适当模型转化求解。其间，师生获得学习效能、增值情况的反馈，进一步提升分析、解决问题的能力，积累基本活动经验（作图、观察、猜想、推理、论证）。

解析：（1）构造中线倍长＋直角三角形斜边中线模型。如图 8 – 3 – 16 所示，延长 EF，CD 交于点 G，连接 CF。设 $\angle AEF = \beta$，则在 Rt△ECG 中，$CF = GF$，从而 $\angle FGC = \angle FCG = \beta$，所以可知 $\angle EFC = 2\beta$；又因为 $DF = DC = 5$，故 $\angle DFC = \angle FCG = \beta$，所以 $\angle EFD = 3\beta$，即 $k = 3$。

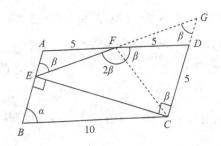

图 8 – 3 – 16

（2）设 $BE = x$，则 $AE = DG = 5 - x$，$CG = 10 - x$。可得，$CE^2 - CF^2 = CE^2 - \dfrac{1}{4}(CE^2 + CG^2) = -x^2 + 5x + 50$，从而 $CE^2 - CF^2$ 取最大值时，可求得 $\tan\angle DCF = \tan\beta$ 的值。

三、课例点评

（一）以激发冲突、引导思辨、观念生成为中心，驱动意义建构

本课例问题 1 第（1）问在学生最近发展区，很好地激发了学生的认知冲突，使学生积极思辨、一题多解、头脑风暴，有效促进学生知识技能观念的生成；第（2）（3）问，题内学习进阶，兼具迁移巩固和评价反馈功能，有效促进了"中点问题"系统性复习与"四基"的初步建构。

在一般的复习教学实践中，利用先行组织者进行回顾梳理，多属于记忆、

唤醒等低阶活动，学生易思维倦怠、浅层学习，其间"解题方法回顾"易产生"路径化"思维的负面导向，不利于批判性思维的培养和深度学习。深度学习视域下，基于激发认知冲突，创设高质量的问题情境，开放认知建构活动，引导学生基于"四基"的思辨和观念生成，是提高复习课效率的教学设计的逻辑起点，可有效驱动学生认知建构。

（二）以情境变换、问题解决、思维对话为内核，促进能力发展

问题2、3基于新问题情境进阶学习：在问题1的思维生长点上，以问题解决、思维对话为内核，进一步建构认知结构的固着点，促进知识结构化和能力发展。问题2强化学生对"中点问题"知识的迁移性、系统性和思维的批判性、灵活性的反馈与评价，进一步发展思维能力、提升数学核心素养。本题组侧重于横向联系、综合性演练，是本节课螺旋式上升学习过程中的缓冲期，也是问题3纵向深入、高认知水平进阶学习的势能积蓄期。问题3为师生和生生互动、思维碰撞、促使学生高阶思维发展提供了空间。

高质量的课堂要给学生充分提供独立思考、内化的时空（避免"满堂灌"），以情境变换、问题解决、思维对话为内核的进阶题组强调联结与结构化，充分尊重学生个性化学习，注重学生思维能力的培养，构筑真正体现课堂生命活力的深度教学活动。

（三）以自我反馈、改善学习、检验效能为导向，构建持续评价

问题1第（2）（3）题可作为第（1）题的评价问题，问题2又可对问题1进行评价，问题3又是问题1、2的评价活动。这种交互反馈与嵌入评价实现了学习力的可视化，能够让每一个学生明确自己的问题解决水平，也能够及时反馈、指导学生完成自我评价、自我反馈；同时，为教师及时掌握教学效能、调整教学策略提供了有力支撑，起到了"以评价引领学习"的效果。

持续性评价是深度学习的内涵之一。一般课堂教学中的课堂检测、小组表现量规、教师嵌入式口语评价分别是结果性、捆绑式、随意性的外在课堂评价。深度学习教学改进，更需要持续性、个性化、交互反馈与嵌入式的内在评价。

深度学习视域下的复习课，将知识梳理、典例讲解、课堂练习等内容，对驱动性题组任务、知识系统建构活动、螺旋上升的进阶学习进行有机融合，教师最大限度地激发学生的认知冲突，引导学生思辨，让学生"真动脑、动真脑"，在高层次思维问题解决中发展低层次思维，从而提高课堂复习效能，提升数学核心素养。

（广东省广州市黄埔区教育研究院　吴光潮）

课例2：新课程视角下初中数学复习课的设计策略

——以全等三角形的复习教学设计为例

新课程视角下，数学课堂教学更强调学生的学习是一个自主学习、合作探究，主动构建知识、发展能力，形成正确的情感态度与价值观的过程。笔者以人教版《数学》八年级上册第十二章"全等三角形"的复习的教学设计为例，探寻新课程视角下初中数学有效性复习课堂建构的基本策略。

一、教学设计

第一部分　课前预习学案

1. 知识梳理

请写出树形图框图中数字处的内容（图 8 – 3 – 17）。

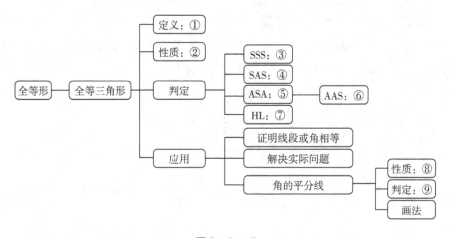

图 8 – 3 – 17

温馨提示：

（1）对应角的寻找方法：①对应边所对的角是对应角；②两条对应边所夹的角是对应角；③有公共角，一定是对应角；④有对顶角，一定是对应角；⑤最大（小）的角是对应角。

（2）对应边的寻找方法：①对应角所对的边是对应边；②两个对应角所夹的边是对应边；③有公共边，一定是对应边；④最长（短）的边是对应边。

（3）三个角分别相等的两个三角形不一定全等。

两边和其中一边的对角分别相等的两个三角形不一定全等。

2. 误区点拨

请分析下列各题中错解原因，并写出正解。

误区一：对"对应"二字理解不深

例1： 在 $\triangle ABC$ 中，$\angle A = 30°$，$\angle B = 70°$，$AC = 17cm$。在 $\triangle DEF$ 中，$\angle D = 70°$，$\angle E = 80°$，$DE = 17cm$。那么 $\triangle ABC$ 与 $\triangle DEF$ 全等吗？为什么？

错解： $\triangle ABC$ 与 $\triangle DEF$ 全等。

证明如下：在 $\triangle DEF$ 中，$\angle D = 70°$，$\angle E = 80°$，所以 $\angle F = 180° - \angle D - \angle E = 180° - 70° - 80° = 30°$。

在 $\triangle ABC$ 与 $\triangle DEF$ 中，$\angle A = \angle F$，$\angle B = \angle D$，$AC = DE$，所以 $\triangle ABC \cong \triangle DEF$。

正解： _____

误区二：误用"SSA"来证题

例2： 如图 $8-3-18$ 所示，D 是 $\triangle ABC$ 中 BC 边上一点，E 是 AD 上一点，$EB = EC$，$\angle ABE = \angle ACE$，求证：$\angle BAE = \angle CAE$。

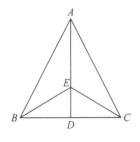

图 $8-3-18$

错解： 在 $\triangle AEB$ 和 $\triangle AEC$ 中，$EB = EC$，$\angle ABE = \angle ACE$，$AE = AE$，所以

$\triangle AEB \cong \triangle AEC$。

所以 $\angle BAE = \angle CAE$。

正解：_____

误区三：对"角的平分线的性质"理解不够准确

例3：如图 $8-3-19$ 所示，P 为 OC 上一点，$PD=PE$，$\angle ODP + \angle OEP =$ $180°$，求证：OP 平分 $\angle AOB$。

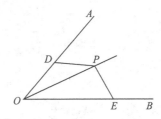

图 8 – 3 – 19

错解：因为 $PD=PE$，所以 OP 平分 $\angle AOB$。

正解：_____ _____

设计意图：引导学生自主梳理、总结、反思。突出知识脉络结构和全章易错易混知识点，错因辨析。

3. 教学策略

本学案提前一天发放给学生预习。教师提前抽查或者全批，收集预习学案中的典型问题，视具体情况在复习课堂上给予误区点拨和正解强化。

第二部分　课堂探究学案

1. 学习目标

（1）掌握全等三角形、角平分线的判定及性质，并运用其解决具体问题。

（2）经历"复习—小结"探究的过程，体会研究几何图形的基本思路和方法。

2. 教学重、难点

掌握全等三角形的性质和三角形全等的判定定理；在复杂图形中，能辨别全等三角形；能用全等三角形的知识解决问题。

3. 学习过程

活动1：成果交流——课前预习学案疑点、难点互动交流。

（课前预习学案内容，略）

设计意图：帮助学生自主构建、完善知识框架，完成知识系统化。

教学策略：①教师巡视，引导小组或者同桌生生互动；②收集、点拨课前预习学案中存在的典型问题，讲在关键处；③多媒体课件动画演示用平移、翻折、旋转等方式改变两个全等三角形位置关系的过程，提高学生对全等三角形对应元素的辨认能力。（图 8 - 3 - 20）

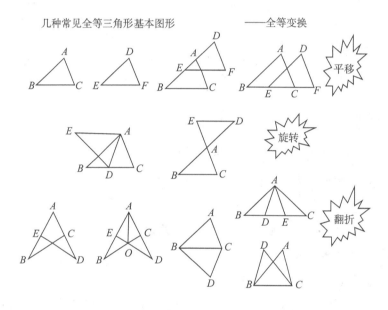

图 8 - 3 - 20

活动 2：知识抢答——知识技能强化，思路误区点拨。

问题 1：（2006 湖南株洲）如图 8 - 3 - 21 所示，$AE = AD$，要使 $\triangle ABD \cong \triangle ACE$，请你增加一个条件：_____ 。

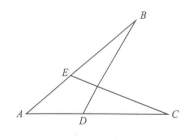

图 8 - 3 - 21

设计意图：结合具体的开放性问题，帮助学生熟悉、强化全等三角形判定知识系统；训练、提高学生对全等三角形判定条件的寻找方法和思维能力。

教学策略：

（1）教师设问引导：可用哪些方法证明全等？已知什么条件？隐含什么条件？还缺什么条件？

（2）一题多解，幻灯片动画同步演示思维、思路过程。

已知一个"边（S）"——$AE = AD$；隐含"角（A）"——公共角 $\angle A = \angle A$，只能够用 SAS 或者 ASA 或者 AAS 证明：

① 若用 SAS 证，还需增加一条"边（S）"相等——$AC = AB$ 或 $DC = EB$。

② 若用 ASA 证，还需增加一个"角（A）"相等——$\angle AEC = \angle ADB$ 或者 $\angle BEC = \angle CDB$；

③ 若用 AAS 证，还需增加一个"角（A）"相等——$\angle C = \angle B$。

问题2：请指出证明过程书写不规范的地方。（提示：共4处）

（2005 年昆明）如图 8－3－22 所示，已知，$AB = CD$，$CE = DF$，$AE = BF$，则 $AE /\!/ BF$ 吗？为什么？

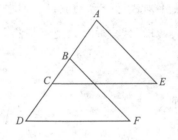

图 8－3－22

证明：$AE /\!/ BF$，理由如下。

$\because AC = BD$（已知），$CE = DF$（已知），$AE = BF$（已知），

$\therefore \triangle ACE \cong \triangle BFD$（SSS），

$\therefore \angle A = \angle B$（全等三角形的对应角相等），

$\therefore AE /\!/ BF$（同位角相等，两直线平行）。

设计意图：结合具体证明过程的书写，帮助学生熟悉全等三角形性质的应用；同时师生共同研究，进行案例分析，探寻并纠正、强化学生在证明题过程书写中存在的典型问题，完成误区点拨；培养学生严密、规范的思维习惯和表

达习惯。

教学策略：教师引导学生探寻、强化正解。幻灯片动画同步演示正确、规范的表述过程：

① "$AC = BD$（已知）"不是"已知"，需要证明—— $\because AB = CD$， $BC = BC$ $\therefore AC = BD$。

② 要在证明全等之前，在过程里面增加"在 $\triangle ACE$ 和 $\triangle BFD$ 中"。

③ "$\triangle ACE \cong \triangle BFD$（SSS）"表述错误字母不对应，用"$\cong$"表示时字母必须对应，应改为"$\triangle ACE \cong \triangle BDF$"。

④ "$\angle A = \angle B$"中"$\angle B$"不能用一个字母表示，字母 B 处有多个角，应该表示为"$\angle DBF$"。

活动 3：自主探究——知识整合，综合应用。

题型一：利用全等三角形的性质证明有关结论

例 1：如图 8 - 3 - 23 所示，在有公共顶点的 $\triangle ABC$ 和 $\triangle ADE$ 中，$AB = AC$，$AD = AE$，且 $\angle CAB = \angle EAD$。

（1）求证：$CE = BD$。

（2）若将 $\triangle ADE$ 绕点 A 沿逆时针方向旋转，当旋转到点 C，E，D 在一条直线上时（图 8 - 3 - 24），（1）问中的结论是否仍然成立？如果成立，请证明；如果不成立，请说明理由。

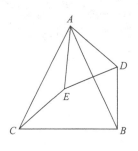 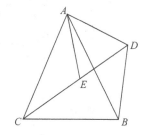

图 8 - 3 - 23   图 8 - 3 - 24

设计意图：知识综合运用，知识方法题型化。整合、训练、落实所得成果。问题（1）用一次全等解决证明线段相等的问题，训练学生在较复杂的几何图形中找全等三角形的能力，规范学生的书写过程。问题（2）拓展创新，探究性学习，训练学生动态的思维视角。

教学策略：教师引导学生分析思路，传授"执果索因"的思维方式、强化过程规范性表达；投影展示或者学生在黑板上板演过程；学生自主探究完成。

题型二：利用角平分线的性质（或判定）证明有关结论

例2：如图 8 - 3 - 25 所示，已知 $\angle B = \angle E = 90°$，$CE = CB$，$AB /\!/ CD$。求证：$AD = CD$。

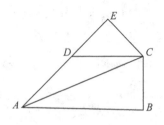

图 8 - 3 - 25

设计意图：知识综合运用，知识方法题型化。整合、训练、落实所得成果。用角平分线知识或者全等解决证明线段相等的问题；训练学生解决较复杂的几何问题的思维方法以及灵活选择解题方案，并熟练运用相关知识点解题的能力；规范学生的书写过程。

教学策略：教师引导学生分析思路，强化"执果索因"的思维方式和过程规范性表达；一题多解；投影展示或者学生在黑板上板演过程，学生自主探究完成。（设置问题串引导学生分析：欲证"$AD = CD$"，可以"证三角形全等"，也可以证"角相等——等角对等边"。本题该选择哪种思路？如证"角相等——$\angle DAC = \angle DCA$"：题目有证角相等的条件吗？——由条件 $AB /\!/ CD$，可知 $\angle DCA = \angle BAC$；那么现在只需证 $\angle DAC = \angle BAC$，即 $\angle BAE$ 被 AC 平分。角平分线的判定，题目条件充足吗？——由"$\angle B = \angle E = 90°$，$CE = CB$"即可。）

活动4：合作学习——证多次三角形全等，证明有关结论。

例3：如图 8 - 3 - 26 所示，$AB = DC$，$AD = BC$，$DE = BF$。求证：$BE = DF$。

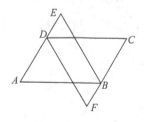

图 8 - 3 - 26

设计意图：用"证两次全等"的方法解决证明线段相等的问题，拓展思维；训练学生解决较复杂的几何问题的思维方法以及从较复杂图形中辨别全等图形的能力；提高学生作辅助线解题的能力。

教学策略：教师引导学生分析思路，强化"执果索因"的思维方式和过程规范性表达；讲透辅助线添加的必要性和合理性；投影展示或者学生在黑板上板演过程；学生可合作探究，亦可独立思考完成。

教师总结：添加辅助线的解题策略和四边形问题转化为三角形问题处理的解题策略。

分析：欲证 $BE = DF$，则要证 $\triangle ABE \cong \triangle CDF$。欲证 $\triangle ABE \cong \triangle CDF$，则需要知道（要证）三个条件。已知 $AB = DC$，还需要证 $\angle A = \angle C$ 和 $AE = CF$：由 $AD = BC$，$DE = BF$，即可证得 $AE = CF$；欲证 $\angle A = \angle C$，证 $\triangle ABD \cong \triangle CDB$（作辅助线，连接 BD）——$AB = DC$（已知），$AD = BC$（已知），$DB = BD$（公共边），即可证 $\triangle ABD \cong \triangle CDB$。

活动5：巩固练习。

（略）

设计意图：知识、方法成果巩固、内化。

活动6：课堂小结——自我总结，提炼深化。

本节课，我们复习了全等三角形相关知识及其典型应用：

（1）全等三角形有哪些应用？

（2）证明线段或角的相等时有哪些方法？应该如何探寻思路？

（3）全等三角形证明时，正确地书写证明格式需要注意什么？

设计意图：知识、方法成果内化。

教学策略：教师引导学生总结，强化"执果索因"的思维方式和过程规范性表达，尤其是总结"用什么解题方法""已知什么条件""隐含什么条件""还缺什么条件""如何去寻找"等解题策略。

二、教学立意的进一步阐述

（一）关于教学目标的定位

教学设计要符合所教班级的实际情况。在本节课之前，所教班级学生对全等三角形的认知有一定的生活基础和理论基础；对于全等三角形、角平分线的判定和性质的运用比较熟练；但是对于较复杂的图形，较难辨认全等三角形，如寻找全等三角形的判定条件等不够熟练；解决相关综合性问题，思维方法不熟，思维能力较低；学生在书写证明过程中"跳步解答"、表述不准确、不规范等问题较突出。

因此，本节课的设计目标定位主要有以下几个：①梳理知识——帮助学生梳理本章知识，使之系统化；②规范解题——纠正学生在证明书写过程中的一些常见问题，使之形成严谨的、良好的思维习惯和表述习惯，如用符号"≌"连接全等三角形时，强调表示对应顶点的字母写在对应位置上，证明过程不跳步解答问题，等等；③温故与拓展——通过本节课让学生经历复习、小结、探究过程，使学生进一步熟悉全等三角形、角平分线的判定及性质，并提升运用这些知识解决具体问题的能力；④提升思维水平——让学生参与复习过程，传授学生解几何题的基本思维方法，训练和提高学生的思维水平。

（二）关于教学模式的定位

传统的数学复习课教学模式通常是：①知识回顾梳理——教师对所学的内容进行系统归纳，给学生板演全面详细的知识结构；②知识讲解运用——教师辅助典型例题讲解，学生先听讲解再进行类题训练。这种传统的复习课教学模式的最大弊端就是无法凸显学生的主体地位，学生只是被动地接受知识，不利于培养创造性。

新课程背景下的教学设计要通过教师设计的教学活动，引导学生自主学习、合作交流探究、自我构建完善。

为了从传统的课堂教学模式中解脱出来，激发学生的复习兴趣，提高复习效率，本节课的设计定位如下：通过设计课前预习学案与课堂探究学案两个导学案，力求最大限度地凸显学生的自主性、探究性与合作性学习。其中，课前预习学案主要帮学生搭建知识梳理、知识辨析、误区点拨的平台，难度适中，学生自主学习，以达到"先学后教、先练后讲"的目的；课堂探究学案设计由浅入深、层层推进，方法多样（成果交流、知识抢答、错误探寻、自主探究、合作学习），激发学生的复习兴趣。

三、关于构建有效的数学复习课堂的几点思考

复习课是一种特殊的课型，是对已学知识进行梳理、系统化，甚至再一次

研究的数学学习活动。复习应从知识的"宽度"和"高度"上向外拓展延伸，使学生数学知识形成、发展和创造能力得到进一步培养和提高。

新课程视角下，如何提高初中数学复习课的效率？如何设计初中数学复习课？

（一）构建有效的数学复习课堂，必须准确定位教学目标和教学模式

设计之初要进行全面准确的学情分析。教师根据自己所带班级的生源情况、本章节内容学生掌握情况等，对本节课承载的任务功能以及师生行为活动展开的模式等做出准确的定位，如本课例中教学目标及教学模式的定位。

（二）构建有效的数学复习课堂，必须科学合理地设计教学模式和教学活动

新课标背景下的教学观必须抛弃传统复习课教学中以教师讲解为主、"题海战术"、"炒冷饭"等现象，教学模式和教学活动必须体现以学生为主体的自主探究与合作学习，调动学生情绪，使学生达到学习角色的兴奋点，要利于学生学习兴趣的激发和求知欲的形成。

（1）整理知识：课前预习学案、活动1、活动2。通过彼此交流课前预习学案内容、知识抢答等引导学生回顾有关知识，并进行整理，使学生有条理、有系统、深刻地理解所复习的内容，形成基本技能。这种合作交流、师生互动的教学模式还能够使学生有效参与，有利于调动学生的学习热情。

（2）知识运用：活动2、活动3、活动4。共计5道题（中考题）由教师精心挑选编制，按难易程度分为三层：第一层为基本练习题（活动2两题），以唤起学生对有关知识的回忆过，是对知识的有效整理（活动1）和过程规范、误区规避（活动2）的进一步熟悉和演练；第二层为综合性的练习题（活动3的例1和例2），属于知识常规应用、中档题型，用以检查学生掌握基本知识和技能的情况；第三层为发展性的习题（活动3的例3），难度稍大——通常此类练习可拓宽与引申多解和多变的习题——以提高学生知识技能应变能力和训练思维水平。此外，此环节将知识、功能题型化，使学生对知识运用更加有条理；同时，教师注意引导、传授学生几何问题的分析方法、思维方法，为后阶段的合作探究提供思维方法的技能铺垫。

（3）讨论交流：活动4。学生经过上述三个层次练习的前两个层次后，在第三层次中，由于题目的内涵丰富，多解与多结果必然会引起学生的交流与讨论，此时教师积极引导。在讨论中，让学生各自先发表自己在练习中的做法，然后教师出示讨论的问题，引导学生观察再讨论，从而使学生发现新的结论或者思路。前两个层次学生独立、自主学习，第三个层次学生合作探究，整个过程学生"分合"得当、合理、层层推进，符合学生的心理认知和教学要求。

（4）重点讲评：在活动2、活动3、活动4中，教师只提示学生怎样思考问题，让学生大胆去练，然后讲评练习结果，提示解题的规律，以获得最佳的心理效应。

（5）针对训练：活动5、活动6通过整理、练习、讨论、讲评之后，让学生对复习的知识进行自我小结，并针对学生在练习中存在的问题进行强化训练，以期达到复习目标。

从上述模式中可看到，本节课通过6个教学活动构建了上述（1）~（5）"五步结构"＋互动式的混合式的有效数学复习课教学模式。

（三）构建有效的数学复习课堂，需注意几个问题

1. 教学活动必须保证学生复习的主动权

在复习过程中，应当充分保证学生的主体地位，让学生积极、主动地参与复习的全过程；要体现知识让学生梳理、规律让学生发现、错误让学生判断；要让学生在参与过程中体验成功，培养、发展、提高他们的能力。

2. 复习题的设计必须典型、有针对性和开放性

复习课中的例题、习题的选择对数学知识的升华、学习方法的归纳、解题能力和基本素质的提高起着十分重要的作用。典型、极具针对性的例题既可以弥补学生对于所学知识的不足，又可帮学生巩固对知识内容的掌握，培养学生综合分析问题、解决问题的能力，提高复习的效率。运用一些开放性的问题进行教学，不仅可以使学生兴趣大增，还可以巩固学生的基础知识，培养学生发散思维能力、创新能力、探究能力和合作学习能力。

3. 复习过程中应深刻剖析典型错误案例，使学生完善知识结构

复习过程中，要呈现学生解题中的错误，分析学生知识掌握情况，找准重点、难点，找准各知识点容易出错的地方，设计误区点拨、错误案例分析，增强复习的针对性。通过设疑、提示、针对性练习、重复强调等手段，透析错因（心理、审题、算理、运算、习惯等因素），消除学生出现的错误，增强学生自控能力，使之改进学习方法，完善自己的思维品质，提升数学素养。

总之，建构有效的数学复习课堂，上好初中数学复习课，关键在于教师的

教学设计一定要有新意，能激发学生对复习课的兴趣；以学生为主体，让学生参与其中，主动完善、自我提高。教师应具有创新的理念，准确定位、设计科学合理的教学活动，将知识、技能、情感渗透其中，以生动活泼的设计艺术吸引学生。

（广东省广州市黄埔区教育研究院　吴光潮）

第九章

试卷讲评课
教学实践

第一节　试卷讲评课教学实践基本观点

数学测验作为非常重要的教学活动，通常在高中数学单元学习结束、模块修习结束后，或是在学期中段和学期期末进行。在高三的复习中，测试的比重会相对加大，其目的是通过检测，对学生进行评价，检查学生对基础知识、基本技能、基本数学思想和方法的实际掌握水平。测试结束后，一定要进行试卷讲评课，笔者在查阅大量文献后，结合自身教学经验，谈谈对高中数学试卷讲评课的基本观点和教学实施策略。

一、关于测试和考试的概念界定

通常，测验是对学生掌握的知识、具有的能力、心理特性等进行诊断、了解和评价。按照测验组织方实施目的来区分，测验一般分为测试和考试。测试通常是指测量学生达到的水平的水平性测验，如学校组织的模块测试、省学科水平测试等；考试通常是指选拔性测验，其目的是通过测验选拔优秀学生，如高考、研究生考试等。

在此约定：本章中所提到的测试和考试是指在高中教学中，按照高考标准时长组织的，组织单位应是校级或以上，考试内容和试卷结构符合命题的基本原则，考试时间有统一的前期规划，如年级月考，期中、期末考试，或是市、县级的质量监测、调研测试等，不涉及 20～40 分钟的随堂小测。后文所涉及的试卷，不过多分析测验的组织目的，不区分测试和考试。

这些考试组织规范，师生重视，因此试卷才能真实地反映学生的能力水平，基于此开展的试卷讲评课才有其相应的意义。

二、试卷讲评课的概念

笔者查阅了国内外相关文献，关于试卷讲评课暂无权威界定，国内有学者做出如下阐述。

王晓娟概括为：在考试过后师生共同对试卷结构、考情进行分析、纠错，并进行错因分析与归类，以查漏补缺，从而使学生巩固所学知识，最终提高解决问题能力的一种课型。

施海燕认为，试卷讲评课是指教师分析考情，探寻错因，总结防错经验，调整教学策略等一系列教学活动，其能帮助学生掌握数学知识，深入理解数学思想，提高学生数学思维能力。

王广臣提到，师生通过共同矫正知识理解上的偏差、探讨解题通法、寻找解题的思维规律，从而巩固知识并对知识进行再整理、再综合和再运用。

基于以上学者对试卷讲评课的认识和个人教学实践经验，笔者将试卷讲评课概括为：考试阅卷结束后，教师经过对试卷质量进行分析、对学生答题进行分析，合理地进行教学设计，使学生对知识进行查漏补缺，提高学生数学思维能力的一种课型。

三、试卷讲评课的现状

实际教学中我们发现，一些教师因各种原因没有对试卷进行分析，没有教学设计，拿着试卷和答案就开始试卷讲评课。从试卷第一题开始，一题不落，一讲到底，主次不分；教学组织形式单一，学生参与度低；或是一味地批评学生，造成学生紧张、焦虑；或是凭个人经验从试卷中选择题目来讲，针对性不强；或是注重过程分析，忽视数学方法总结、思想提炼等。

四、试卷讲评课的基本理论

基于试卷讲评的目标分析，从教学的有效性、教学设计出发，试卷讲评课主要涉及的教学理论有学习动机理论、主体性理论、建构主义理论、学习迁移理论、教学设计原理。

（一）学习动机理论

学习动机是个体进行学习活动的驱动力量，分为内部动机和外部诱因。内部机是指学生个体为了达到某个目标或满足某种需要而产生的一种能量和冲动；外部诱因是指激发个体学习行为的外部刺激和情境。内部动机与外部诱因相互作用，共同决定着学习的方向，影响学生的努力程度和学习的效果。

（二）主体性理论

马克思主义哲学认为，主体是从事认识活动与实践活动的人，即实践活动的发起者、促成者和担当者。作为主体从事认识活动的人，在处理外部世界的相互关系时所表现出来的功能特性之一，是主体作用于客体实践活动所表现出来的能动性。主体性作为人的一种特性，集中表现为人的创造性、主动性和自主性。教育过程中，主体性主要指向学生主体性，是通过激发学生积极的心理状态而达成的。

主体性教育理论的主要表现包括：①人是教育的出发点，把建构和完善主体性的人视为教育的直接目的、根本目的和最高目的，把实现人的价值视为教育的最高价值所在。②人是教育活动的主体。把人作为教育活动的主体，才能发挥受教育者积极参与教学活动的自主性和能动性，才能在教学实践中培养主体性。③主体性教育是在教师与学生的相互作用中，对学生进行启发、引导的过程中进行的。

（三）建构主义理论

建构主义认为学习是一个主动建构的过程，意味着学生从原有的数学经验中积极地用自己的方式去提出、思考和解决问题，在此过程中通过表达、交流与修正，建构起与他人不同的、新的认知结构。维果茨基的社会建构主义强调社会文化学习的重要性，学习者通过与成年人、更有能力的同龄人和认知工具的互动，通过最近发展区形成心理结构。布鲁纳在维果茨基理论的基础上，提出了教学脚手架的概念，即社会或信息环境为学习提供支持（或脚手架），这些支持（或脚手架）随着人的内化而逐渐减少。

（四）学习迁移理论

学习迁移指的是将在某一环境所学到的知识、策略和技能应用到新的环境中的过程。知识的迁移与应用是指运用所学的知识解决类似问题的过程。在学科知识的学习中，学习迁移涉及一个知识点迁移到另一个知识点、一个学科迁移到另一个学科。德国心理学家沃尔夫提出形式训练说，认为重复训练可以促进迁移的发生；桑代克与安德森的共同要素说认为两个环境间的共同要素是导致迁移发生的基本条件；安德森的产生式理论认为，因为条件表征与动作表征之间存在着交叉与重叠，所以学习迁移发生；奥苏泊尔的认知结构迁移理论认为知识迁移的发生是在原有学习经验的基础上，影响学习迁移的有知识的可利用性、巩固性、新旧知识的可辨别性。

（五）教学设计原理

教学设计是教师在教学之前根据学生特点，对教学目标、内容、方法、媒介、程序、环境以及评价等要素进行系统的谋划，形成教学方案的过程。教学设计是有效教学的基础，好的教学设计能使教学目标的达成事半功倍。

五、试卷讲评课的基本观点

（一）课前形成教学设计

测验成绩具有量化的诊断功能，是学生能力水平真实准确的反映，教师在课前要做好相关分析，设计好教学目标、内容、方法、过程，做好课后的辅导。因学生对试卷成绩、错因分析的期待（学习的内部动机），教师在试卷讲评课前，必须形成完整的教学设计，不能拿着一份试卷和答案作为教案，或是把题目做一遍，凭主观经验就题论题来授课。教师应通过优秀的教学设计，设置明确、具体、恰当的学习目标，提高试卷讲评课的效率，发挥其查漏补缺，培养数学思维能力的功能。

（二）引导学生进行归因训练

学习动机理论告诉我们，教师需要从内部和外部对学生的学习动机进行引导。多份调查报告结论显示，约80%的学生认为试卷讲评课比新课对提升成绩更有效，约70%的学生喜欢上试卷讲评课，这表明大多数学生对讲评课有端正的态度和清晰的认识。约13%的学生在试卷讲评课前经常对试卷进行分析，约60%的学生在讲评课前偶尔进行分析。这表明学生虽然主观上认识到试卷讲评课的重要性，但是对试卷分析的主动性不强。高三学生对试卷分析的主动性要强于高一学生。可见，需要教师对学生进行成败归因训练，引导学生对试题错误原因进行评估与归因，这是一个需要长期训练的过程（有学者指出需要1年的训练时间）。

（三）注重学生的主体参与

试卷讲评课前的准备要体现主动建构过程，不论是教师的安排还是学生的自主行为，都需要学生先对试卷进行自主修正。教师在设计课堂活动时应从学生认知参与、思维参与、行为参与、情感参与四个维度考虑，体现以学生为主体，以教师为主导的原则。教师在教学设计时应创设情境，采用多种课堂组织形式，激发学生的学习兴趣，让学生参与到认知活动当中，调动其思维与经验；体现课堂活动的交流与合作的功能，通过小组修正，查漏补缺，进行强化；体现课堂活动的个性化原则。

（四）激励学生，正面引导

积极的学习环境可以激发学生积极的学习行为，在试卷讲评课上，教师应该对优秀生进行表扬，更应该表扬成绩进步的学生，对个别答题优秀、题目有其他解法的学生更要赞赏，对学困生要多关怀鼓励，共同纠错寻因，将积极的评价穿插在整个课堂中。在某调查报告中，60%的学生首先关注会做但是做错的题目，只有约15%的学生会选择在考试后攻克完全不会做的题目，这说明学生的畏难情绪较多，需要教师坚持不懈地激励和正面引导，在教师主导下，安排学生对试卷进行纠错反思，对难点进行突破。

（五）拓展训练，举一反三

学生要能够对知识触类旁通，达到学习一个知识就能够解决一类问题的程度，学习迁移能力的获得是必不可少的。根据学习迁移相关理论，在试卷讲评课中，教师需要在试卷分析的基础上，对试卷的知识点和题目做归类；对易错易混知识进行辨别比较，引导学生总结；选择符合多数学生需求的题目，做针对性讲解、总结、变式训练（有效的习题训练是建立新旧知识联系的有效方式，教师应注重试题的选择，提高变式训练的质量）。

（六）搭脚手架，突破难点

建构主义理论强调建构个人的知识，每个人由于原有的知识经验、生活环境不同，对于知识的建构存在差异。布鲁纳在维果茨基的最近发展区理论的基础上提出了教学脚手架的概念，对于学生的难点，教师需要创设情境，设置脚手架来帮助学生提高认知和思维的水平，协助学生突破难点。

第二节　试卷讲评课教学实践基本策略

　　基于试卷讲评课的各种相关理论，及调查问卷中学生和教师对试卷讲评课的调查结论，笔者经过文献查阅，结合个人教学实践，总结出以下关于试卷讲评课的教学策略。

一、充分的课前准备

　　因为试卷的内容不一，学情不同，所以试卷讲评课的备课内容各不相同。进行试卷讲评课前，教师应做好充分的课前准备，主要包括试卷质量分析、学生成绩分析、学生小题得分分析、确定讲评题目、准备变形练习等。在试卷讲评课上，高中生多数是有选择地听讲，高三年级这种现象更加明显，所以试卷讲评课的准备工作直接影响课堂效率和效果。

（一）试卷质量分析

　　试卷质量分析常分为定性分析和定量分析。定性分析一般主要通过双项细目表，按照考试内容、题型、分值、知识点、知识要求、能力要求（对照课标）等制作表格，体现考查目标与考试内容之间的关联。定量分析主要是分析试卷的信度、效度、难度、区分度。信度指测试结果的可靠性（稳定性），一般测试的信度在 $0.6 \sim 0.8$。效度指测试结果与目标的符合程度。效度是个相对概念，有程度上的差别。一线教师容易操作的是根据双项细目表进行内容效度分析，检查考试题目与考试内容和范围取样的适当性。区分度是反映题目区分测试目标能力或才能的数据。一般认为试卷整体区分度 $D > 0.39$，试卷的质量优异；若试题的区分度 $D < 0.2$，则此题的区分度过低，应进行调整。难度是指正确回答题目的人占总人数的比例。难度与区分度关联性强。一般认为，试题难度为 $0.4 \sim 0.7$ 适中，区分度较好；难度过大或过小，区分度低。从命题角度

讲，单一试题的难度在 0.3 ~ 0.7，全卷难度在 0.5 ~ 0.6 为佳。信度、效度、难度、区分度可通过 SPSS 对试卷分析得到，市县级组织的考试多数会提供这些数据。一线教师若局限于各种因素，也可以只计算难度，通过参考试题难度来初步确定评讲题目。

（二）学生成绩分析

教师一般通过总分的平均分、中位数，将自己任教班级与年级进行排位比较，掌握学生的学习情况。对各题的平均分与年级或其他班级的平均分、标准差进行对比，找到本班学生的优势和差距；按照本班学生小题得分率进行降序排列，结合试题难度初步确定评讲题目。

（三）利用 WEKA 平台进行局部分析

WEKA（怀卡托智能分析环境）平台是比较专业、易操作的分析软件。通过平台功能可以进行局部分析。其一是对试题进行分析，通过对试题进行关联规则分析，可以科学地分析出试卷的主要知识点（对试卷起重要作用），帮助教师挖掘试题背后之间的联系；其二是对学生答题情况进行聚类分析，从而根据学生实际的能力水平，对学生进行个性化分组，可以更加有针对性地进行试卷讲评。当然，这一分析需要教师对此软件有一定的熟悉。

（四）学生讲评需求统计分析

试卷进行讲评课前，教师应至少提前半天将试卷发放，让学生自主纠错，并且发放试卷反思表，训练学生进行成败归因。让学生认真填写反思表（表 9-2-1），表中内容可以有效引导学生进行成败归因反思。教师收集后统计，特别注意"期待教师讲评的题目"，与前面分析结果进行汇总，最终确定讲评题目。

表 9-2-1

序号	会做但不对的题目	分数	过程性丢分的题目	分数	对但不会的题目	分数	完全不会的题目	分数	期待教师评讲题目

（五）精选变式训练

根据上面的统计分析，确定讲评课的题目之后，对于易错点、难点问题，教师要精心选择变式训练，拓展题目。可在课堂完成 1~2 题，在课后布置分层训练作业（根据不同学生的能力水平），在一周后教师选择同类型题目进行复测，以检测学生的掌握情况。

二、优化教学设计，课堂高效实施

试卷讲评课由于教学内容的特殊性，高中学生对其也有迫切的内在需求，教师不能随意为之，不能拿着一张试卷和答案匆忙上课。在做好课前的相关准备后，一定要优化教学设计，以期达到良好的教学效果，更好地促进学生认知体系的完善，对学生知识进行查漏补缺，提高学生的能力水平。

试卷讲评课的教学设计应考虑：课时安排通常为 1~2 课时；注意时效性，一般在考试结束 1~3 天内进行试卷讲评课为宜；教师讲评题目针对性要强，符合学生实际需求和统计分析结果；课堂活动学生参与性要高，教师应对学生多表扬（成绩优秀的学生、进步的学生、优秀解法的学生、典型错误的学生都应该受到教师的肯定和赞许，以营造积极宽松的讲评课氛围）；对于难度适中的题目可以采用小组讨论互助、学生讲评、展示学生优秀解法等，给学生施展的空间，激发学生之间的竞争；确定讲评题目、讲评方式，注意搭建脚手架，应注意总结、提炼方法，针对题目设置变式训练；通过变式训练对课堂效果进行评价和总结，引导学生再次对试卷进行反思和总结。

三、落实课后跟踪辅导

试卷讲评课结束后，并不意味着学生知识与能力就得到了建构和提升，还需要进一步跟踪落实。教师应发挥主导作用，做好以下几点。

（一）督促学生做错题本整理

有数据表明，在学生自主的情况下，仅 30% 左右的学生会将试卷错误整理到错题本上。试卷讲评课结束后，教师要通过作业布置的形式，要求每个学生根据自己的情况进行错题整理，使学生养成归因纠错的良好习惯。

（二）布置分层练习和后期测验

试卷讲评课上教学内容的完成并不意味着学生知识与能力立刻达到一个新的水平，需要教师通过精心选择题目对学生进行变式训练，拓展提升；根据学生记忆规律，在一周左右对易错点、难点进行复测，以检查学生掌握的情况。

（三）与学生一起做归因分析，加深情感交流

试卷讲评课后，教师应与学生多沟通交流，对学生的答题卡进行诊断，分析学生答题情况，与学生一起做归因分析。对于学优生，教师要鼓励他们突破难题、挑战自己；对于学困生，教师要帮助他们树立信心，寻找并记录学生知识与能力的薄弱点。教师可以根据对学生答题卡的分析，给学生建立每次考试的归因点，以便分析学生、了解学情、长期跟踪学生。个别交流也可以加强师生关系，建立情感联系，让学生对教师更加有情感上的认同。

（四）反思和调整个人教学

试卷讲评课结束后，教师应该通过试卷分析、课堂实施效果评价反思自己前期的教学在知识点、技能训练、思想方法的教学策略上存在哪些不足，需要补偿教学。教师应根据学生答题情况分析与学生的访谈、归因记录，总结学生实际学习中的易错点和难点，在今后的教学中加以改进和优化。

进行一次完整的试卷讲评课，所付出的时间和努力往往比新授课更多，这需要教师具有高度的责任心。试卷讲评课效果的优劣，直接影响学生知识体系的建构、思维能力的提升。通过测试发现学生前期学习中存在的问题，并通过试卷讲评课来进行有效解决和提高，是试卷讲评课的独有功能，是其他课型所无法代替的。

参考文献

[1] 陈佳莉.基于高中数学试卷分析的试卷讲评课设计［D］.拉萨：西藏大学，2021.

第三节 试卷讲评课教学课例及分析

课例1：一道中考压轴题评析的教学案例

一、学情分析

相对初一、初二的学生来说，中考第二轮复习阶段的初三学生已经有了比较扎实的"双基"，思维能力也有了很大程度的提升，对数学思想方法的应用也有初步的体验，但对较复杂的综合性问题，尤其是中考压轴题仍然不能深入独立思考直至求解，有心理的畏惧、能力的不足和思维方法的缺乏。"一道中考压轴题评析"的设计适合中等以及中等偏上水平的学生。

二、教学任务及教学目标

二次函数的解析式、图像以及性质是初中数学的核心知识，也是中考的必考内容，尤其是"二次函数中的面积最值问题"是中考试题中的热点题型。本节课主要完成二次函数解析式的基本求法、最值问题的两种常见处理方式（几何法、代数法——目标函数法）的基本思路和步骤（教学重点是目标函数法），让学生在本节课的探究过程中初步体会正确的思维方法以及分类讨论思想、数形结合思想、函数思想、转化思想等的应用，在变式应用中提高学生分析问题、解决问题的能力。

三、教学过程

（一）真题再现，试题探究

如图9-3-1所示，在平面直角坐标系 xOy 中，已知抛物线经过点 A（0，4），B（1，0），C（5，0），抛物线对称轴 l 与 x 轴相交于点 M。

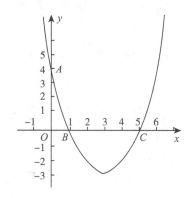

图 9 – 3 – 1

（1）求抛物线的解析式和对称轴。

（2）设点 P 为抛物线（$x>5$）上的一点，若以 A、O、M、P 为顶点的四边形四条边的长度为四个连续的正整数，请你直接写出点 P 的坐标。

（3）连接 AC，探索：在直线 AC 下方的抛物线上是否存在一点 N，使 $\triangle NAC$ 的面积最大？若存在，请你求出点 N 的坐标；若不存在，请你说明理由。

设计意图：真题再现，唤醒学生探究试题的欲望，以探究过程训练学生思维。

通过问题（1）使学生复习回顾二次函数解析式的三种基本形式并选用合适的形式求解，让学生获得成功的体验，激发他们的兴趣。通过问题（2）使学生熟悉对称轴的性质——转化线段或点，培养学生良好的分析问题、解决问题的能力和习惯，让学生体会分类讨论思想的应用。问题（3）是一个构造目标函数，用函数模型解决几何图形问题、二次函数中的面积最值问题的典型题型，通过探究此题让学生知道此类问题的解题思路及基本步骤，同时培养学生根据已有知识和经验进行探究的能力；使学生体会割补法在解决图形面积问题中的作用以及不同的割补方法、线段的长度与坐标的转化关系；使学生体会数形结合思想、函数思想和转化思想的应用；使学生通过探究过程纠正常犯的错误、规范解答过程。

教法设计：出示问题后，第（1）问学生独立思考，教师利用多媒体课件给出（1）的解答。第（2）问学生先自主再合作，也可教师点拨。第（3）问教师引导、点拨、分析：①画出图形。②是否能够由观察直接得出点 N 的位置？③如何体现动点 N 对面积的影响？（建立面积关于 N 的坐标的数量关系）。师生共同完成（3）。

解答要点：

（1）$y = \dfrac{4}{5}x^2 - \dfrac{24}{5}x + 4$，抛物线的对称轴是 $x = 3$。（比较"一般式""交点式"两种解法，优化解法）

（2）提示：如图 9-3-2 所示，由题意可知，以 A、O、M、P 为顶点的四边形有两条边 $AO = 4$、$OM = 3$，又知点 P 的坐标中 $x > 5$，所以，$MP > 2$，$AP > 2$。因此，以 1、2、3、4 为边或以 2、3、4、5 为边都不符合题意，所以四条边的长只能是 3、4、5、6 这一种情况。在 $\text{Rt} \triangle AOM$ 中，$AM = \sqrt{OA^2 + OM^2} = \sqrt{4^2 + 3^2} = 5$，因为抛物线对称轴过点 M，所以在抛物线 $x > 5$ 的图像上有关于点 A 的对称点与 M 的距离为 5，即 $PM = 5$，此时点 P 横坐标为 6，即 $AP = 6$。故以 A、O、M、P 为顶点的四边形的四条边长度分别是四个连续的正整数 3、4、5、6 成立，即 P（6，4）。

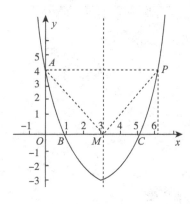

图 9-3-2

（3）解法列举。

解法 1： 在直线 AC 下方的抛物线上存在点 N，使 $\triangle NAC$ 面积最大。

设 N 点的横坐标为 t，此时点 $N\left(t, \dfrac{4}{5}t^2 - \dfrac{24}{5}t + 4\right)$（$0 < t < 5$），过点 N 作 $NG /\!/ y$ 轴交 AC 于 G。由点 A（0，4）和点 C（5，0）可求出直线 AC 的解析式为 $y = -\dfrac{4}{5}x + 4$；把 $x = t$ 代入得 $y = -\dfrac{4}{5}t + 4$，则 $G\left(t, -\dfrac{4}{5}t + 4\right)$，此时 $NG = -\dfrac{4}{5}t + 4 - \left(\dfrac{4}{5}t^2 - \dfrac{24}{5}t + 4\right) = -\dfrac{4}{5}t^2 + \dfrac{20}{5}t$。

$$\therefore S_{\triangle ACN} = \frac{1}{2}NG \cdot OC = \frac{1}{2}\left(-\frac{4}{5}t^2 + \frac{20}{5}t\right) \times 5 = -2t^2 + 10t = -2\left(t - \frac{5}{2}\right)^2 + \frac{25}{2}$$

$\therefore$ 当 $t = \frac{5}{2}$ 时，$\triangle CAN$ 面积的最大值为 $\frac{25}{2}$，

由 $t = \frac{5}{2}$，得 $y = \frac{4}{5}t^2 - \frac{24}{5}t + 4 = -3$，$\therefore N\left(\frac{5}{2}, -3\right)$。

解法2： 提示，过点 N 作 x 轴的平行线交 y 轴于点 E，作 $CF \perp EN$ 于点 F，则 $S_{\triangle ANC} = S_{梯形AEFC} - S_{\triangle AEN} - S_{\triangle NFC}$。（图 9 - 3 - 3）（再设出点 N 的坐标，同样可求，余下过程略）

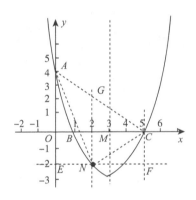

图 9 - 3 - 3

（二）真题分解，考点研究

考点 1：求抛物线解析式

方法总结：（待定系数法）①一般式：$y = ax^2 + bx + c$（$a \neq 0$）；②顶点式：$y = a(x - h)^2 + k$（$a \neq 0$）；③交点式：$y = a(x - x_1)(x - x_2)$（$a \neq 0$）。

考点 2：抛物线的对称性——转化线段或求点的坐标

方法总结： 涉及对称性条件，通常要利用对称性转化相关点或线段。

考点 3：面积（函数）最值问题

方法总结： 构造目标函数，通过对目标函数最值的研究获得问题的解决。

解题步骤： 第一步，设合适的未知数，并表示出相关点的坐标或线段的长度；第二步，用割补法建立关于面积的函数解析式；第三步，根据所设未知数的范围，利用函数的性质，求其最值。

设计意图： 让学生明确、熟悉和梳理考点、归纳题型解法，汲取解题经验、技能，使学生养成系统整理知识和归纳总结的习惯，并形成能力。

教法设计：教师给出提纲，学生按照要求完成任务，教师再进行完善。

（三）变式迁移，成果内化

变式 1：若点 S 为抛物线对称轴上的一动点，求点 S 的坐标，使 $\triangle ASB$ 周长最小，并求出这个最小值。

变式 2：第（3）问"在直线 AC 下方的抛物线上是否存在一点 N，使 $\triangle NAC$ 的面积最大？"的"下方"如果去掉，其他条件不变，结果又如何？

变式 3：若抛物线顶点为 D，在直线 AD 下方的抛物线上是否存在一点 P，使四边形 $APDC$ 的面积最大？若存在，请你求出点 P 的坐标；若不存在，请你说明理由。

设计意图：变式 1 利用对称性解决问题，让学生体会求最值的另一种思路（几何法）以及转化思想和数形结合思想，培养学生思维的灵活性，使学生不拘泥于一种思路（如求最值问题）；变式 2 让学生开放思维、探究，把握问题的本质，体会数形结合思想以及数学条件的深刻性和严密性；变式 3 是原题（3）的类题训练，方法上和原题一样有两种解法，让学生训练、内化知识技能、反馈学习效果。

教法设计：教师出示问题，学生独立思考，做出解答；引导学生作图帮助思考。

解答要点：

变式 1：连接 AC 交对称轴于 S 点，$AB + AC = \sqrt{17} + \sqrt{41}$ 即为所求最小值，此时 $S\left(3, \dfrac{8}{3}\right)$。

变式 2：因为 AC 一定，AC 上的高随着 N 点在抛物线上的位置上升而变大，所以此时不存在一点 N，使 $\triangle NAC$ 的面积最大。

变式 3：$\because S_{四边形APDC} = S_{\triangle APD} + S_{\triangle ADC}$，直线 AD 的解析式 $y = -\dfrac{12}{5}x + 4$，设 $P\left(m, \dfrac{4}{5}m^2 - \dfrac{24}{5}m + 4\right)$。

作 $PQ // y$ 轴交 AD 于点 Q，则 $Q\left(m, -\dfrac{12}{5}m + 4\right)$。

$$PQ = -\dfrac{12}{5}m + 4 - \left(\dfrac{4}{5}m^2 - \dfrac{24}{5}m + 4\right) = -\dfrac{4}{5}m^2 + \dfrac{12}{5}m。$$

$$\therefore S_{\triangle APD} = \frac{1}{2} OM \cdot QP = \frac{1}{2} \times 3 \times \left(-\frac{4}{5}m^2 + \frac{12}{5}m \right) = -\frac{6}{5}m^2 + \frac{18}{5}m = -\frac{6}{5}$$

$\left(m - \frac{3}{2} \right)^2 + \frac{27}{10}$，又易得 $S_{\triangle ADC} = 12$。

综上，当 $m = \frac{3}{2}$ 时，$S_{\triangle APD}$ 最大值为 $\frac{27}{10}$，$S_{\text{四边形}APDC} = S_{\triangle APD} + S_{\triangle ADC} = \frac{27}{10} + 12 = \frac{147}{10}$，即为所求。

（补形的方法略）

（四）归纳总结，成果提炼

本节课我的收获是：①基础知识方面＿＿＿＿＿＿＿＿＿＿＿＿＿＿＿＿＿＿；②基本数学思想方面＿＿＿＿＿＿＿＿＿＿＿＿＿＿＿＿＿。

功能分析：提纲填空式总结、提炼可以激发学生主动参与的意识，让学生养成善于总结的探究习惯，优化知识技能，优化思维方式方法。

教法设计：教师提出总结提纲，引导学生回顾、总结完成，最后教师补充提炼、共同完善。

总结要点：①基础知识——抛物线解析式、图形的对称性、研究二次函数中的面积最值问题的基本思路；②基本数学思想——函数思想、转化思想、数形结合思想、分类讨论思想。

（五）课外探究，拓展延伸

（题目略）

设计意图：供学生课后仿真练习、探究，题目的选择既要切合本节课所涉及的知识点、题型解法，又要具备探究功能，渗透数学思想，让课内知识和思维在课外进一步迁移延伸、拓展发散和有效训练、提升能力的目的。

四、课例评析

从一道例题的变式教学的专题复习案例中反思：在第二轮专题复习中，教师如何有效授课？如何发展学生的思维能力？

（一）本节课的设计思路

结合我校初三年级学生的"思维水平偏低，思维节奏偏慢"的思维特点，采用"小步子、低起点、慢节奏"的教学方式，以暴露思维过程、总结题型解法、发展学生思维能力为目标，按如下程序推进：真题再现，试题探究—真题分解，考点研究—变式迁移，成果内化—归纳总结，成果提炼—课外探究，拓展延伸。

（二）课堂教学预设需注意的几个"点"

1. 知识点

教师必须串联、适度延伸此题考查的相关知识点，并使学生明确、回顾熟悉，达到以点带面二轮复习的目的。比如，本例题第（1）问主要考查抛物线方程的求法，则应串联、延伸抛物线方程的三种形式及其求解方法并进一步复习总结：①一般式——$y = ax^2 + bx + c$（$a \neq 0$）；②顶点式——$y = a(x - h)^2 + k$（$a \neq 0$）；③交点式——$y = a(x - x_1)(x - x_2)$（$a \neq 0$）。根据此题实际情况，可熟悉多种求法，最后比较并选择最优解法，从而达到知识、方法复习面尽可能覆盖以及技能、思维优化的效果。

2. 切入点

讲题的核心是暴露思维过程，思维过程的展开必须找准切入点，切入点的寻找需要教师引导学生，并通过训练让学生模仿至独立完成。例如，本例题第（2）问，应该以"四边形四条边的长度为四个连续的正整数"为突破口切入：四条边的长度有已知的吗？有哪些？结合已知边长以及"四个连续的正整数"可能有哪些数字组合？分别列出，根据"P 为抛物线（$x > 5$）上的一点"的"$x > 5$"筛选，从而求解。

3. 重难点

教师要把握解题的重点，防止均等用力；突破难点就是分解学生思维的难点，分解难点就必须巧设问铺路，降低思维的起点，形成思维的梯度，引导学生思维，引导学生全员参与。同时，教学中坚持用分析法、综合法分析问题，力求教给学生分析问题的思维方法。例如，本例题的第（3）问，学生习惯直接从几何的角度直接在图像上寻找 AC 边上的高最大的情形，此时的 N 点即为所求点，但根据现有知识不易求解，教师可以顺势引导求最值的一种常见方法——几何法，但应点到为止，将重点转到求最值的另一种方法——代数法（目标函数法），设问引导：如何设未知数（或点）？如何分割图形并表示面积的解析式？是否有多种方法？哪一种最简单？等等。最后优化解法，小结代数法（目标函数法）的一般步骤，优化思维。

4. 关键点

在关键点处点拨，给学生思维以动力和方向，避免一言堂。例如，本例题的第3问，面积的分割方法以及解析式的求解方法这几个关键点教师只需点拨，其余交给学生完成即可。

5. 生长点

寻找知识技能的生长点并让知识技能拓展延伸，达到思维发散的目的，根据题目的特点进行改编、变式是有效方法之一。学生进行变式训练，可以将新知识迁移内化。例如，本例题"变式迁移"的三个变式。

（1）变换视角——培养学生思维的灵活性。

变式1是对原题第（2）问考查考点"抛物线的对称性"的类题变式，又是对原题问题（3）几何法求最值问题的类题变式。这样引导学生从不同角度、不同方面思考，不满足于已有方法，从而抓住问题的本质：最值问题可以从几何的角度或者代数的角度求解，对称性条件往往可帮我们转化线段或者点的坐标。本方法使思维的灵活性得到了较好锻炼。

（2）变换条件——培养学生思维的严密性和深刻性。

变式2是对原题第（3）问条件的改变，变原来的"下方"为"上方"，解答说理过程变得简单但思维过程相对复杂灵活，能有效区分思维质量和思维水平的不同的学生。一词之变既保持了题目的开放性，又体现了原题的严密性。变式3把原题的三角形问题变为四边形问题，解法本质不变。由以上的过程，可以看出，条件的适当变式能有效地培养学生思维的严密性，培养学生思维的深刻性。

（3）变换问题——培养学生思维能力，促进学生理性思维及智力的发展。

问题的形式影响着思考的方式和角度，如把一般封闭性的问题变化为开放性的问题，更能激发学生兴趣，启发学生自主探究，有效地培养学生的思维能力，促进学生理性思维及智力的发展。

6. 落脚点

回归主题，提炼解题方法和数学思想。一节课包含的任务不能过多，当拓展到一定程度时必须回归本节课具体的、主要的任务。例如，本例题所渗透的知识点和数学思想要引导学生归纳提炼，如本节课设计的"归纳总结，成果提炼"部分。

7. 发散点

一堂高效、高质量的课不应该随着下课铃声的响起而终结，而应该是止于铃声而余思绕梁。本节课的知识技能、思维方法等应该在课外得到有效的回味、反思和进一步的探究。最后环节的"课外探究，拓展延伸"则肩负着这一重任，因此重视该环节探究题目的选择以及信息反馈十分重要，不可随意处理，要以课内向课外适度发散为原则精选题目。

（三）几点感悟

基于上述实践和反思，笔者认为：中考数学第二轮专题复习的课堂教学要达到高效、发展学生的思维水平的目标，应突出重点、突破难点，要体现深刻性、拓展性和发散性。

1. 深刻性

对数学条件、数学概念的理解要深刻，无论在什么问题情境中（动态的还是静止的），对数学知识都能正确识别、理解，并能灵活地运用它解决相关的问题。

2. 拓展性

组织的教学内容要突出与其他数学知识和方法间的联系。教师在教学时，要对所遇到的数学知识拓展，如进行变式、变条件、变结论、变问题情境、变解法等，使同一个教学内容发挥最大的教学功能。

3. 发散性

培养学生的发散性思维，使学生善于从多个角度去看问题，拓展学生的思维空间，如教学中可采用一题多解、多题一解等方法。

（广东省广州市黄埔区教育研究院　吴光潮）

课例 2：SOLO 分类理论视域下的
初中数学学业考试题分析

——以 2022 年广州市初中学业水平考试题为例

2022 年 3 月，教育部办公厅针对各地贯彻《中共中央　国务院关于深化教育教学改革全面提高义务教育质量的意见》的精神、落实《教育部关于加强初中学业水平考试命题工作的意见》的过程中仍存在的超标命题，试卷难度不合理、记忆性试题比例偏高等问题，发布了《关于做好 2022 年中考命题工作的通知》，指出要"深化义务教育教学改革、促进减负提质、巩固'双减'成果"、"确保依标命题、教考衔接"、"科学设置试卷难度"（"两考合一""兼顾毕业和升学""既要防止试卷过难增加学生学业负担，也要避免试卷过易难以体现区分度""合理设置试卷试题结构，减少记忆性试题，增加探究性、开放性、综合性试题"）。

本案例应用 SOLO 分类理论，以 2022 年广州市初中学业水平考试题为例，对其试题的知识能力和学生思维水平结构进行分析，探究中考试题对文件精神的落实情况，以期对日常教学有所启发。

一、SOLO 分类理论的基本内涵

SOLO 分类理论（Structure of the Observed Learning Outcome）又被称为可观察的学习成果结构，是澳大利亚教育学家彼格斯于 1982 年创建的，是一种以等级描述为特征的质性评价研究方法。SOLO 分类理论基本理念主要源于皮亚杰的认知发展阶段论，针对学生回答某一问题展现出来的不同思维层级，将其思维能力水平按从低到高、从简单到复杂的原则划分为前结构水平（Prestructural，P）、单点（单一）结构水平（Unistructural，U）、多点（多元）结构水平（Multistructural，M）、关联结构水平（Relational，R）、抽象扩展（拓展抽象）结构水平（Extended Abstract，Ea）（表 9-3-1）。据此，能较好地评价学生思维能力所达到的广度和深度，体现对学生的学习从量变到质变的测量与评价。

表 9-3-1

SOLO 结构水平层次	基本特点	模型表征
前结构水平	学生不清楚问题考查的目的，不能找到问题的相关线索，回答问题思维逻辑较混乱，依据感觉对问题进行判断，不能正确得出问题的答案	—
单一结构水平	学生对问题没有一个全面的理解，仅关注问题中单一的线索，对问题的理解趋于表面化，凭了解的单一知识直接得到答案	○
多元结构水平	学生能抓住问题的主要线索，并能发现多个解决问题的方法，但没有将思路有机地结合起来，对所包含的信息没有进行有效整合，或是将简单的关键词相联系，没有形成知识网络	○ ○ ○ ○

续 表

SOLO 结构水平层次	基本特点	模型表征
关联结构水平	学生能够将从问题中提取出的有效线索与解决问题相关的素材进行有机整合，形成一个庞大的分析体系，用于解决更为复杂的问题，使其在设定的问题情境中不会出现不一致的情况	
拓展抽象结构水平	学生能够理解所给问题，在解决问题时能够自主地将问题与生活或学习中的知识联系起来，并有效地联系自身经验进行拓展思考，将问题上升到理论的高度，得到一个最终答案	

二、SOLO 思维水平层次的划分标准

本分析结合布卢姆认知分类层级（表 9 - 3 - 2）、SOLO 思维层次及水平特征，从考查载体、知识获取、实践操作、思维认知等评价维度，划分SOLO思维水平层次的标准（表 9 - 3 - 3）。

表 9 - 3 - 2

类型	层次及性质	特点
低阶	第一层：认知性问题（识记 Remember）	对知识的回忆和确认知识，即认识并记忆，必须知道的确切的事实、术语和方法，涉及具体知识或抽象知识的辨认，包含回忆、记忆、识别、列表、定义、陈述、呈现
	第二层：理解性问题（理解 Understand）	对概念、规律的理解（也称了解），把握所学材料的意义，即对事物初步的、肤浅的、最低水平的理解，包括转化、解释、推断等
	第三层：应用性问题（应用 Apply）	在新情境中对所学习的概念、法则、原理的初步、直接应用（不是通过分析、综合地运用知识）
高阶	第四层：分析性问题（分析 Analyze）	将材料分解为其各组成要素部分，并且确定各部分的相互关系、组织结构、组织原理以及部分与总体之间的联系，以便综合地、创造性地解决问题
	第五层：评价性问题（评价 Evaluate）	依据准则和标准对解答过程、方法和问题本质的价值做出理性的、深刻的、有说服力的判断，包含反思、检查某一思维过程、方法是否内在一致，并进行比较和选择，等等

类型	层次及性质	特点
高阶	第六层：创造性问题（创造 Create）	以分析为基础，全面加工已分解的各要素，并再次把它们按需要重新组合成整体，以便综合地、创造性地解决问题，包含创造性地表达、计划、实施步骤以及推理出的规律性等活动。它强调独特性与创新性

表 9 - 3 - 3

考查要求	命题要求	布卢姆认知分类层级	对应 SOLO 思维水平层次及水平特征
基础性	强调基础扎实，以最基本的问题情境为载体，对学生应掌握的学科基本概念、原理、技能和思维方法进行测量与评价	第一层认知性问题 第二层理解性问题 第三层应用性问题	单点结构：简单问题情境下，学生能解释有限的线索，运用很少的知识，解决复杂性很低的问题。 多点结构：简单问题情境下，学生能解释多个不同的线索，运用多个相互独立的知识，解决复杂性较低的问题
综合性	强调融会贯通。以能够反映学科知识、能力内部的整合及综合运用的复杂情境为载体，对学生知识、能力、素养之间的纵向整合能力以及综合运用水平进行测量与评价	第四层分析性问题 第五层评价性问题	关联结构：较复杂问题情境下，学生能对线索进行全面收集，并进行整合，联系实际，合理解决问题
应用性	强调学以致用。以生活实践或学习探究问题情境为载体，将知识有机整合和运用作为考查目标，对学生分析问题、解决问题的能力，以及迁移课堂所学内容、理论与实践相联系的实际水平进行测量与评价		低拓展抽象结构：复杂问题情境下，学生能发现隐含的信息，运用学科研究方法分析问题，解决并深化问题，提出发展的观点

考查要求	命题要求	布卢姆认知分类层级	对应 SOLO 思维水平层次及水平特征
创新性	强调创新意识和创新思维。以新颖或陌生的情境为载体，对学生主动思考、完成开放性或探究性的任务、发现新问题、找到新规律、得出新结论的水平进行测量与评价	第六层创造性问题	高拓展抽象结构：新颖或陌生问题情境下，学生能发现隐含的信息，运用所学知识解决问题，并能进一步联系新的知识，提出猜想并论证，得到更抽象、更广泛的结论

三、基于 SOLO 分类理论的 2022 年广州市初中学业水平考试题分析

（一）SOLO 思维水平层次及水平特征试题分析范例

依据表 9 - 3 - 3，以部分典型试题为例，对 SOLO 思维水平层次及水平特征进行解释性的范例分析（因前结构水平描述的是学习者不能解答问题的状态，故不做范例分析）。

1. 单点结构水平

例 1：（2022 年广州市初中学业水平考试第 14 题）分式方程 $\frac{3}{2x} = \frac{2}{x+1}$ 的解是_____。

评析：本题主要考查分式方程的解法，属基础性问题。考生可运用分式方程的求解方法（原理）——单一知识点解决问题。试题考查内容及能力为单一知识结构，因此可划分为 SOLO 结构水平层次中的单点结构水平，属于低阶思维等级。

2. 多点结构水平

例 2：（2022 年广州市初中学业水平考试第 5 题）下列运算正确的是（　　）。

A. $\sqrt[3]{-8} = 2$　　B. $\frac{a+1}{a} - \frac{1}{a} = a$ $(a \neq 0)$　　C. $\sqrt{5} + \sqrt{5} = \sqrt{10}$　　D. $a^2 \cdot a^3 = a^5$

评析：本题主要考查立方根、分式减法、根式加法、同底指数幂乘法相关概念、法则等，属基础性问题。考生能运用题目选项中的多个孤立知识点解决问题。试题考查的学科知识内容及能力相对独立、多元，因此可划分为 SOLO 结构水平层次中的多点结构水平，属于低阶思维等级。

3. 关联结构水平

例**3**：（2022 年广州市初中学业水平考试第 9 题）如图 9-3-4 所示，正方形 *ABCD* 的面积为 3，点 *E* 在边 *CD* 上，且 *CE* =1。∠*ABE* 的平分线交 *AD* 于点 *F*，点 *M*，*N* 分别是 *BE*，*BF* 的中点，则 *MN* 的长为（　　　）。

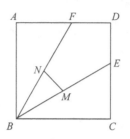

图 9-3-4

A. $\dfrac{\sqrt{6}}{2}$　　　　B. $\dfrac{\sqrt{3}}{2}$　　　　C. $2-\sqrt{3}$　　　　D. $\dfrac{\sqrt{6}-\sqrt{2}}{2}$

评析：本题主要考查正方形的性质、勾股定理、三角形全等、特殊角的三角函数值、中位线等知识，属综合性问题。考生需运用多个知识点，且进行有效整合，方可解决问题。首先，由正方形 *ABCD* 的面积为 3，*CE* =1，可利用特殊角的三角函数值知识求出∠*CBE* =30°；其次，由 *BF* 平分∠*ABE* 可得△*ABF* 与△*CBE* 全等；从而，在等腰△*DEF* 中利用勾股定理求出 *EF*；最后，利用中位线定理求出中位线 *MN* 的长。考生有机整合多元知识点，综合分析，解决问题（可多法）。试题考查的学科知识内容及能力要求呈现较强的关联性，因此可划分为 SOLO 结构水平层次中的关联结构水平，属于高阶思维等级。

4. 抽象扩展结构水平

例**4**：（2022 年广州市初中学业水平考试第 16 题）如图 9-3-5 所示，在矩形 *ABCD* 中，*BC* =2*AB*，点 *P* 为边 *AD* 上的一个动点，线段 *BP* 绕点 *B* 顺时针旋转 60°得到线段 *BP*′，连接 *PP*′，*CP*′。

当点 *P*′落在边 *BC* 上时，∠*PP*′*C* 的度数为　　　　　；当线段 *CP*′ 的长度最小时，∠*PP*′*C* 的度数为　　　　　。

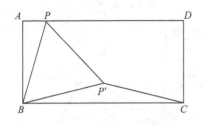 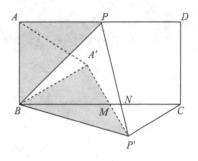

图 9 - 3 - 5　　　　　　　　图 9 - 3 - 6

评析：本题是动点轨迹问题，主要考查矩形及等边三角形的性质、点到直线的距离、三角形全等（或相似）、30°角的直角三角形、三角形内角和等知识。

第 2 空的求解对考生逻辑推理能力、几何直观能力、综合应用能力、创新意识等有较高要求，属于应用性、创新性问题。

当点 P 为点 A 时，点 P' 为点 A'（定点），易证得点 P 在边 AD 上运动，$\triangle ABP$ 与 $\triangle A'BP'$ 始终全等，从而 $BA' \perp A'P'$，即点 P' 始终落在定线段 BA' 上，所以当线段 CP' 的长度最小时，$CP' \perp A'P'$。易知 $\angle A'BC = 30° = \angle P'CB$，$A'M = \frac{1}{2}BM$，$P'M = \frac{1}{2}CM$，$\therefore A'P' = \frac{1}{2}BC = AP = AB$，

$\therefore \angle APN = 45° + 60° = 105°$，$\therefore \angle PNB = 75° = \angle CNP'$，所以 $\angle PP'C = 75°$。

考生需要从陌生、具体的问题情境中抽象出隐含的全等三角形信息，并把已有相关知识迁移、拓展到新情境中，进行探究性思考，从而解决问题。试题考查的学科知识内容及能力要求考生具备较强的抽象、归纳、演绎、思维发散和创新能力，因此可划分为 SOLO 结构水平层次中的抽象（高）扩展结构水平，属于高阶思维等级。

（二）考生答题的 SOLO 结构水平层次分析范例

例 5：（2022 年广州市初中学业水平考试第 25 题）如图 9 - 3 - 7 所示，在菱形 $ABCD$ 中，$\angle BAD = 120°$，$AB = 6$，连接 BD。

（1）求 BD 的长。

（2）点 E 为线段 BD 上一动点（不与点 B，D 重合），点 F 在边 AD 上，且 $BE = \sqrt{3}DF$。

① 当 $CE \perp AB$ 时，求四边形 $ABEF$ 的面积；

② 当四边形 $ABEF$ 的面积取最小值时，$CE+\sqrt{3}CF$ 的值是否也最小？如果是，求 $CE+\sqrt{3}CF$ 的最小值；如果不是，请说明理由。

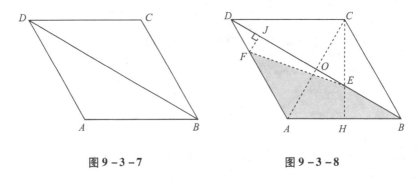

图 9 - 3 - 7   图 9 - 3 - 8

评析： 本题主要考查菱形的性质、特殊角的三角函数值、三角形相似、二次函数最值等知识，考查化归转化思想、函数思想、数学建模思想等，考查逻辑推理、几何直观、数学抽象、数学运算素养及创新意识，属于应用性、创新性问题中的难题。试题主要以复杂、探究性问题情境为载体，测量与评价考生主动思考、探究的能力，考查"四能"、创新思维能力。试题考查的学科知识内容及能力要求呈现抽象、迁移、归纳与演绎等思维操作，因此可划分为 SOLO 结构水平层次中的抽象扩展联结构水平，属于高阶思维等级。

对于该问题，考生一般有以下五类典型答题情况。

生1：完全不会，无法作答。此类考生是知识储备不足，按照 SOLO 分类理论这是一种前结构水平。

生2：（1）连接 AC，交 BD 于点 O。利用菱形 $ABCD$ 的性质，在 Rt$\triangle BOC$ 中，$BC=6$，$\angle CBO=30°$，求出 $BD=2BO=6\sqrt{3}$。此类考生能用单一的知识解决问题。按照 SOLO 分类理论这是一种单点结构水平。

生3：据上正解，（2）① $\triangle ABC$ 为等边三角形，$CE\perp AB$，垂足为 H，则在 Rt$\triangle BEH$ 中，$\angle EBH=30°$，可得 $BE=2\sqrt{3}$，又 $BE=\sqrt{3}DF$，所以 $DF=2$。四边形 $ABEF$ 的面积 S 等于 $\triangle ABD$ 的面积 S_1 减去 $\triangle DEF$ 的面积 S_2，分别求出 $S_1=\dfrac{1}{2}$ $AB\times CH=\dfrac{1}{2}\times 6\times 3\sqrt{3}=9\sqrt{3}$，$S_2=\dfrac{1}{2}DE\times FJ=\dfrac{1}{2}\times 4\sqrt{3}\times 1=2\sqrt{3}$，$S=7\sqrt{3}$。

此类考生能够使用题目中所包含的几个独立的信息分别计算面积，按照 SOLO 分类理论，这是多点结构水平。

生4：据上正解，②设 $DF = x$，则 $BE = \sqrt{3}x$，$DE = 6\sqrt{3} - \sqrt{3}x$（$0 < x < 6$），

$\triangle DEF$ 的面积 $S_2 = \dfrac{1}{2}DE \times (DF \times \sin\angle EDF) = \dfrac{1}{4}x(6\sqrt{3} - \sqrt{3}x)$。$\therefore S = 9\sqrt{3} -$

$\dfrac{1}{4}x(6\sqrt{3} - \sqrt{3}x) = \dfrac{\sqrt{3}}{4}x^2 - \dfrac{6\sqrt{3}}{4}x + 9\sqrt{3} = \dfrac{\sqrt{3}}{4}(x-3)^2 + \dfrac{27\sqrt{3}}{4}$。

$\because 0 < x < 6$，$\therefore DF = 3$ 时，四边形 $ABEF$ 的面积有最小值，为 $\dfrac{27\sqrt{3}}{4}$。

此类考生能够综合地、联系地使用题目中的信息（注意知识的横向联系，从特殊到一般，迁移知识，构造目标函数且利用函数求最值）解决较复杂的问题。按照 SOLO 分类理论，这是关联结构水平。

生5：据上正解，此时 $BE = 3\sqrt{3}$，点 F 为 AD 的中点，$CF \perp AD$，$CF = 3\sqrt{3}$，点 E 为 BD 的中点，$CE \perp BD$，$CE = 3$，CF 的最小值为 C 点到直线 AD 的距离 $3\sqrt{3}$，CE 的最小值为 C 点到直线 BD 的距离 3。所以，四边形 $ABEF$ 的面积有最小值时，$CE + \sqrt{3}CF$ 也取得最小值 12。

此外，考生也可用如下方法处理：以 BD 为边向下作等边三角形 $\triangle BDG$，如图 $9-3-9$ 所示，易知 $\triangle CDF \backsim \triangle GBE$，从而得 $\sqrt{3}CF = EG$，$CE + \sqrt{3}CF = CE + EG$。

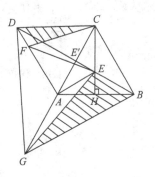

图 $9-3-9$

$\therefore$ 当 C，E，G 三点共线时，取得最小值 12，此时 E，F 分别为 BD，AD 的中点。

甚至可继续归纳抽象出如下问题：本题"$BE = \sqrt{3}DF$""$CE + \sqrt{3}CF$"中的"$\sqrt{3}$"改成"k"，得出最小值。

此考生能够通过整合题目中的信息，迁移、抽象、归纳出一般化的问题解决规律和原理，能够拓展问题本身的意义，具有一定的创新意识。按照 SOLO 分类理论，这是抽象拓展结构水平。

上述回答，质量依次提高，涉及的知识点依次增加，思维层次和结构依次复杂，学生学业水平依次提高。对解答水平的分析可以有效实施学生学业述评分析。

（三）试卷的 SOLO 结构水平层次分布统计及分析

依据表 9 - 3 - 3，对 2022 年广州市初中学业水平考试，从 SOLO 结构水平层次、题号、分值及占比等维度进行统计、分析，得出 2022 年广州市初中学业水平考试的 SOLO 结构水平层次统计，见表 9 - 3 - 4。

表 9 - 3 - 4

SOLO 结构水平层次	题号	分值	题型	难度	认知层级	内容领域	考点
抽象扩展结构水平	10	3	选择	难	创造	图形与几何、数与代数	找规律问题、一元一次方程等
	16	3	填空			图形与几何	动点的轨迹问题：矩形的性质、等边三角形、点到直线距离最短、角的运算
	25(2)	10	解答			图形与几何	菱形的性质、特殊角的三角函数值、三角形相似、二次函数最值问题等
关联结构水平	24(2)	10	解答	中	分析	数与代数	一次函数解析式、二次函数解析式、二次函数性质、点的平移及坐标、二次函数在区间上的最值
	9	3	选择			图形与几何	正方形的性质、勾股定理、三角形全等、特殊角的三角函数值、中位线等
	15	3	填空			图形与几何	等腰三角形的性质、圆的性质、直线和圆相切、平行线的性质、弧长公式
	22	10	解答		评价	图形与几何	线段中垂线的尺规作图方法、圆的性质、勾股定理、垂径定理、直角三角形锐角的正弦三角函数

续 表

SOLO 结构 水平层次	题号	分值	题型	难度	认知 层级	内容 领域	考点
多点结构 水平	5	3	选择	易	理解	数与代数	立方根、分式减法、根式加法、同底指数幂乘法
	6	3	选择			数与代数	二次函数的性质：开口、对称轴、增减性等
	7	3	选择		应用	数与代数	实数比较大小：绝对值、数轴
	19	6	解答	中	分析	统计与概率	频数分布表、频数分布直方图、频数、频率、样本估计总体
	20	6	解答			数与代数	反比例函数解析式、反比例系数的意义、反比函数在具体区间的函数值范围问题
	21	8	解答			数与代数	代数式的化简及求值：完全平方差公式、平方差公式、多项式的加减法、一元二次方程的判别式
	23	10	解答			综合与实践	测量旗杆的高度：平行直线的性质、直角三角形锐角的正弦、正切三角函数、三角形相似
单点结构 水平	1	3	选择	易	识记	图形与几何	几何图形初步：几何图形——圆柱圆锥、棱柱棱锥展开图
	2	3	选择			图形与几何	旋转：中心对称图形
	3	3	选择		理解	数与代数	分式、二次根式、代数式有意义或成立的条件
	4	3	选择			数与代数	正比例函数：已知图像上的点的坐标求斜率
	8	3	选择		应用	统计与概率	用列举法求概率

续　表

SOLO 结构 水平层次	题号	分值	题型	难度	认知 层级	内容 领域	考点
单点结构 水平	11	3	选择	易	理解	统计与 概率	数据的波动程度：方差的意义
	12	3	选择			数与代数	因式分解：公因式法
	13	3	填空		应用	图形与 几何	平行四边形的性质应用：对角线互相平分、对边相等
	14	3	填空			数与代数	解分式方程
	17	4	解答			数与代数	解一元一次不等式
	18	4	解答			图形与 几何	等腰三角形的性质、三角形全等
	24 (1)	2	解答			数与代数	一次函数解析式
	25 (1)	2	解答			图形与 几何	菱形的性质

将表 9 - 3 - 4 转化成图 9 - 3 - 10，可以对试卷做出直观分析。由图 9 - 3 - 10 可以看出 2022 年广州市初中学业水平考试的 SOLO 结构水平层次分布梯度，从相对基础的单点结构水平层次，到高阶思维水平的抽象扩展结构水平层次均有所涵盖：①试题考查的能力结构水平以单点结构水平层次、多点结构水平层次为主，分值占比约为 65.00%，凸显了试题的基础性，强调关注学科主干知识和学生必备知识及"双基"；②试题考查的能力关联结构水平层次，分值占比约为 21.67%，体现了对知识的结构化和联系性的重视；③试题抽象扩展结构水平，分值占比约为 12.50%，体现了注重数学的本质与创造性思维，深入考查核心素养和关键能力，强调基于问题解决的知识迁移应用能力、思维品质的提高和试题的选拔功能。

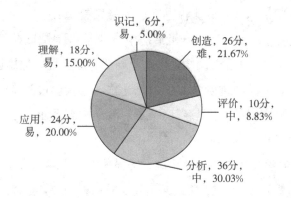

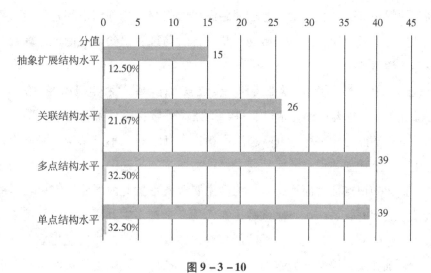

图 9 - 3 - 10

综上，本卷依标命题，合理设置试卷试题结构，大幅减少记忆性试题，增加探究性、开放性、综合性试题，难度合理，兼顾毕业和升学，不增加学生学业负担又充分体现了区分度；对深化义务教育教学改革、促进减负提质、巩固"双减"成果、加强教考衔接、发挥中考试题对义务教育阶段课程教学改革的导向和推动作用有极大作用。

四、启示

基于上述分析，笔者提出以下几点思考。

（一）对标学业质量标准，统筹规划教学的广度与深度

教育部发布的《义务教育数学课程方案与课程标准（2022 版)》，进一步明确了义务教育的定位，优化了课程结构，凝练了学科核心素养，更新了教学内

容，研制了学业质量标准。该课程方案成为指导教师教学和命制各级各类试题的重要指导性文件。从 2022 年广州市初中学业水平考试试题中各知识模块的 SOLO 结构水平层次可以看出，试题注重基础性、综合性、应用性和创新性，考查知识与能力并重，关注进阶学习。因此，教师在教学过程中需要根据新课程标准统筹规划教学内容的深度与广度，了解教学内容要求、学业要求、教学策略实施、教学情境素材选择等。

（二）注重数学本质与创造性思维，加强关键能力和核心素养培养

教学和命题要着眼于发展学生学科核心素养和能力，注重知识结构化、横纵联系的问题解决：合理融入基于问题解决的内容，合理创设问题情境，重视引导学生运用所学知识进行理解与辨析、分析与推测、归纳与论证，综合解决问题等，学习进阶。

（三）关注试题命制和学业述评，促进教学评一致性和学习深度发生

关注 SOLO 分类理论，精准、科学把握命题素材的评价功能和目的，提升命题、分析的能力。根据 SOLO 理论可知：多点结构在单点结构的基础上，考查考生对多个孤立知识点的概括与总结能力，这类试题的主要作用是考查主干知识，扩大知识点覆盖面；关联结构则主要考查考生对前面所得结果与后续各阶段推理之间的联系，该层次试题主要作用是考查学生利用特定的情境素材解决数学问题的能力，凸显了新课改的理念，体现了中考试卷的能力立意，是用来选拔基础扎实、综合能力强的考生的试题；抽象拓展结构构层次试题会明显提高试卷的难度，试题数量太多会导致学生答题时间不够，且容易降低学生的学习积极性。因此，试题要在满足一定区分度的基础上，通过创设多样的问题情境，适当增加关联结构层次试题，考查学生的抽象拓展结构思维能力，加大对学生创新意识的考查。教学切实落实 SOLO 分类理论视域下的学业述评，可有效促进教学评一致性和学习深度发生。

五、结束语

运用 SOLO 分类理论，开展学业考试分析，不仅可以宏观把握命题走向，也可个性化地因材施评，进行一人一案学业评价、作业评价等；关注学生是否完成了既定目标任务（量与质），关注学生当前存在的问题，促进措施改进和进阶路径优化。教师在平时的教学过程中，秉承"教学情境、教学活动、问题解决"三位一体的整体设计原则，开展必要的嵌入式 SOLO 分类理论视域下的学业述评活动，可充分发挥教育评价检验、诊断、反馈和激励的作用，有效促进教学考的一致性。教师需要积极探索基于情境、问题导向、深度思维、高度参与的教育教学模式，引导学生自主、合作、探究学习。

参考文献

［1］刘绿芹. SOLO 分类理论视域下的学业述评路径探索［J］. 基础教育课程，2022（7）：63 – 71.

［2］约翰·B. 彼格斯，凯文·F. 科利斯. 学习质量评价：SOLO 分类理论可观察的学习成果结构［M］. 高凌飚，张洪岩，译. 北京：人民教育出版社，2010.

（广东省广州市黄埔区教育研究院　吴光潮）

课例3：SOLO 分类理论视域下的高考试题学业述评分析

——以 2022 年高考数学新高考卷 I 试题为例

2020 年，中共中央、国务院印发的《深化新时代教育评价改革总体方案》提出："探索建立中小学教师教学述评制度，任课教师每学期须对每个学生进行学业述评。"随着新课程改革、教育评价制度的深入推进，重视定量认识、重视定性分析、关注核心素养的学业述评将成为教师评价学生的重要手段之一。要促进学生改进学习方法，从而进阶学习，如何有效开展学业述评？这是当前亟须解决的实践问题。

本案例应用 SOLO 分类理论，对 2022 年高考数学新高考卷 I 的知识能力和学生思维水平结构进行分析，以期对日常教学及其评价有所启发。

一、SOLO 分类理论视域下的学业述评基本内涵

利用 SOLO 分类理论，能较好地评价学生思维能力所达到的广度和深度，体现对学生学习从量变到质变的测量与评价。

SOLO 分类理论视域下的学业述评是根据学生学习结果呈现的 SOLO 水平，运用 SOLO 分类理论，从学业基础、主要问题、建议措施和进阶路径等维度，对不同学习水平的学生学业进行具体叙述和质性评价；因材、因地灵活施评，是促进学生进阶学习和发展数学核心素养、检验教师课堂教学考一致性程度和教学质量的有效手段。

二、基于 SOLO 分类理论的 2022 年高考数学新高考卷 I 试题分析

（一）SOLO 思维水平层次的划分标准

分析发现，《中国高考评价体系》"四翼"考查要求和 SOLO 思维层次及水平特征在基本思想上一致，在逻辑上匹配，见表 9 – 3 – 5。

表 9 – 3 – 5

考查要求	命题要求	对应 SOLO 思维水平层次及水平特征
基础性	强调基础扎实。以最基本的问题情境为载体，对学习者应掌握的学科基本概念、原理、技能和思维方法进行测量与评价	单点结构：简单问题情境下，学习者能解释有限的线索，运用很少的知识解决复杂性很低的问题。 多点结构：简单问题情境下，学习者能解释多个不同的线索，运用多个相互独立的知识解决复杂性较低的问题
综合性	强调融会贯通。以能够反映学科知识、能力内部的整合及综合运用的复杂情境为载体，对学习者知识、能力、素养之间的纵向整合能力以及综合运用水平进行测量与评价	关联结构：较复杂问题情境下，学习者能对线索进行全面收集，并进行整合，联系实际合理解决问题
应用性	强调学以致用。以生活实践或学习探索问题情境为载体，将知识有机整合和运用作为考查目标，对学习者分析问题、解决问题的能力，以及迁移课堂所学内容、理论联系实际水平进行测量与评价	低拓展抽象结构：复杂问题情境下，学习者能发现隐含的信息，运用学科研究方法分析问题，解决并深化问题，提出发展的观点

考查要求	命题要求	对应 SOLO 思维水平层次及水平特征
创新性	强调创新意识和创新思维。以新颖或陌生的情境为载体，对学习者主动思考，完成开放性或探究性的任务，发现新问题、找到新规律、得出新结论的水平进行测量与评价	高拓展抽象结构：新颖或陌生问题情境下，学习者能发现隐含的信息，运用所学解决问题，并能进一步联系新的知识，提出猜想并论证，得到更抽象、更广泛的结论

因此，本案例融合考查载体、知识获取、实践操作、思维认知等评价维度，将表 9 - 3 - 5 作为 SOLO 思维水平层次的划分标准。

（二）基于试题考查预设微观角度：SOLO 思维水平层次及特征试题分析范例

依据表 9 - 3 - 5，以部分典型试题为例，对 SOLO 思维水平层次及特征进行解释性的范例分析（前结构水平描述的是学习者不能解答问题的状态，故不做范例分析）。

1. 单点结构水平

例 1：（2022 年新高考数学卷 I 第 4 题）南水北调工程缓解了北方一些地区水资源短缺问题，其中一部分水蓄入某水库，已知该水库水位为海拔 148.5m 时，相应水面的面积为 $140km^2$；水位为海拔 157.5m 时，相应水面的面积为 $180km^2$。将该水库在这两个水位间的形状看作一个棱台，则该水库水位从海拔 148.5m 上升到 157.5m 时，增加的水量约为（ ）。（$\sqrt{7} \approx 2.65$）

A. $1.0 \times 10^9 m^3$ B. $1.2 \times 10^9 m^3$

C. $1.4 \times 10^9 m^3$ D. $1.6 \times 10^9 m^3$

评析：本题以南水北调工程为简单问题情境，主要考查棱台的体积公式和应用意识，属基础性问题。考生可运用棱台体积公式单一知识点解决问题。试题考查内容及能力为单一知识结构，因此可划分为 SOLO 结构水平层次中的单点结构水平，属于低阶思维等级。

2. 多点结构水平

例2：（2022年新高考数学卷I第10题）已知函数 $f(x) = x^3 - x + 1$，则（　　）。

A. $f(x)$ 有两个极值点

B. $f(x)$ 有三个零点

C. 点（0，1）是曲线 $y = f(x)$ 的对称中心

D. 直线 $y = 2x$ 曲线 $y = f(x)$ 的切线

评析：本题主要考查三次函数的性质及导数的应用，考查逻辑推理和数学运算素养，属基础性问题。考生能运用题目选项中的多个孤立知识点解决问题。试题考查的学科知识内容及能力相对独立、多元化，因此可划分为 SOLO 结构水平层次中的多点结构水平，属于中低阶思维等级。

3. 关联结构水平

例3：（2022年新高考数学卷Ⅰ第8题）已知正四棱锥的侧棱长为 l，其各顶点都在同一球面上。若该球的体积为 36π，且 $3 \le l \le 3\sqrt{3}$，则该正四棱锥体积的取值范围是（　　）。

A. $\left[18, \dfrac{81}{4}\right]$　　B. $\left[\dfrac{27}{4}, \dfrac{81}{4}\right]$　　C. $\left[\dfrac{27}{4}, \dfrac{64}{3}\right]$　　D. [18, 27]

评析：本题主要考查四棱锥体积公式及导数的应用，考查的能力素养涉及直观想象、数学建模和逻辑推理等，属综合性问题。考生需运用多个知识点，且进行有效整合，方可解决问题。首先，建立正四棱锥体积目标函数；其次，结合目标函数结构特征寻找问题解决方案，有机整合导数知识，综合分析，解决问题。试题考查的学科知识内容及能力要求呈现较强的关联性，因此可划分为 SOLO 结构水平层次中的关联结构水平，属于中阶思维等级。

4. 抽象扩展结构水平

例4：（2022年新高考数学卷Ⅰ第7题）设 $a = 0.1e^{0.1}$，$b = \dfrac{1}{9}$，$c = -\ln 0.9$，则（　　）。

A. $a < b < c$　　B. $c < b < a$　　C. $c < a < b$　　D. $a < c < b$

评析：本题主要考查导数的应用，需构造函数，对考生逻辑推理能力、数学抽象能力、综合应用知识解决实际问题的能力提出了较高要求，属于应用性、创新性问题。解决比较大小问题时，考生需要能从陌生、具体的问题情境中抽象出隐含的构造函数的信息，并把已有导数知识迁移、拓展到新情境中，进行

探究性思考从而解决问题，属于高阶思维等级。

（三）基于试卷考查预设宏观角度的试卷 SOLO 结构水平层次分布统计及分析

依据表 9 - 3 - 4，对 2022 年新高考数学卷 I，从 SOLO 结构水平层次、题号、分值及占比等维度进行统计、分析，统计 2022 年新高考数学卷 I 的 SOLO 结构水平层次，见表 9 - 3 - 6。

表 9 - 3 - 6

试题	题号	分值	占比（%）
单点结构 水平	1，2，3，4，5，13，18（1），19（1），20（1）	41	27.33
多点结构 水平	6，9，10，11，20（2）（i）	24	16.00
关联结构 水平	8，14，15，16，17，18（2），19（2），20（2）（ii），21	63	42.00
抽象扩展 结构水平	7，12，22	22	14.67

为了更加直观地分析 2022 年新高考数学卷 I 的能力结构，将表 9 - 3 - 6 中本卷的 SOLO 结构水平层次占比数据转化为图 9 - 3 - 11。

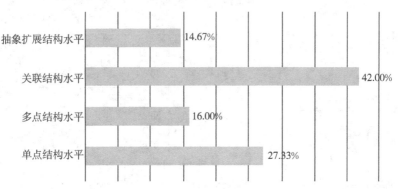

图 9 - 3 - 11

由图 9 - 3 - 11 可以看出，2022 年新高考数学卷 I 的 SOLO 结构水平层次分布梯度，从相对基础的单点结构水平层次到高阶思维水平的抽象扩展结构水平层次均有所涵盖：①试题考查的能力结构水平以关联结构水平为主，分值约为42.00%，凸显了高考试题的综合性，强调知识的结构化和联系性；②试题单点结构水平和多点结构水平层次，分值合计约为43.00%，凸显了高考试题深化基础性考查，强调关注学科主干知识和学生必备知识及"双基"；③试题抽象扩展结构水平，分值约为15%，体现了高考试题命题注重数学的本质与创造性思维，深入考查核心素养和关键能力，强调基于问题解决的知识迁移应用能力、思维品质和试题的选拔功能。

综上，试题注重新课标、新教材、新高考要求的统一性，落实"一核""四层""四翼"的高考要求，加强教考衔接，发挥高考对课程教学改革的导向和推动作用。

（四）基于试卷考查预设宏观角度的试题知识领域 SOLO 结构水平层次分布统计及分析

依据表 9-3-4，对 2022 年新高考数学卷 I 按照新课程标准课程设置的四大主要内容领域进行分类统计，见表 9-3-7（2022 年新高考数学卷 I 试题中各内容领域的 SOLO 结构水平层次统计）、表 9-3-8（2022 年高考数学新高考卷 I 试题中各内容领域的 SOLO 结构水平层次统计）。

表 9-3-7

知识领域	合计		单点结构水平		多点结构水平		关联结构水平		抽象扩展结构水平	
	分值	占比（%）	分值	占比（%）	分值	占比（%）	分值	占比（%）	分值	占比（%）
预备知识	5	3.33	5	3.33	—	—	—	—	—	—
函数	52	34.67	5	3.33	10	6.67	15	10.00	22	14.67
几何与代数	71	47.33	18	12.00	10	6.67	43	28.67	—	—
概率与统计	22	14.67	13	8.67	4	2.67	5	3.33	—	—
合计	150	100.00	41	27.33	24	16.00	63	42.00	22	14.67

表 9 - 3 - 8

知识领域		单点结构水平		多点结构水平		关联结构水平		抽象扩展结构水平	
		分值	占比(%)	分值	占比(%)	分值	占比(%)	分值	占比(%)
预备知识	集合(5分3.33%)	5	3.33	—	—	—	—	—	—
函数 52分 34.67%	三角函数	5	3.33	5	3.33	—	—	—	—
	数列	—	—	—	—	10	6.67	—	—
	一元函数导数及其应用	—	—	5	3.33	5	3.33	22	14.67
几何与代数 71分 47.33%	复数	5	3.33	—	—	—	—	—	—
	平面向量及其应用	5	3.33	—	—	7	4.67	—	—
	立体几何初步	8	5.33	5	3.33	14	9.33	—	—
	平面解析几何	—	—	5	3.33	22	14.67	—	—
概率与统计 22分 14.67%	二项式定理	5	3.33	—	—	—	—	—	—
	概率	5	3.33	—	—	—	—	—	—
	随机事件的条件概率	3	2.00	4	2.67	5	3.33	—	—

由表 9 - 3 - 7 可以看出：宏观上，2022 年新高考数学卷 I 试题重点考查函数、几何与代数主干知识领域，且其主干知识的 SOLO 结构水平层次基本以关联结构水平、抽象扩展结构水平层次为主（占比分别约为 25%、29%），反映出试题突出对学生核心知识及其综合应用、解决问题能力的考查。

由表 9 - 3 - 8，可以看出：微观上，数列、一元函数导数及其应用、立体几何初步、平面解析几何知识领域着眼于学生思维能力考查，其他知识领域相对着眼于基础性考查，在一元函数导数及其应用重点知识板块着眼于创新思维的考查。

三、基于考生答题视角的 SOLO 结构水平层次分析范例

例 5：（2022 年新高考数学卷 I 第 21 题）已知函数 $f(x) = e^x - ax$ 和

$g(x) = ax - \ln x$ 有相同的最小值。

(1) 求 a。

(2) 证明：存在直线 $y = b$，其与两条曲线 $y = f(x)$ 和 $y = g(x)$ 共有三个不同的交点，并且从左到右的三个交点的横坐标成等差数列。

评析：本题主要考查函数与导数相关知识，利用导数研究函数（含参数）的性质中的单调性、最值及零点问题等，涉及零点存在定理等知识，考查分类讨论和化归转化思想，考查逻辑推理、数学运算素养及创新意识，属于应用性、创新性问题中的难题，高阶思维等级。

对于该问题，考生一般有以下六类典型答题情况：

生 1：完全不会，无法作答；或者求 $f'(x) = e^x - a$，$g'(x) = a - \frac{1}{x}$ 时全部或部分错误。此类考生是知识储备不足，不会利用导数求函数单调性、最值等，按照 SOLO 分类理论，这是前结构水平。

生 2：（1）求出 $f'(x) = e^x - a$，$g'(x) = a - \frac{1}{x}$，从而求得 $f(x)$ 在 $(-\infty, \ln a)$ 内单调递减，在 $(\ln a, +\infty)$ 内单调递增；$g(x)$ 在 $\left(0, \frac{1}{a}\right)$ 内单调递减，在 $\left(\frac{1}{a}, +\infty\right)$ 内单调递增。故 $f(x)_{\min} = f(\ln a) = a - a\ln a$，$g(x)_{\min} = g\left(\frac{1}{a}\right) = 1 - \ln\frac{1}{a}$，依题设有 $a - a\ln a = 1 - \ln\frac{1}{a}$。

此类考生关注问题有效信息"最小值相等"，并能够回答问题，但快速收敛回答，忽视了解答过程内部出现的"思维不严密"的矛盾：对分类讨论数学思想不熟，需分类讨论、补充完善"当 $a > 0$ 时"及"当 $a \leqslant 0$ 时（不合题意）"的情形。按照 SOLO 分类理论这是一种单点结构水平。

生 3：据上正解，观察 $a - a\ln a = 1 - \ln\frac{1}{a}$，可得 $a = 1$。考生快速收敛回答，但不知如何判断并证明该方程解的唯一性。此类考生能够使用题目中所包含的几个独立的信息（对参数分类讨论，并观察方程特征，求其解）解决问题，但对问题的整体结构缺乏整合能力，按照 SOLO 分类理论，这是多点结构水平。

生 4：据上正解，依题设有 $a - a\ln a = 1 - \ln\frac{1}{a}$，即 $\ln a - \frac{a-1}{a+1} = 0$，令

$p(a) = \ln a - \dfrac{a-1}{a+1}$，利用导数判断其单调性，从而判断其零点的唯一性：

$p'(a) = \dfrac{1}{a} - \dfrac{2}{(a+1)^2} = \dfrac{a^2+1}{a(a+1)^2} > 0$，则 $p(a)$ 在 $(0, +\infty)$ 内单调递增，

又 $p(1) = 0$，所以 $a = 1$。此类考生能够综合地、联系地使用题目中的信息（注意知识的横向联系、零点问题，构造函数且利用导数判断）解决较复杂的问题。按照 SOLO 分类理论，这是关联结构水平。

生 5：据上正解，（2）由（1）知，$f(x)_{\min} = g(x)_{\min} = 1$，且得到函数图像，如图 9-3-12 所示。

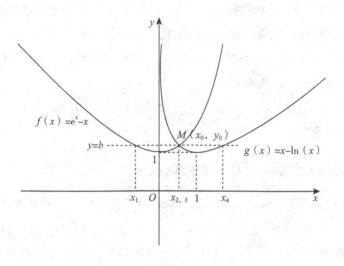

图 9-3-12

从而由图像易知：

（1）$b < 1$ 时，$f(x)_{\min} = g(x)_{\min} = 1 > b$，显然 $y = b$ 与两条曲线 $y = f(x)$ 和 $y = g(x)$ 共有 0 个交点，不符合题意。

（2）$b = 1$ 时，$f(x)_{\min} = g(x)_{\min} = 1 = b$，故 $y = b$ 与两条曲线 $y = f(x)$ 和 $y = g(x)$ 共有 2 个交点，交点的横坐标分别为 0 和 1。

（3）$b > 1$ 时，且 $y = b$ 经过点 $M(x_0, y_0)$ 才符合题意，$b = y_0 = f(x_0) = g(x_0) = f(x_1) = g(x_4)$，只需证 $x_1 + x_4 = 2x_0$，即从左到右的三个交点的横坐标成等差数列。

其中，$b = e^{x_1} - x_1 = e^{x_0} - x_0 = x_0 - \ln x_0 = x_4 - \ln x_4$。

此类考生有求解阻力或瑕疵，对于如下①～④问题均不会求，或者部分不

会求解（如构造函数或零点找点问题不会）：①证明 $y = b$ 与曲线 $y = f(x)$ 有 2 个交点，即证明 $F(x) = e^x - x - b$ 有 2 个零点；②证明 $y = b$ 与曲线 $y = g(x)$ 有 2 个交点，即证明 $G(x) = x - \ln x - b$ 有 2 个零点；③证明存在 b，使得 $x_2 = x_3 = x_0$，即证 $\varphi(x) = e^x - 2x + \ln x$ 在 $(0, 1)$ 内上有零点；④证明 $x_1 + x_4 = 2x_0$，即从左到右的三个交点的横坐标成等差数列（构造"同构"特征，据此构造新的函数，并证 $x_1 = \ln x_0$，$x_4 = e^{x_0}$；结合 $e^{x_0} - x_0 = x_0 - \ln x_0$ 等量代换即可获证）。进阶到此的考生，已属介于关联结构水平与抽象扩展结构水平之间的过渡性回答的 4A 思维水平层次。

生 6：据上正解，能顺利解决上述①～④问题。此类考生能够通过整合题目中的信息，迁移、抽象、归纳出一般化的问题解决规律和原理，能够拓展问题本身的意义（如建立"同构"），具有一定的创新意识。按照 SOLO 分类理论，这是抽象拓展结构水平。

上述回答，质量依次提高，涉及的知识点依次增加，思维层次和结构依次复杂，学生学业水平依次提高。

四、提炼并开展 SOLO 分类理论视域下的学业述评

基于高考试题 SOLO 结构水平层次分析及其教学导向，教师提炼并开展 SOLO 分类理论视域下的学业述评。任务指向四个方面，以促进学生进阶学习。

（1）确定 SOLO 层次。从知识储备、思维操作、结果一致性及回答结构等方面，将学习结果划分为五个 SOLO 层次；依据学生个体的学习结果，确定学生所处的层次水平。

（2）解析学生问题。根据学生所处层次水平，从"四基""四能"等方面找出学生无法进阶高一级 SOLO 层次的原因。

（3）提出改进建议。根据学生在学习中存在的问题，给予学生具体、明确的学习建议，并在学生落实建议的过程中进行跟踪辅导和纠偏，确保学生有目的地逐步解决学习进阶过程中的障碍。

（4）明确进阶路径。指导学生从当前自身所处的 SOLO 层次出发，按照循序渐进的原则，明确进阶更高层级 SOLO 水平的方法和措施，见表 9 - 3 - 9。

表 9 - 3 - 9

述评学生	SOLO水平	述评要素及内容要点				进阶方向说明
		学业基础	主要问题	建议措施	进阶路径	
生1	前结构水平	导数及其应用基础知识薄弱	导数计算、函数单调性及最值等求解不熟	加强导数计算及应用相关"双基"夯实	增强学习信心，小步走补短板	从无到有必备知识
—	1A 过渡性回答	—	—	—	—	
生2	单点结构水平	单个导数知识点处感性认识水平	知识本质模糊、含参问题分类讨论等不熟	强化导数知识纵向深入抽象训练	注重知识横向延伸和纵向拓展	从一到多夯实"双基"
—	2A 过渡性回答	—	—	—	—	
生3	多点结构水平	导数双基扎实，具备多个知识点	知识点割裂，利用导数处理零点问题不熟	强化知识联系、函数思想的渗透	思维导图助力构建知识体系	连点成线知识联系
—	3A 过渡性回答	—	—	—	—	
生4	关联结构水平	导数基础较扎实，知识关联度高	优化解决问题的过程方法，提升抽象扩展	归纳提炼导数题型通性通法、结论	在知识节点探索抽象扩展方向	突破平面抽象扩展
生5	4A 过渡性回答	"四基"扎实，"四能"较突出	导数中构造函数、零点找点问题等较薄弱	强化数学抽象能力及高档题训练	导数专题各个击破，注意积累	本质变式多题一解
生6	抽象扩展结构水平	具备解决问题的各种基础	进一步提升抽象扩展内容的逻辑严密性	根据抽象结果，通过特例、反例，不断验证和完善抽象扩展内容，如限制条件等	提出猜想，开展验证，完善结论，获得新知	追求创新一题多解

五、启示

基于上述过程可知，SOLO 分类理论视域下的高考试卷分析、学业述评分析以及教学考一致性分析是一个有机的整体，可以互相促进。由此，笔者提出以下几点思考。

（一）对标新课程标准和新高考要求，统筹规划教学的广度与深度，可强化学业述评的内涵

由前可知，新高考卷对学生能力水平层次的考查，有注重关联结构水平和抽象扩展结构水平、突出单点结构水平的倾向。因此，教学、命题需要强化内容的深度与广度，学业述评需要强化，需合理控制关联结构水平、抽象拓展结构水平、单点结构水平的比例分布，既要实现对不同层次学生的关注，又要发挥评价导向作用：指导和促进教、学与考的一致性。

（二）着眼关键能力和核心素养培养，教学注重数学本质与创造性思维，可凸显学业述评的内核

质性评价是学业述评的内核。学业述评要从"学了多少"转向侧重"学得多好"。教学和命题着眼于发展学生学科核心素养和能力，注重知识结构化、横纵联系的问题解决。教学述评、学业述评可以纵向深入，可以更好地体现质性评价的内涵及巨大价值；反过来，学业述评可以更好地服务于教学、试题的命制策略，合理融入基于问题解决的内容，合理创设问题情境，重视引导学生运用所学知识进行理解与辨析、分析与推测、归纳与论证，综合解决问题等，可进一步明晰学习进阶方向。

六、结束语

SOLO 分类理论视域下的学业述评侧重于质性评价（标准参照评价），强调个性化的因材施评、一人一案，关注学生是否完成了既定目标任务（量与质），关注学生当前存在的问题，更关注改进措施和进阶路径。教师在平时的教学过程中应秉承"教学情境、教学活动、问题解决"三位一体的整体设计原则，有必要开展嵌入式 SOLO 分类理论视域下的学业述评活动，可以充分发挥教育评价的检验、诊断、反馈和激励作用，有效促进教学考的一致性。

参考文献

[1] 刘绿芹.SOLO分类理论视域下的学业述评路径探索 [J].基础教育
课程，2022（7）：63－71.

[2] 教育部考试中心.中国高考评价体系 [M].北京：人民教育出版
社，2019.

[3] 教育部考试中心.中国高考评价体系说明 [M].北京：人民教育出
版社，2019.

[4] 约翰·B.彼格斯，凯文·F.科利斯.学习质量评价：SOLO分类理论
可观察的学习成果结构 [M].高凌飚，张洪岩，译.北京：人民教
育出版社，2010.

[5] 刘斌，王涛耕，石一坚，等.基于SOLO分类评价理论的高考地理试
题的解构与分析研究——以2015—2019年全国新课标地理试卷Ⅱ卷分
析为例 [J].地理教学，2019（19）：53－58.

[6] 王亚婷，周莹.新课标背景下高考数学试题SOLO思维层次研究——
以2019年高考数学全国卷为例 [J].教育测量与评价，2020（4）：
17－24.

（广东省广州市黄埔区教育研究院　吴光潮）

课例4：深度学习视域下的高考试题品读

——2022年新高考数学卷Ⅰ试题评析与教学思考

一、2022年新高考数学卷Ⅰ的命题特点

（一）考查主干知识

2022年新高考数学卷新的内容分布见表9－3－10。

表 9 - 3 - 10

主题	单元	题号	分值	主要考点
预备知识（5分，约占3.3%）	集合（5分，约占3.3%）	1	5	含二次根式的无理不等式、一元一次不等式解集的交集运算
函数（53分，约占35.3%）	三角函数（11分，约占7.3%）	6	5	正弦型函数的最小正周期、对称中心
		18(1)	6	三角恒等变换：两角和（差）的余弦公式、诱导公式
	数列（10分，约占6.7%）	17	10	数列通项与前 n 项和的关系、等差数列通项公式、累乘法求通项、裂项相消法求数列前 n 项和、放缩法证明简单数列不等式
	一元函数导数及其应用（含函数概念与性质）（32分，约占21.3%）	7	5	利用构造函数法比较大小、导数运算及其在研究函数中的应用
		10	5	三次函数的基本性质（极值点、零点、对称中心、切线）
		15	5	导数中的切线问题：利用导数求解含参函数参数的取值范围
		12	5	抽象函数的性质（对称性、周期性），导数在研究函数中的应用
		22	12	利用导数研究含参函数的性质：指数、对数分别与一次函数组合的函数，讨论单调性、函数最值及零点存在定理等问题，构造函数法，等等
几何与代数（70分，约占46.7%）	复数（5分，约占3.3%）	2	5	复数的加、减、除法运算，共轭复数的概念
	平面向量及其应用（11分，约占7.3%）	3	5	平面向量的加、减、数乘等线性运算（基向量）
		18(2)	6	正弦定理、三角恒等变换（升幂公式）、基本不等式

主题	单元	题号	分值	主要考点
几何与代数（70分，约占46.7%）	立体几何初步（含空间向量与立体几何）（27分，占18%）	4	5	棱台体积的计算
		8	5	正四棱锥体积、球的体积及多面体外接球问题，利用函数及导数工具解决范围问题等
		9	5	正方体中直线与平面垂直的判定及其性质、异面直线所成的角、直线与平面所成的角
		19	12	直三棱柱的性质、利用等体积求点到平面的距离、平面与平面垂直的性质、直线与平面垂直的性质及判定、二面角的求法（综合几何法与空间向量法）
	平面解析几何（含圆与方程）（27分，占18%）	11	5	直线与抛物线（二次函数型）的位置关系，抛物线准线概念，解析法处理直线与抛物线相交、相切问题（其中，可导数法处理相切问题）
		14	5	直线与圆（相切）、圆与圆（外切）的位置关系，两直线垂直，点到直线的距离公式，等等
		16	5	椭圆的定义及其简单几何性质、直线和椭圆的位置关系、弦长公式
		21	12	直线与双曲线的位置关系：直线斜率、三角形面积问题、弦长公式、点到直线的距离、两点距离公式等
概率与统计（22分，约占14.7%）	二项式定理（5分，约占3.3%）	13	5	二项式定理展开式：多项式乘以二项式展开式中项的系数问题
	概率（5分，约占3.3%）	5	5	组合、列举法（如树状图、列表和穷举等）等基本计数方法，古典概型概率（涉及质数的概念）
	随机事件的条件概率 2×2 列联表（12分，占8%）	20	12	随机事件的条件概率、2×2 列联表

（二）考查关键能力

基于布卢姆认知目标层次（表 9 – 3 – 11），将试题考查的能力水平分为五级（表 9 – 3 – 12）。

表 9 – 3 – 11

认知层次	能力级别	能力说明	难度
了解识记	0	侧重知识识记，直接考查基本知识和技能	易
理解应用	1	侧重单一知识，简单应用解决常规的问题	
分析综合	2	侧重横纵联系，综合运用解决较复杂问题	中
学习迁移	3	侧重新的情境，基于综合知识的问题解决	难
评估创造	4	侧重整合评判，基于综合创造性问题解决	

表 9 – 3 – 12

题号	分值	难度	能力级别
1	5	易	0
2	5	易	0
3	5	易	1
4	5	易	1
5	5	易	1
6	5	中	2
7	5	难	4
8	5	难	4
9	5	易	1
10	5	中	2
11	5	难	4
12	5	难	4

续 表

题号	分值	难度	能力级别
13	5	中	3
14	5	中	3
15	5	中	3
16	5	难	4
17（1）	7	中	2
17（2）	3	易	1
18（1）	6	易	1
18（2）	6	中	2
19（1）	4	易	1
19（2）	8	中	2
20	12	易	1
21	12	难	4
22（1）	5	难	3
22（2）	7	难	4

据此，可评估本卷难度分值与比例（图 9 - 3 - 13）及能力层级分值
（图 9 - 3 - 14）。

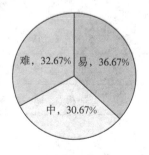

图 9 - 3 - 13

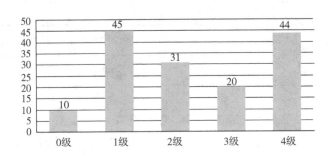

图 9 – 3 – 14

由图 9 – 3 – 13 可知，中低档题占比约 67%，难题占比约 33%。因此，试题整体偏难，与大众"易中难比例 5：3：2"的预期有显著差异；试题重视对必备知识、关键能力的考查，体现基础性、选拔性。

笔者基于深度学习理论，将能力 0 级定义为低阶水平，其余为高阶水平。

由图 9 – 3 – 14 可知，高阶水平试题较多（140 分）；记忆类试题（0 级）较少，其余各层级试题均分别有较高分值。因此，试题较好地落实了"大比例减少、避免片面强调机械记忆和模仿"；更关注深度教学、进阶学习，注重高阶认知水平、数学本质和思维品质的考查，着眼于综合性、应用性和创新性。

试题高度聚焦数学核心素养的考查分布见表 9 – 3 – 13。

表 9 – 3 – 13

核心素养	主要涉及的题目及说明
数学运算	全卷：第 8、11、14、16、21、22 题计算量较大
逻辑推理	除第 1、2 题外，尤其是第 7、8、11、12、16、21、22 题要求极高
直观想象	除第 1、2、5、17 题之外
数学建模	第 4、5、7、8、19、20、21、22 题
数学抽象	第 4、11、12、19、20、21、22 题
数据分析	第 5、13、20 题

具体评析如下。

1. 考查"四基"，强化联系和结构化

基于学科的整体高度，试题着眼点定格在知识网络的交汇点处，注重知识

的联系性、整体性和系统性考查，引导学生知识内容结构化，形成学科知识系统。

例1：（2022年新高考数学卷Ⅰ第8题）已知正四棱锥的侧棱长为 l，其各顶点都在同一球面上。若该球的体积为36π，且 $3 \leq l \leq 3\sqrt{3}$，则该正四棱锥体积的取值范围是（　　）。

A. $\left[18, \dfrac{81}{4}\right]$　　　　B. $\left[\dfrac{27}{4}, \dfrac{81}{4}\right]$　　　　C. $\left[\dfrac{27}{4}, \dfrac{64}{3}\right]$　　　　D. $[18, 27]$

评析：本题以正四棱锥、球为载体，主要考查基本立体图形及其位置关系；涉及正四棱锥、球的体积，多面体外接球问题等知识。通过建立目标函数模型（三次函数或三角函数），利用函数及导数工具求解，重点考查数学抽象、直观想象、逻辑推理、数学运算和数学建模素养。

说明："多面体外接球问题"属于常见、基础题型，解题思路较易形成，但本题计算量较大、立意较高，将立体几何知识与函数、导数知识有机结合，强化知识横向联系和知识的结构化，强化对"四基"的考查。

此外，第10、11题（选项涉及考点）以及第14、17题，强化对学科基本概念、基本原理等知识的系统性考查，具有基础性和一定的综合性；第12题，以抽象函数为背景，考查考生对函数的奇偶性、对称性、导数概念等知识及其内在联系的理解，对数学抽象、直观想象，逻辑推理等核心素养都有较高要求。

2. 考查思维，凸显能力的高阶化

站在学科思维价值的高度，试题着眼点定格在高阶认知的纵深处，注重基于问题解决的知识的综合性、认知的进阶性和思维的深刻性考查。

例2：（2022年新高考数学卷Ⅰ第7题）设 $a = 0.1e^{0.1}$，$b = \dfrac{1}{9}$，$c = -\ln 0.9$，则（　　）。

A. $a < b < c$　　　　B. $c < b < a$　　　　C. $c < a < b$　　　　D. $a < c < b$

评析：本题以利用构造函数法比较大小为情境，主要考查导数运算及导数在研究函数中的应用，考查逻辑推理、数学建模、数学运算和直观想象的数学素养。本题注重解题思路的探究与问题解决能力的考查，对思维品质有很高要求，难度较大。

说明：本题基于数学情境，注重问题解决，突出考查思维的深刻性、批判性、创新性，突出建模思想，考查"四能"，体现了学科育人的理念。

例如 2022 年新高考数学卷 I 第 4 题，以棱台体积计算为背景，主要考查基本立体图形及其位置关系，以及阅读、审题（单位换算）、计算等能力和数学建模思想；数学核心素养主要考查了数学建模、直观想象、逻辑推理、数学运算和数学抽象等。

说明： 历年全国卷中棱台体积公式的考查相对较少。《普通高中数学课程标准（2017 年版 2020 年修订)》要求知道棱台的体积的计算公式，能用公式解决简单的实际问题。本题是基础题，但考生多对该公式记忆不牢、审题（单位换算）不细，再者本题位于第 4 题，上述因素叠加对考生应试心理有一定影响。

本题设计现实生活情境，基于问题解决、数学建模落实"坚持反映时代要求，反映新时代建设新成就"，引导考生关注社会主义建设的成果，增强社会责任。

此外，第 7，8，10，11 题（B，C，D 选项）以及第 14 题（开放性）、第 18（2）题，基于数学情境的问题解决考查解题方案的选择，考查"四基"、思维的敏捷性和灵活性；第 20 题"卫生习惯"的问题，基于生活情境关注生命健康方面的教育，彰显学科育人的理念。

3. 考查通性通法，突出本原性方法

试题贯彻高考内容改革要求，注重本原性方法，淡化特殊技巧，强调通性通法的深入理解和综合运用，体现新高考"稳中求变"与"变中求稳"、科学引导教学的辩证思想。

例3：（2022 年新高考数学卷 I 第 21 题）已知点 A（2，1）在双曲线 C：$\dfrac{x^2}{a^2} - \dfrac{y^2}{a^2-1} = 1$（$a > 1$）上，直线 l 交 C 于 P，Q 两点，直线 AP，AQ 的斜率之和为 0。

（1）求 l 的斜率。

（2）若 $\tan\angle PAQ = 2\sqrt{2}$，求 $\triangle PAQ$ 的面积。

评析： 本题以直线与双曲线的位置关系为背景，主要考查复杂情境中的"四基"以及分类与整合、数形结合、化归与转化等思想；涉及直线斜率、三角形面积问题，以及弦长公式、点到直线的距离、两点间距离公式等知识点；数学核心素养重点考查了直观想象、数学运算、数学建模、逻辑推理和数学抽象等。

说明：2021 年新高考数学卷 I 以及 2022 年新高考数学卷 I、II 考查双曲线。以往命题侧重"多考点思维，少考点运算"，2022 年"考思维与运算并重"。本题关注通性通法、化归转化、推理论证和数学求解。可见，新高考稳中求变。

（三）突出选拔功能

本卷凸显数学试题作为思维工具和甄别思维能力的材料，优化试题呈现方式，对考生学科完整理论的掌握情况、思维品质和逻辑推理能力，以及"会用数学的思维方式思考世界"，层层把关，有效提高了区分度，体现了选拔性。

例 4：（2022 年新高考数学卷 I 第 22 题）已知函数 $f(x) = e^x - ax$ 和 $g(x) = ax - \ln x$ 有相同的最小值。

（1）求 a。

（2）证明：存在直线 $y = b$，其与两条曲线 $y = f(x)$ 和 $y = g(x)$ 共有三个不同的交点，并且从左到右的三个交点的横坐标成等差数列。

评析：本题以指数、对数与一次函数的组合函数为背景，主要考查利用导数研究含参函数的性质：涉及函数单调性、最值、构造函数并利用导数及零点存在定理判断零点唯一性等知识，涉及函数与方程、分类与整合、数形结合、化归与转化、特殊与一般等思想，涉及数学抽象、数学运算、直观想象、数学建模和逻辑推理等数学核心素养。

说明：本题引导考生深度探究。第（2）问分类讨论，构造函数，推理论证，难度较大。

（四）突出教学导向

为深化落实"加强对关键能力和学科素养的考查，引导减少死记硬背和'机械刷题'现象""扭转片面应试教育倾向，提高育人水平，培养德智体美劳全面发展的社会主义建设者和接班人"相关理念，试题依标创新命题，引导教师依标施教。

例 5：（2022 年新高考数学卷 I 第 19 题）如图 9-3-15 所示，直三棱柱 $ABC - A_1B_1C_1$ 的体积为 4，$\triangle A_1BC$ 的面积为 $2\sqrt{2}$。

（1）求 A 到平面 A_1BC 的距离。

（2）设 D 为 A_1C 的中点，$AA_1 = AB$，平面 $A_1BC \perp$ 平面 ABB_1A_1，求二面角 $A - BD - C$ 的正弦值。

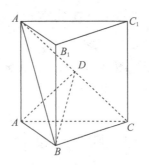

图 9 - 3 - 15

评析：本题以直三棱柱为载体，知识点主要考查了空间线、面相关垂直：利用等体积法求点到平面的距离、平面与平面垂直的性质、直线与平面垂直的性质及判定、二面角的求法（综合几何法与空间向量法）等。数学核心素养主要考查了直观想象、数学运算、数学建模、逻辑推理和数学抽象等。

说明：本题重思维轻运算，突出几何综合法、淡化向量法（考生侧重的定势思维），二者兼顾，呈现友好；强调题设条件内在逻辑挖掘、一题多解，突出对思维敏捷性、灵活性、批判性、深刻性的考查，很好地体现了试题的纵向优化设计与创新性。

二、教学思考

通过对新高考数学卷 I 命题的研究与分析，笔者提出如下几点教学思考。

（一）了解国家人才培养战略，提高政治站位

"立德树人"是高考总体要求，"服务选才"是高考第一要务，"引导教学"是最后落脚点。教师需关注《中国高考评价体系》等相关文件，了解国家人才培养战略，提高政治站位，从而更理性地判断高考试题内涵，增强育人导向的施教定力。

（二）改变课堂教育教学观念，坚持深度教学

高考始终强调基础扎实、学以致用、融会贯通、创新创造的考查要求，教师需改变教学观念和方式，促进学生学习方式的改变，坚持深度教学：关注单元主题学习、挑战性任务设计，进阶学习，强化关键能力、学科素养的培养和发展。

（三）明晰高考试题导向作用，发展数学能力

"推理是数学的'命根子'，计算是数学的'童子功'"，教师需以能力、素

养为本，遵循教学规律，切实抓好"四基"：注重知识间的纵横联系，注重解题研究，强调通性通法；关注教材例题、习题，变式与拓展，举一反三、触类旁通；精心设计作业，提质增效；尤其要强化数学运算能力和逻辑推理能力的培养和发展。

（四）倡导基于项目化的学习，提升学科素养

项目化学习是 21 世纪全球极受瞩目的学习方式之一，它基于真实的、复杂的实际情境，重视问题解决和学以致用，有利于培养和发展学生的综合能力，提升学生的核心素养；倡导教师适时开展主题式学习、项目化学习、数学建模活动和数学探究活动等。

（五）加强学生答题策略训练，提高应试能力

本卷部分发挥不好的考生，一定程度上受难题"意外前置"、数学运算量大、试卷"界面创新"等因素叠加影响，应试心态失衡。考生破除思维认知惯性、提升应考心理素质和策略，也是素质教育、人才选拔的重要一环。

三、结束语

本卷素养立意、育人导向、稳中有变、区分有效，为新高考下的高中数学教育教学指明了方向。

参考文献

［1］张欣．关注数学本质　强调理性思维［N］．中国教育报，2022－06－08（3）.

［2］教育部考试中心．中国高考评价体系［M］．北京：人民教育出版社，2019.

［3］教育部考试中心．中国高考评价体系说明［M］．北京：人民教育出版社，2019.

（广东省广州市黄埔区教育研究院　吴光潮）

后 记

历时一年多的写作，终于定稿。掩卷沉思，感慨良多。

少年时代，对文学写作有些兴趣，一直懵懵懂懂想从事自由撰稿人的那种工作。大学时却鬼使神差地选择了就读数学与应用数学专业，并以数学系学生会编辑部长的身份负责数学系系刊的编辑工作，过了一把完成儿时梦想的瘾。

2003 年 8 月参加工作，在湖北省老牌的"八大名校"之一的湖北省孝感高级中学工作，面对区域顶级学生，我一心站稳三尺讲台，心无旁骛。随着对数学教育及教学逐渐有了更深刻的理解，我越发感到写作，尤其是数学写作不是一个轻松的活儿，是那么艰难与遥不可攀：那个写作的梦想与我渐行渐远。

2009 年，工作已 6 年有余。带了 2 届高三，还意外取得了骄人战绩：连续 2 届所带班级产生区域高考状元、班级数学均分名列前茅、考取清华等名校的学生也不鲜见。时任孝感高中科组长、湖北省名师、特级教师张克修老师鼓励我尝试数学教育教学论文的撰写，注重专业纵向深入发展。张老师是一个低调、为人谦和的纯粹的学者型教师，于我有知遇、培养之恩，他的教诲让我重新聚焦教育教学的深度学习和研究。

2010 年 9 月，我工作调动至广州市玉岩中学。恩师张老师的殷切期望一直萦绕心头，我不敢怠慢，继续潜心教学、写作修行之路。

不知不觉工作 19 个年头过后，我已在湖北大学《中学数学》、陕西师范大学《中学数学教学参考》、华南师范大学《中学数学研究》、中国数学教育学会会刊《中国数学教育》等省、国家级专业刊物上发表教育教学论文 20 余篇，其中有几篇被中国人民大学复印报刊资料中心的《高中数学教与学》全文转载。零星见诸各期刊的文章对我是一种激励：我对写作有了越来越多的期待。

2021 年 8 月是我在广州市玉岩中学工作的第 11 年，在这 11 年里，我再次承蒙幸运之神的眷顾，再次遇到有知遇之恩的引领者、教育教学专家、名师

——广东省名教师工作室主持人吴和贵老师，我成为吴老师两届省名教师工作室（2018—2020 年、2021—2023 年）的学员、助理。

自 2018 年由广东省教育厅授牌的广东省吴和贵名教师工作室成立以来，在省、市、县教育行政部门的亲切关怀下，在专家的引领、指导、帮助下，在广州市玉岩中学的大力支持下，工作室全体成员以课程改革为方向，以上级相关文件为指针，努力践行"教师成长的共同体，教学改革的实验室，活力课堂的发源地，教学质量的促进者"的工作室理念，围绕"聚焦深度学习，构建素养课堂"的研究方向，从"团队建设，培育名师，发挥功能"三个方面进行内涵建设，采用"导师跟踪制、课堂交流制、课题引领制、成果辐射制、资源共享制"等手段，以"专家引领、课题研究、辐射带动、共同成长"为宗旨，以"升华教育情怀、提升专业素养、提炼教学风格、提高辐射作用"为专业成长和发展的目标，采取"定期例会、专题研讨、课堂观摩、档案管理、考核评价"等方式开展常规工作。工作室以课题为引领，围绕"素养课堂"研究主题，开展了专题研修、课题引领、课堂教学、专家讲座、送教讲学、网上研修、交流考察等一系列丰富多彩的教育教学理论和实践研究，有力地促进了学员专业成长以及名师自我提升，发挥了示范、指导、辐射作用，使工作室成为名教师和骨干教师合作互动的学习共同体。工作室成立以来，全体成员找准目标，刻苦钻研，锐意进取，克难奋进，圆满完成了各项预定工作任务，个人专业成长迈出坚实步伐。

在吴和贵名教师工作室主持人吴和贵老师的悉心指导下，我快速成长。2021 年 4 月，吴和贵老师交给我一个艰巨的任务：我以主编之一的身份，在工作室成员中组建精英团队开始本书的创作！

2021 年 9 月，我工作再次调动：从广州市玉岩中学调动至广州市黄埔区教育研究院从事中学数学教研工作。但是，我依然有机会在吴和贵老师的工作室潜心学习，和团队的伙伴为本书的付梓而努力。

2022 年 10 月，在吴和贵老师的指导和帮助下，我们团队如期完成书稿的初步创作！

本书旨在探索深度学习视域下中学数学常见课型的教学基本范式。因此，本书围绕深度学习的理论与实践，谋篇布局，建构章节。我们团队老师精选自己已发表的相关论文或者教学比赛获奖优质课例充实本书。

学习是一种修行，静心写作、潜心研究是修行最快捷的方式。

在这条学习修行之路上，有很多人于我有知遇之恩。在此，对给予我支持和帮助的单位，如广州市玉岩中学、广东省吴和贵名教师工作室等，以及各位领导、朋友、师长，如吴和贵老师、印贤文校长等表示衷心感谢！

由于理论水平有限，书中不足之处在所难免，恳请读者赐教。

谨以此书献给所有关心我的朋友和读者！

吴光潮

2022 年 10 月 22 日于广州长岭居